新生物学丛书

新一代测序数据分析

Next-Generation Sequencing Data Analysis

〔美〕王忻琨　著

陈浩峰　主译

科学出版社

北　京

图字：01-2017-6182

内 容 简 介

本书是一部介绍有关新一代测序（NGS）数据分析方法的著作。书中全面系统地介绍了新一代测序技术的生物学意义、测序原理、分析过程和应用领域等；详细介绍了新一代测序数据的分析方法，包括其在基因组从头测序和重测序、转录组测序、小 RNA 测序、ChIP 测序、表观基因组测序及宏基因组测序等应用中的具体分析方法，对读者学习新一代测序技术、促进该技术在生命科学各个领域中的应用有着重要意义。

本书可以作为具有生物学、遗传学、基因组学与生物信息学、农学等生命科学背景的高等学校师生和科研院所研究人员学习新一代测序技术原理及进行测序数据分析的参考书，也可供各大医院和医学院对于精准医学感兴趣的专业人士和其他生命科学从业者参考。

图书在版编目(CIP)数据

新一代测序数据分析 /（美）王忻琨著；陈浩峰主译. —北京：科学出版社，2018. 2
（新生物学丛书）
书名原文：Next-Generation Sequencing Data Analysis
ISBN 978-7-03-056469-6

Ⅰ. ①新… Ⅱ. ①王… ②陈… Ⅲ. ①生物信息论 Ⅳ. ① Q811. 4

中国版本图书馆 CIP 数据核字（2018）第 019094 号

责任编辑：罗 静 / 责任校对：彭 涛
责任印制：张 伟 / 封面设计：刘新新

科 学 出 版 社 出版
北京东黄城根北街 16 号
邮政编码：100717
http://www.sciencep.com

北京虎彩文化传播有限公司 印刷

科学出版社发行 各地新华书店经销

*

2018 年 2 月第 一 版 开本：720 × 1000 1/16
2020 年11月第三次印刷 印张：13 1/4
字数：262 000

定价：98.00 元

（如有印装质量问题，我社负责调换）

译 者 名 单

主　　译　陈浩峰

翻译人员　陈浩峰　王　静　韩　瑶　齐　洺

译者单位　中国科学院遗传与发育生物学研究所

译者前言

随着现代科学技术的发展，生命科学研究已经进入了组学时代。新一代测序（NGS）技术的出现及其广泛应用，极大地推动了生命科学各个领域的发展，促生了包括“精准医学”在内的一大批新兴学科。人们运用NGS技术获得了海量的测序数据，如何从这些数据中分析总结出新知识、新发现，并将其应用于生命科学科研和生物产业及医疗产业，是摆在广大NGS应用者面前的一大难题。大多数NGS用户都仅具有生命科学或医学背景，对NGS数据分析过程了解不足，急需学习这方面的知识。目前，读者获取的NGS数据分析的相关知识，往往来自于散在的研究或综述论文，或者来自于互联网，不利于构成完整的知识体系。鉴于此，我们组织翻译了由美国西北大学王忻琨博士所著的《新一代测序数据分析》一书，以期填补国内中文书籍这方面的空白。

本书是一部全面介绍新一代测序及基因组学和生物信息学的著作，全面兼顾了生物学基本原理、测序技术、测序数据分析处理等方面的知识，为读者全方位详细介绍了新一代测序数据分析所涉及的方方面面的内容，可以作为有生物学、遗传学背景的教师及学生学习新一代测序技术原理和测序数据分析的参考。我们将其介绍给国内的读者，希望能够对促进新一代测序技术在我国生命科学研究中的应用，乃至精准医学的发展有所裨益。

本书译者曾编写过主要阐述NGS实验方法的《新一代基因组测序技术》一书，希望本书的出版可以与之相得益彰，共同构成有关新一代测序的完整知识体系。

感谢中国科学院遗传与发育生物学研究所基因组生物学研究中心和植物基因组学国家重点实验室对本书翻译工作的支持，感谢Illumina中国公司、北京英木和生物技术有限公司的赞助。

限于译者水平，译文的不妥之处在所难免，望广大读者予以指正。

陈浩峰

2017年8月1日

目　录

第一部分　细胞与分子生物学概论

第二部分　新一代测序技术及数据分析概论

第三部分　新一代测序数据分析的具体应用

第四部分　发展中的新一代测序技术与数据分析

第一部分

细胞与分子生物学概论

1　细胞系统与生命密码

1.1　细胞面临的挑战

虽然细胞体积非常微小，直径只有不到50μm，但其运行的精巧程度可以和一切人类设计的系统相媲美，并且它可以通过以DNA形式储存的密码来实现自身繁殖。假如我们希望设计一个和细胞同样复杂的系统，将需要面临很多看起来无法逾越的挑战。细胞具有复杂的内部结构，含有多种生物大分子组分，它需要完成一系列任务来维持自身系统的稳定，其中最根本的任务是在复杂多变的环境条件下，维持它的内部秩序，防止其出现故障或者崩溃，并完成自身繁殖，甚至进一步提升自身系统的功能。

要维持细胞内部系统的秩序，就需要输入能量。根据热力学第二定律，一个系统如果没有持续的能量输入，其熵值将逐渐上升，最终将导致系统的解体。同时，因为细胞内部结构的存在状态是动态的，需要响应不断变化的外部环境，所以除了能量输入以外，细胞还需要不断补充“原材料”来更新它的内部部件，或者制造新的部件。因此，细胞要维持其内部平衡及与所处环境之间的互动，就需要不断地输入能量与原材料，并且排出废物。细胞的系统信息储存在它的DNA序列中，用于指导细胞获取生存所需的能量和原材料，以及实现细胞繁殖等生命过程。

进化使得大量的生物种类都不再像单细胞生物那样简单。例如，人体就是由数千亿个细胞组成的。在多细胞系统中，细胞发生分化以执行特定的功能，如人体胰腺中的β细胞执行合成与释放胰岛素的功能，大脑中的皮层神经元执行学习和记忆的神经生物学功能。尽管功能多样，但对这些细胞的某个个体来说，它所面对的挑战与单细胞生物是一样的。不同的是，其不直接面对外部环境，而是需要面对其周边微环境的变化。

1.2　细胞如何面对挑战

很多细胞，如藻类与植物的细胞，直接从阳光或其他来源汲取能量。另外一些细胞（或者生物体）则作为异养生物从环境中汲取能量。在原材料方面，细胞可以利用简单有机化合物中携带的能量来固定空气中的二氧化碳，或者从环境中直接获取有机分子转化为其所需物质。同时，细胞内现存的物质也可以被降解，作为新的原材料被重新加以利用。这个能量的捕获、利用、合成、转化，以及分子物质的降解再利用过程，构成了细胞代谢过程。代谢是细胞最基础的特征，包含了大量的生物化学反应。

对环境中各种信号的接收与转导对细胞的生存至关重要。细胞依靠其表面分布的受体接收信号，有些信号则需要依靠细胞内结构接收。信号转导到细胞内以后，通常在胞内引起一系列反应，使原始信号得以放大与调节，与之对应，细胞的代谢过程也发生相应的变化。细胞的信号接收与转导网络是由不同的代谢途径环路组成的。如果这些代谢途径失去功能，将会损害细胞对环境的反应能力，最终导致细胞死亡。

细胞系统依靠 DNA 复制和细胞分裂来完成其繁殖和进化。DNA 的复制（详见第 2 章）是一个高度保真的过程，但并非完全不出错。在维持系统稳定的同时，这个过程也提供了细胞系统分化与进化的机制。细胞分裂在各个阶段都是被精密调控的，以保证复制后的 DNA 可以平均分配到子细胞中。对于大多数有性生殖的生物来说，在其生殖细胞的形成过程中，DNA 只复制一次，而细胞却分裂两次，其结果是每个配子中 DNA 量减半。而父本 DNA 和母本 DNA 发生的重组，又使得子代进一步发生分化。

1.3 细胞内的各种分子

细胞中的各种过程需要不同类型的生物分子去实现。在一个典型的细胞中大部分是水，约占细胞总重量的 70%。除了水之外，细胞中还含有大量不同大小的分子。小分子主要包括无机离子（如 Na^+、K^+、Ca^{2+}、Cl^-、Mg^{2+} 等）、单糖、脂肪酸、氨基酸及核苷酸。绝大多数的大分子是多糖、脂类、蛋白质和核酸（DNA 和 RNA）。在上述组分中，无机离子对信号转导过程（如 Ca^{2+} 的波动是重要的胞内信号）、细胞能量的储备（如 Na^+/K^+ 形成跨膜浓度梯度）、蛋白质的结构 / 功能（如 Mg^{2+} 是很多金属蛋白的关键辅助因子）至关重要。碳水化合物（包括单糖与多糖）、脂肪酸及脂类是细胞中提供能量的主要分子。其中脂类是细胞膜的主要成分。蛋白质由 20 种氨基酸以不同的顺序与长度组成，参与几乎所有的细胞活动，包括代谢、信号转导、DNA 复制和细胞分裂。它们还是很多胞内结构，如细胞骨架（详见 1.4 节）的组成部分。核酸以它几乎无穷的核苷酸排列顺序来储存生命的编码信息，它不仅指导细胞内蛋白质的合成组装，而且可以根据环境的变化对这些蛋白质如何组装进行调控。

1.4 细胞内结构与空间

细胞具有组织精巧的内部结构（图 1.1）。根据其内部结构的复杂程度，可将细胞分为两大类：原核细胞与真核细胞。它们之间的根本区别在于是否具有细胞核。原核细胞是较为原始的形态，它没有细胞核，其 DNA 位于一个没有包被的区域，称为核区；原核细胞也没有细胞器。与之相比，真核细胞具有明显的细胞核，用于 DNA 的储存、维护与表达。真核细胞还具有各种特化的、可以将细胞各种功能分隔开的细胞器，如内质网（ER）、高尔基体、细胞骨架、线粒体及植物细胞特有的叶绿体等。这里我们对各种细胞内的结构与空间，包括细胞核、各种细胞器及其他亚细胞结构与空间，如细胞膜和细胞质等作一简单描述。

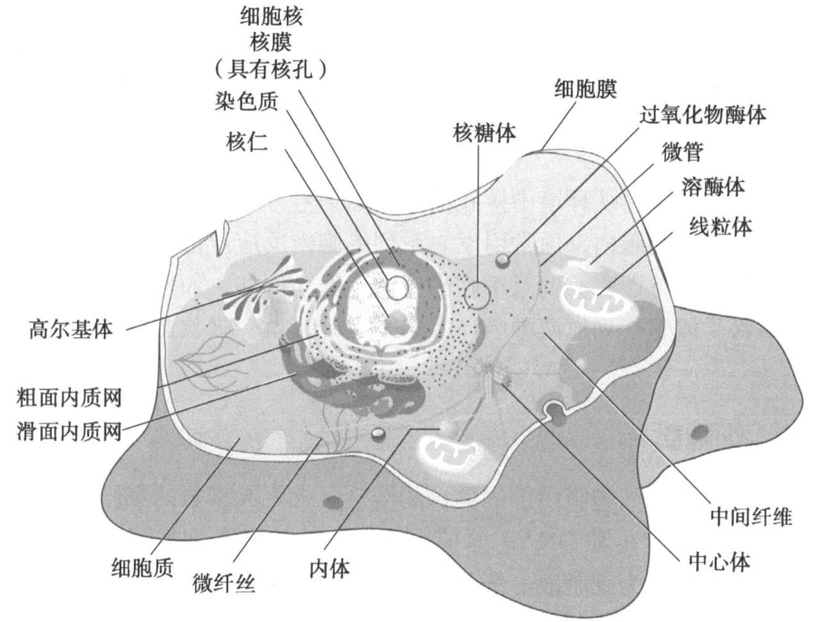

图 1.1 典型真核细胞的结构图，本图所示为一个动物细胞。

1.4.1 细胞核

DNA 是储存生命密码的载体，因此它需要妥善维护，以避免可能遭受的损伤，并且需要保证它的准确性与稳定性。又因为将储存在 DNA 中的遗传信息准确地表达出来是细胞正常发挥功能的关键，所以基因表达在任何时候都需要受到严格调控。在绝大多数真核细胞中，细胞核都位于中心位置，它可以为 DNA 的储存、维护和基因表达提供一个受到良好保护的环境。细胞核区被双层的核膜包被，核膜上分布有跨内膜与外膜的核孔，通过这些核孔可以进行蛋白质和各种 RNA 的跨膜运输，这对于基因表达过程非常关键。细胞核骨架是由核纤层蛋白组成的网络结构，为细胞核提供机械支持。在细胞核内，细长的 DNA 分子缠绕在一种称为组蛋白的蛋白质上，被紧密包裹，以便存储在有限的细胞核空间里。在原核细胞中，有一个细胞核形状的不规则区域，称为核区，外部没有核膜包被。核区可以为 DNA 提供一些类似真核细胞核膜的保护（但其功能不如核膜）。

1.4.2 细胞膜

细胞膜作为细胞与外界环境之间的屏障，用于保护细胞内部结构。从生化意义上说，细胞膜及其他细胞内膜（如核膜）都是脂类双分子层结构。在保护细胞内部结构的同时，细胞膜还是细胞和外部环境进行物质和能量交换的地方。因为细胞膜由脂类构成，多数水溶性物质，包括各种离子、碳水化合物、氨基酸、核苷酸等，都不能自由通过细胞膜。在膜的表面，分布着一些特殊的通道蛋白、转运蛋白和离子泵等，其都是一些特异化的蛋白质，可以起到跨膜运输的作用。通道蛋白和转运蛋白进行被动运输，即从高浓度向低浓度方向运输，不需要消耗细胞的能量。离子泵则不同，它进行分子的主动运输，即从低浓度向高浓度逆向运输，需要消耗能量。

细胞也通过细胞膜从环境中接收信号。当信号分子与细胞膜上的特殊受体结合后，信号被传到细胞内，通常引发一系列的胞内反应。信号所引发的细胞最终反应取决于信号的特性、类型及细胞本身的状态。例如，如果肝细胞通过其细胞膜上的胰岛素受体感受到血液中胰岛素水平上升，就会吸收血液中的葡萄糖并储存起来。

1.4.3 细胞质

细胞质是存在于细胞膜内部的黏稠的溶液，含有大多数的细胞内物质，包含除细胞核（真核细胞）和 DNA（原核细胞）以外的所有细胞器。除细胞器之外的细胞质液体部分称为细胞液。细胞液几乎占了细胞体积的一半，很多细胞活动发生在细胞液中，这其中包括大量的代谢步骤，如糖酵解过程、分子的转化及多数的信号转导过程。原核细胞由于缺少细胞核和特化的细胞器，细胞液几乎就是全部的胞内空间，绝大多数的细胞活动都在这里发生。

除了水以外，细胞液还含有大量的小分子和大分子。像无机离子这样的小分子为细胞活动提供了一个总的化学环境。另外，Na^+、K^+、Ca^{2+} 等离子还可以在细胞液与胞外环境之间形成相当大的浓度差，细胞为维持这些浓度差需要消耗大量能量，用于信号转导和代谢。例如，一般来说胞外的 Ca^{2+} 浓度大约为 10^{-3}mol/L，而细胞液内的 Ca^{2+} 浓度则通常非常低，大约为 10^{-7}mol/L。在特定条件下，作为重要信使的 Ca^{2+} 通过配体门控或电压门控的通道进入，诱发一连串的信号反应，其中一些可以导致基因表达水平的变化。除了小分子之外，细胞液还含有大量的大分子。这些大分子在细胞质中并不是简单地随机分布，而是形成“繁忙的都市”一样的有整体功能的分子机器[1]。这些超大分子机器通常由多个蛋白质组成，或者由蛋白质与 RNA 组成。它们的形成与消失是一个动态的过程，受到细胞内外条件的调节。

1.4.4 内体、溶酶体和过氧化物酶体

细胞的内吞作用是指当细胞从周边环境吞入大分子或者细菌、细胞碎片等微小颗粒时的活动。在这个过程中起作用的是内体和溶酶体这两种细胞器。内吞过程开始时，一部分细胞膜形成一个凹陷包裹住外来物质，紧接着形成内吞囊泡，从细胞膜上脱落进入细胞液中。内体即是由内吞囊泡融合形成的，其直径通常为 300~400nm。内体中含有的被吞噬物质被输送到溶酶体等细胞器中，进一步被消化。

溶酶体的主要功能是消化被吞噬的外来物质和细胞内的被淘汰组分。以人的胃壁细胞为例，其溶酶体内是酸性环境（pH4.5~5.5），这样的酸性环境为很多降解酶提供了最适环境条件，这些酶可以降解蛋白质、DNA、RNA、脂类和碳水化合物。通常情况下，溶酶体膜包裹着这些降解酶，使之不能进入细胞液。即使发生了降解酶从溶酶体中泄漏的情况，也并不能对细胞造成伤害，因为酶的降解活性依赖于溶酶体中的酸性环境，而细胞液中为弱碱性。

过氧化物酶体在形态上与溶酶体相似，但它含有不同的蛋白质，大多为氧化酶，可以利用氧分子夺取有机化合物中的氢原子形成过氧化氢。过氧化氢可以通过过氧化反应来氧化酚类和醇类等物质。例如，肝细胞和肾细胞可以利用这些反应对进入体内的有毒物质进行解毒。过氧化物酶体的另一个作用是通过氧化反应把长链脂肪酸降解为小分子。尽管过氧化物酶体具有重要功能，但人们对它的起源还不清楚，一种假说是它起源于内共生[2]。如果这种说法正确，那么过氧化物酶体起源的内共生生物体原有基因组中的全部基因都已经转到核基因组中了。另一种假说提出，过氧化物酶体是古老细胞器的遗存形式，在氧气还对大多数细胞有毒害作用的古生物时期，这种古老细胞器可以降低胞内的氧浓度。过氧化物酶体仍然保留在细胞内进行有益的氧化反应的功能。根据这一假说，晚些时候出现的线粒体（后面有详述）中进行的同样的氧化放能反应，最早是发生在过氧化物酶体中的，只是因为这个过程不释放能量，所以过氧化物酶体与产能过程无关，而只保留了残留的氧化功能。

1.4.5 核糖体

核糖体是细胞的蛋白质工厂，可以将 mRNA 所携带的遗传信息翻译为蛋白质。在一个典型的细胞内，核糖体数量很多，通常以几千到数百万计。原核细胞和真核细胞的核糖体都是由两个部分（或称为亚基）组成的，真核细胞的核糖体比原核细胞的大。在真核细胞中，两个核糖体亚基首先在细胞核的核仁中组装，然后被运输到细胞质中。在细胞质中，核糖体可以游离存在，或者附着在其他细胞器（内质网）上。从生化组分上看，核糖体含有 50 种蛋白质和数种 RNA（rRNA）。因为核糖体在细胞中数量巨大，在细胞的总 RNA 中 rRNA 占了绝大部

分，为 RNA 总量的 85%~90%。在用 NGS 研究细胞中 RNA 的时候，rRNA 不是人们感兴趣的部分，通常在测序之前被除去，以免测序结果中存在大量的 rRNA 序列。

1.4.6 内质网

从内质网（ER）的名称可以看出，它是存在于细胞质中，由膜包被的网状结构。内质网中的空间相互连接，形成一个被称为内质网腔的内部环境。细胞中的内质网有两种：粗面内质网与滑面内质网。所有的细胞膜蛋白，如离子通道蛋白、转运蛋白、泵、信号分子受体，以及分泌蛋白如胰岛素，都在这里加工合成。粗面内质网外表的粗面特征来自于其表面附着的核糖体。一旦作为细胞膜组分的蛋白质，或者作为分泌产物的蛋白质合成完毕，就被导入内质网腔。这种内质网目标导向的过程是由一种信号序列，或称为“地址标签”来引导的。这种序列位于这些蛋白质的起始部分。在蛋白质合成过程完成时，这些信号序列在内质网中被切掉。滑面内质网在功能上与粗面内质网不同，它在细胞的脂类合成中起重要作用，这些脂类被用于细胞膜的更新。除了制备膜蛋白和分泌蛋白及合成脂类外，内质网的另一个重要功能是将钙离子从胞质溶胶中隔离出去。在钙离子介导的信号转导过程中，钙离子进入细胞后不久，大多数都需要被泵出细胞和 / 或隔离到特定的细胞器，如内质网或线粒体中。

1.4.7 高尔基体

除内质网外，高尔基体也在蛋白质的分选（sorting），以及将蛋白质分送到细胞膜、胞外空间或其他亚细胞目的地的过程中起着不可或缺的作用。很多蛋白质在内质网中合成以后，经小囊泡运输到高尔基体中作进一步处理，然后再被输送到最终目的地。因此，高尔基体有时被形象地称为细胞的“邮局”。在高尔基体中进行的加工过程包括一些蛋白质的化学修饰，如添加寡糖支链作为“地址标签”。高尔基体的其他重要功能包括合成碳水化合物和细胞外基质材料，如构建细胞外壁的多糖等。

1.4.8 细胞骨架

一些细胞过程，如从内质网中将蛋白质包裹在囊泡中并转运至高尔基体内，或者把线粒体从细胞内的一个位置转移到另一个位置，并不是简单的扩散过程。它们实际上是以细胞内特定蛋白质构成的骨架系统——细胞骨架作为轨道来进行运动的。细胞骨架除了为胞内运输提供轨道以外，就像人体的骨架一样，它们还在维持细胞形状和保护细胞结构不受外力压迫方面起着同等重要的作用，因为细胞膜的脂质双分子层很脆弱，很容易受到外力挤压。在真核细胞中，细胞骨架的结构有三种主要类型：微丝、微管和中间纤维。每种类型由不同的蛋白质组成，有其独特的特性和功能。例如，微丝和微管分别由肌动蛋白和微管蛋白构成，它们有不同的直径（微丝直径为6nm，微管直径为23nm）。虽然微丝和微管的生化组成和结构不同，但已知它们两者都为mRNA的运输提供轨道，在这个过程中，mRNA以大的核糖核蛋白（RNP）复合体的形式被运输到特定的细胞内位点上，如被运输到神经元树突的远端，并翻译为目标蛋白质[3, 4]。微管除了在细胞内运输中起作用，还在细胞分裂过程中起关键作用，它连接在复制后的染色体上，把染色体平均分配到两个子细胞中去。在这个过程中，所有微管都围绕着一个称为中心体的小细胞器来组织。以前人们认为细胞骨架只在真核细胞中存在，现在在原核细胞中也已经发现了细胞骨架的存在[5]。

1.4.9 线粒体

线粒体是真核细胞内的“动力工厂”。虽然在细胞质中发生的糖酵解过程可以产生一些能量，但大部分能量是由细胞中的线粒体产生的，线粒体可以通过三羧酸循环（Krebs cycle）和氧化磷酸化过程产生能量。细胞中线粒体的数量最终取决于它的能量需求。细胞所需能量越多，它所含有的线粒体就越多。从结构上看，线粒体是由两层膜包被的细胞器。外膜通透性高，可以透过多数细胞质中的分子，这样，内外膜之间的间隙中的液体就类似于细胞质。大多数的能量释放过程发生在线粒体内膜上，以及内膜所包被的基质中。在能量释放过程中，在线粒体基质中发生三羧酸循环，所产生的高能电子载体被转入到镶嵌在内膜上的电子传递链上。高能电子通过传递链传到最终电子受体——分子氧（O_2）的这个过程产生能量，从而建立跨内膜的质子梯度。这个质子梯度是ATP合成的能量来源，ATP也被称为细胞中的“通用能量货币”。在原核细胞中，因为没有线粒体存在，ATP的合成是在细胞膜上进行的。

根据目前被广泛接受的内共生学说（endosymbiotic theory），线粒体起源于一种古老的α-变形杆菌，因此线粒体携带着自己的DNA并不让人感到意外。但是与细胞核DNA相比，线粒体DNA（mtDNA）所包含的遗传信息极为有限，以人类线粒体DNA为例，其长度为16 569bp，编码37个基因，其中22个编码转运RNA（tRNA），2个编码rRNA，13个编码线粒体蛋白质。虽然与核基因组相比，线粒体基因组要小得多，但在每一个线粒体中都有多个线粒体DNA分子拷贝。由于细胞通常含有成百上千个线粒体，因此每个细胞中都含有大量的线粒体DNA。相比之下，大多数细胞只包含有两个拷贝的核DNA。因此，当我们对细胞内DNA样本进行测序时，通常在测序结果中有相当一部分，有时候甚至是大部分来自线粒体DNA的序列。线粒体基因组虽然很小，但它具有基因组的全部功能，具有线粒体DNA转录、翻译和复制的全套蛋白质因子。由于它的活动，当我们对胞内 RNA 分子进行测序时，测序结果中也含有大量的线粒体基因组的转录产物。

由于存在单个分子的突变，一个细胞内含有的多个线粒体 DNA 拷贝可能带有不同的序列。当细胞含有一组异源的线粒体 DNA 分子时，异质性就出现了。一般来说，线粒体 DNA 的突变率比核 DNA 的突变率高，这是因为高能电子沿着电子传递链传递时，可以产生作为副产品的活性氧，后者可以氧化并引起线粒体 DNA 产生突变。更糟糕的是，线粒体 DNA 的修复能力相当有限。线粒体异质性的增加与诱发老年性疾病的高风险有关，包括阿尔茨海默病、心脏病和帕金森病等[6-8]。此外，目前已经发现，线粒体 DNA 的某些突变与缺失是许多神经系统和肌肉方面疾病的病因（因为它们的高能量需求[9]）。这些疾病的特点是母系遗传，因为线粒体 DNA 是由母亲遗传给后代的。

1.4.10 叶绿体

在动物细胞中，线粒体是唯一含有核外基因组的细胞器。植物和藻类细胞既有线粒体，又有其他的核外基因组——质体基因组。质体是一种可以分化成各种形式的细胞器，其中最显著的是叶绿体。叶绿体进行光合作用，以二氧化碳作为底物，捕获阳光中的能量，将其固定在碳水化合物中，同时放出氧气。在能量捕获过程中，叶绿体中的叶绿素首先从阳光中吸收能量，然后通过电子传递链进行传递，形成质子梯度以驱动 ATP 的合成。尽管能量来源不同，但叶绿体和线粒体中 ATP 合成的质子梯度的积累过程非常相似。叶绿体通过捕获光能产生的 ATP 被用于固定 CO_2。与线粒体相似，叶绿体也有两层膜，一层高渗透性的外膜和一层低渗透性的内膜。光合电子传递链并不位于内膜上，而是分布在一种位于叶绿体基质（类似于线粒体基质）中的被称为类囊体的囊状结构的膜上。

一般认为质体是由一种内共生的蓝藻进化而来的。在数百万年的时间里，它已经逐渐失去了其基因组的绝大部分基因。目前，大多数质体基因组的大小为 100~200kb，用于编码 rRNA、tRNA 和蛋白质。在高等植物中，大约有 85 个基因编码光合作用系统中的各种蛋白质[10]。质体 DNA（ptDNA）从亲本到子代的传播通常比在动物中观察到的线粒体 DNA 的母系传播更为复杂。其传播模式可以分为三种类型：①母系传播，仅通过母本遗传；②父系传播，仅通过父本遗传；③双亲传播，通过双亲遗传[11]。与线粒体的情况类似，在每个质体中都含有多个质体 DNA 拷贝，其结果是每个细胞中大量的质体 DNA 分子都有潜在的异质性。这些质体 DNA 的转录在质体中积累了大量的 RNA。因此，当进行植物和藻类的 DNA 或 RNA 样本的测序时，所得到的测序数据也包含大量的质体 DNA 或 RNA 的数据，同时含有前文所述的来自线粒体 DNA 和 RNA 的数据。

1.5 细胞是一个系统

1.5.1 细胞系统

从上文所述的有关典型细胞的描述中，我们可以明显地看出细胞是一个自我管理系统，包含着许多在一起协作的不同的分子与结构。与其他非生物系统（包括自然的或人造的系统，如汽车或计算机）不同，细胞系统是独一无二的，因为它不断地更新与延续自己，而不违背物质世界的规律。它通过从环境中获得能量并进行物质交换来实现这一点。细胞系统的另一个特点是它具有自主性，即它的所有活动都是自我调节的。这种自主性是由编码在细胞 DNA 中的遗传信息赋予的。除了上述特点外，细胞系统还很坚韧，它自身的平衡不容易受到环境变化的干扰。这种坚韧性是数十亿年演变的结果，导致细胞系统具有超乎人们想象的复杂程度。为了研究这种复杂性，生物学家一般采用简化分解方法，逐个研究不同的细胞分子与结构。这种方法取得了很大成功，已经为细胞系统大部分组分的研究积累了很多知识。然而，细胞作为一个整体来说，这些不同的组分并不能单独工作。要研究它作为整体是怎样运作的，我们需要对各个不同的组分在整个系统的背景下进行研究，因此需要用到整体论的方法。对生命科学研究者来说，已经非常明显的是，细胞组分之间的相互作用与细胞组分本身同样重要。

1.5.2 细胞的系统生物学

系统生物学是研究生物系统不同组成部分之间复杂的相互作用的一门新兴学科，它是系统论在生物学领域的应用。这门学科是由美籍奥地利生物学家路德维希•冯•贝塔朗菲（Ludwig von Bertalanffy）在 20 世纪 40 年代建立的，旨在探索所有复杂系统遵循的共同原理，并用数学模型来描述这些原理。这个理论适用于物理学、社会学和生物学等许多学科，其目的之一是统一从不同学科中发现的系统原理。因此，从其他系统中发现的原理可能也适用于生物系统，并可以指导人们更好地理解它们的运作方式。

在传统的还原论方法中，单个基因或者蛋白质是基本的功能单元。而在系统生物学中，基本单元是遗传回路（genetic circuit）。遗传回路可以定义为协同完成某种生物功能的一组基因（或者由它们编码的蛋白质）。细胞的许多功能需要通过遗传回路来实现，如信号从细胞外传导到细胞内，分步降解能量分子（如葡萄糖）释放能量，以及细胞分裂前 DNA 的复制。正是这些遗传回路奠定了细胞行为学与生理学的基础。如果遗传回路中的信息流或者物质流不正常或被阻塞，整个系统将受到影响，这可能导致系统功能不正常，并可能引发疾病。

根据系统的层次组织原则，不同的遗传回路之间相互作用，形成复杂的遗传网络。系统生物学的一个更高目标是绘制遗传网络。遗传网络与一些非生物学网络（如人类社会或者互联网）具有一些共同特点[12]。其中一个特点是模块化，例如，基因或蛋白质通常构成一个模块，一起工作，以实现共同的目的，而模块在需要时作为一个单元起作用。另一个共同特点是网络中存在着枢纽或者锚节点，例如，遗传网络中少量高度连接的基因（或蛋白质）可以作为其他基因（或蛋白质）彼此连接的枢纽或锚节点。

1.5.3 如何研究细胞系统

由于基因组学、蛋白质组学与代谢组学的技术进步，人们可以深入地对细胞的系统生物学进行研究。例如，高通量基因组技术可以使我们同时分析生物体基因组中数以万计的基因。基因组是指生物体 DNA 中的一整套遗传物质，包括蛋白质编码序列和非编码序列。相应地，蛋白质组与代谢组也分别被定义为一个细胞或细胞群体中所有的蛋白质和代谢产物（小分子）的集合。通过同时分离与鉴定一个蛋白质组中的蛋白质，蛋白质组学可以回答在目标细胞中有多少蛋白质存在，以及其丰富程度如何等问题。而代谢组学通过同时分析大量的代谢产物，可以监测目标细胞的代谢状态。

随着“人类基因组计划（Human Genome Project）”开始启动人类基因组的测序，现代基因组学技术迎来了大发展的时代。人类基因组和其他一些生物基因组测序的完成，以及基因组技术的发展，第一次为人们进行细胞系统的研究提供了机会。基因组学技术的第一次发展浪潮以微阵列技术为代表，可以对转录组（transcriptome）进行分析，并进一步研究种群中全基因组的序列多态性。转录组分析可以通过研究个体细胞或群体细胞中被转录的所有 RNA，来了解哪些基因是活跃的，以及它们的活跃程度。确定群体中各个个体之间的全基因组序列变化，可以检测某些基因组多态性与细胞功能障碍、表现型性状或疾病之间的关系。近年来，新一代测序技术的发展为基因组学研究提供了更高的研究能力、更深的覆盖度与更好的解决方案（有关 NGS 技术发展的详细描述，请参阅第 4 章）。这些 NGS 技术、蛋白质组学和代谢组学技术的最新进展，将进一步加强人们对细胞系统的研究能力。

（陈浩峰　译）

2 DNA序列：基因组基础

2.1 DNA双螺旋和碱基序列

在细胞不同类型的分子中，DNA具有编码生命蓝图的理想结构。核苷酸是构成DNA的单位，它由三个化学基团组成：一个五碳糖（脱氧核糖），一个磷酸基团，加上4个核碱基中的一个。DNA的空间结构是含有两条链的双螺旋，每条链的骨架是由糖基和磷酸基构成的，总是以不变的相互交替方式连接，因此骨架本身不携带遗传信息。连接两条链的“阶梯”由核碱基组成，这是储存遗传信息的地方。自从1953年沃森（Watson）和克里克（Crick）发现双螺旋结构之后，这种结构的优雅与简洁就引起了几代生物学家、化学家和其他领域科学家的极大兴趣。

DNA中包含4种不同类型的核碱基（简称碱基）：两种嘌呤（腺嘌呤，通常缩写为A；鸟嘌呤G）和两种嘧啶（胞嘧啶C和胸腺嘧啶T）。形成“阶梯”结构的两条DNA链中的核碱基以固定的方式相互配对：A总是与T配对，C与G配对。这种碱基之间互补配对的方式使DNA分子具有了热力学上的最优结构。碱基之间的固定配对模式使得DNA易于为生命提供编码并且实现自身的复制。

DNA中的碱基对存在着几乎无穷的排列方式，这为它成为遗传信息的载体提供了基础。DNA碱基序列中蕴含的信息决定了在某一个特定的时间段内，细胞中需要合成哪些蛋白质，什么时候合成，合成多少。在更深的层次上，遗传信息为整个细胞系统规定了整体的运行逻辑，它包含了对一个新生命的形成、生长发育和繁殖过程的所有指令。从医学角度来看，DNA碱基序列的变化或者多态性可以使我们容易患有某些疾病，同时解释了我们对药物产生不同反应的根本原因。

2.2 DNA分子如何复制和保持稳定性

DNA的双螺旋结构和碱基对互补特征，为其通过自身复制拷贝所携带的遗传信息提供了强有力的保证。DNA进行复制时，DNA母链首先在解旋酶的作用下解螺旋。然后，两条解开的单链作为新互补链的合成模板，产生两个子代DNA分子。催化新DNA链合成的酶称为DNA聚合酶，它根据碱基互补配对的原则，以一条已有的DNA链为模板，将单个核苷酸依次加到预先存在的引物序列上，合成新的DNA链（图2.1）。从生化意义上说，经DNA聚合酶催化，在即将加入的互补核苷酸的5′-磷酸基团与新合成的DNA延伸链末端的3′-羟基之间形成共价的磷酸二酯键。除了可以催化新 DNA 链延长以外，大多数 DNA 聚合酶也具有校对的功能。如果与模板 DNA 不互补的核苷酸偶尔错误地连接到延伸链的末端（即发生了错配），该酶可以转回来把错误的核苷酸切掉。这种纠错机制对于维持 DNA 复制过程的高保真度至关重要。如果没有这种机制，DNA 的突变频率，即 DNA 核酸序列突然变化的频率会高得多。

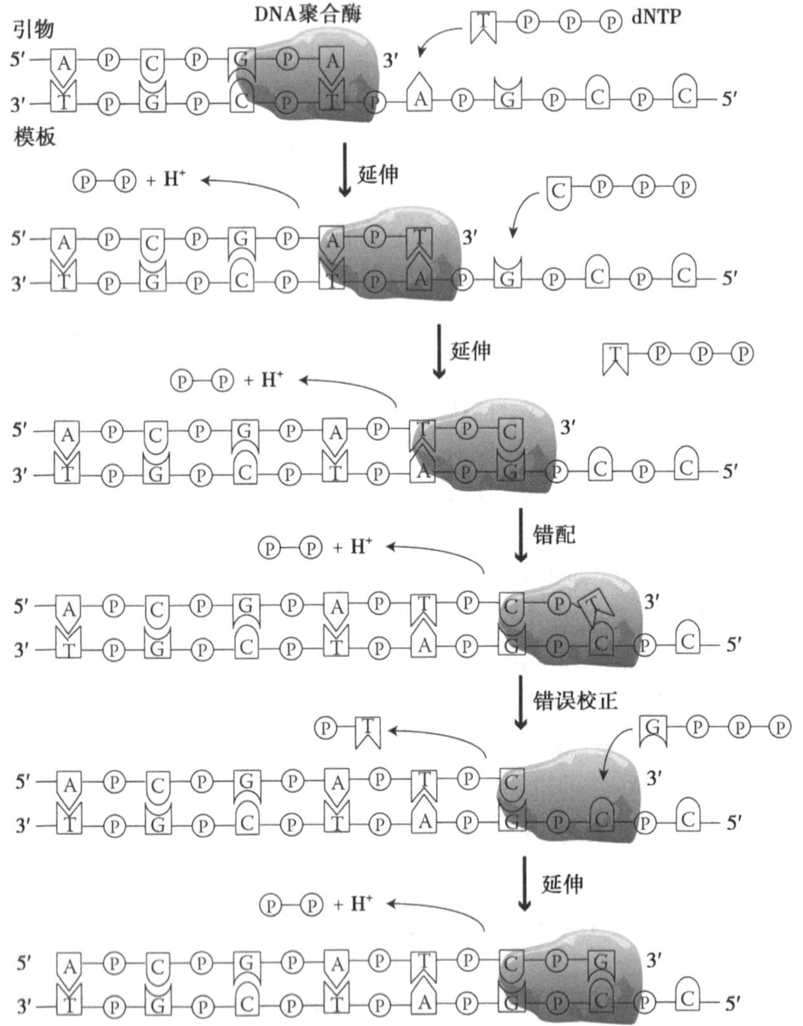

图 2.1 DNA 复制过程图。DNA 开始复制时需要一段引物，即一个与 DNA 模板链起始区域的碱基互补的小片段 DNA，作为复制的起始片段，以便于 DNA 聚合酶将核苷酸引入并且延长新链。引入新的核苷酸是根据与模板碱基互补配对的原则进行的。如果出现错配，DNA 聚合酶就会利用它的校正功能将错配的核苷酸切除掉。由于 DNA 分子的生物化学结构，新链的延伸方向总是从 5′ 端到 3′ 端（与模板链方向相反；每个 DNA 链的 5′ 端和 3′ 端的命名方式是根据核苷酸中戊糖基的碳原子编号来决定的）。

很多测序技术都是以 DNA 的复制过程为基础发展而来的，这些技术通常被称为“合成测序（sequencing-by-synthesis）”，是以测序目标 DNA 链为模板，读取其一条链的核苷酸序列信息的过程。对应于 DNA 复制过程所需的成分，这些测序系统需要以下基本组分：①测序目标 DNA，作为测序的模板；②各种核苷酸；③引物；④ DNA 聚合酶。由于 DNA 聚合酶以一次连接一个核苷酸的方式延伸新链，因此在每个延伸循环结束后，检测新加上的核苷酸种类，即可读出模板 DNA 链上与之互补的核苷酸种类。为了便于检测，测序反应中使用的核苷酸通常是经过特殊化学修饰的，包括用荧光染料进行标记。本书第 4 章将对测序技术的发展加以详细阐述。

除了 DNA 聚合酶的高保真度之外，有效的 DNA 修复系统对于保持基因组的稳定性，以及把突变率维持在一个较低水平也至关重要。即使在正常条件下，DNA 的核苷酸序列也可能被环境中许多物理的和化学的致变因素所意外诱变，包括细胞内产生的活性氧和氮化合物、环境中的各种辐射（如紫外线、X 射线或 γ 射线）及其他的化学诱变剂。如果这些变异没有得到修正，它们将会积累起来，并引起正常细胞功能的紊乱，甚至导致细胞的死亡，从而使生物体产生疾病。为了保持 DNA 分子的保真度，细胞需要大量合成 DNA 修复酶。这些酶不断地扫描基因组 DNA，并在检测到损伤时进行修复。如果 DNA 修复系统受损，将对生物体产生严重的后果，一个明显的例子是，如果编码 DNA 修复酶的基因 *BRCA2* 产生突变，可以导致乳腺癌和卵巢癌的发生。

2.3 DNA 中保存的遗传信息如何转化为蛋白质

虽然细胞系统的生命逻辑是写在其基因组 DNA 的核苷酸序列中的，但是几乎所有的细胞活动都是由组成细胞蛋白质组的大量蛋白质来执行的。从 DNA 到蛋白质的生命信息流被称为中心法则（central dogma）（图 2.2），该法则为现代分子生物学和遗传工程提供了基础框架。根据这个框架，基因的 DNA 序列首先被转录为 mRNA，然后 mRNA 中的核苷酸序列被用来指导氨基酸合成蛋白质的过程。根据三联体遗传密码子，mRNA 序列被翻译为蛋白质中相应的氨基酸序列。含有一整套从起始到终止的三联体密码子，并可以翻译为蛋白质的一段连续的 DNA 片段通常被称为可读框（open reading frame，ORF）。基于一种生物大分子中储存的遗传信息来合成另一种生物大分子，可以说是大自然最伟大的“发明”之一。

中心法则自提出以来，即被逐渐修改而变得越来越复杂。其最原始的形式是，一个基因通过一个 mRNA 被翻译成为一个蛋白质。后来人们发现“一个基因一个蛋白质”的模式太过于简单化，因为一个基因可以通过可变剪接产生多

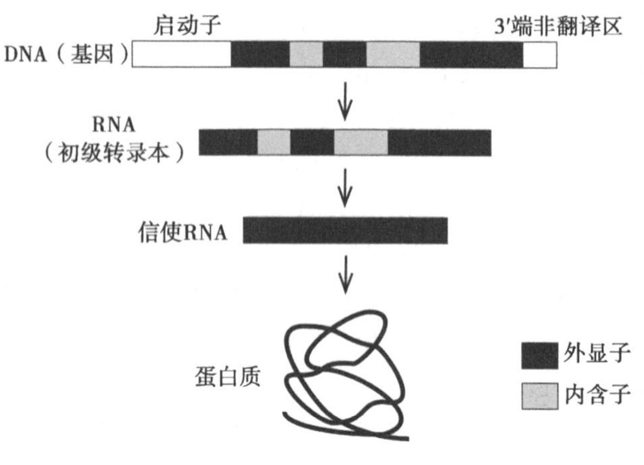

图 2.2　中心法则示意图。

种形式的蛋白质（见第 3 章）。此外，DNA 与 RNA 之间的信息流并不仅仅是从 DNA 到 RNA 的单向流动，在一些生物中 RNA 也可以被逆转录为 DNA。在这个信息流中的 RNA 还有其他作用，一些非蛋白质编码的 RNA 可以通过抑制基因转录或翻译的机制来实现基因表达的沉默，或者是通过阻止转座因子（简称转座子，是可以自身复制并转移到基因组不同位点的 DNA）的移动来保护基因组（见第 3 章）。另外，DNA 与一些 DNA 互作蛋白也可以通过化学修饰构成表观基因组，也具有调节遗传信息流的作用。

2.4　基因组概览

2.4.1　最小基因组

在了解了从 DNA 到蛋白质的生命信息流动之后，我们要探索的下一个问题是最小基因组的构成问题，即最少需要多少遗传信息才能使细胞系统正常运转。在 20 世纪 50 年代末期 DNA 双螺旋结构被发现后不久，人们开始尝试定义最小基因组。然而寻求这个重要问题的答案并不容易，因为最小生命形式所需的遗传信息量取决于它所处的具体环境条件。考虑到细胞必须执行的基本功能，最小基因组至少需要含有用于编码 DNA 复制、RNA 合成与加工、蛋白质翻译、有关能量和分子代谢的基因。目前的估算是，对任何一个基因组来说，至少需要 150~300 个基因才能正常运转。一种小型细菌——生殖支原体（*Mycoplasma genitalium*），堪称自由生活的生物体中最小基因组的典型范例，其基因组大小为 580 076bp，仅维持最基本的代谢，并且几乎没有基因组冗余[13]。在其基因组所包含的大约 480 个蛋白质编码基因中，382 个被证明是必需的[14]。

2.4.2 基因组大小

对于复杂程度最低的生物，如生殖支原体来说，只需最小的基因组就足够了。生物体的复杂程度越高，就需要越多的遗传信息，因此就需要越大的基因组。其结果是，生物体的复杂程度与基因组大小呈正相关，尤其是在原核生物中更是如此。相比之下，在真核生物中这种相关性减弱了许多，主要是因为在不同的真核生物基因组中存在着不同数量的非编码 DNA 组分（关于非编码 DNA 组分的详细叙述，请参见第 2.4.4 节）。在总的基因数量方面，据目前记载，基因最少的例子是一种寄生的内共生细菌（*Candidatus* Carsonella ruddii），只有 182 个基因 [15]；基因较多的例子是一种水蚤（*Daphnia pulex*），其基因组中含有 30 907 个基因 [16]。表 2.1 列出了一些人们研究较多的生物物种的基因组大小和基因总数。

表 2.1 主要模式生物的基因组大小和基因总数（以基因组大小顺序排列）

物种	基因组大小 /bp[a]	基因总数
Mycoplasma genitalium（细菌）	580 076	476
Haemophilus influenzae（株系 86-028NP，细菌）	1 914 490	1 792
Escherichia coli（株系 K-12，细菌）	4 646 332	4 227
Saccharomyces cerevisiae（酵母菌）	12 157 105	6 692
Caenorhabditis elegans（线虫）	103 022 290	20 447
Arabidopsis thaliana（拟南芥）	135 670 229	27 416
Drosophila melanogaster（果蝇）	168 736 537	13 937
Medicago truncatula（苜蓿，豆科）	309 576 036	44 115
Oryza sativa（日本亚种，水稻）	374 424 240	35 679
Danio rerio（斑马鱼）	1 505 581 940	26 459
Rattus norvegicus（大鼠）	2 573 362 844	22 777
Zea mays（玉米）	3 233 616 351	39 469
Homo sapiens（人）	3 381 944 086	20 364
Mus musculus（小鼠）	3 482 005 469	22 606

a 数据来自 Ensembl 基因组数据库，截止于 2015 年 2 月。

2.4.3 基因组中的蛋白质编码区

在基因组中，蛋白质编码区是人们研究最多也是了解最多的区域。这些区域的组成直接影响着细胞蛋白质的合成与蛋白质的多样性。在原核细胞中，功能相关的蛋白质编码基因通常彼此相邻分布，并受到一个被称为操纵子

（operon）的调节单元的调控。真核细胞的基因结构更为复杂，几乎所有真核细胞的编码序列（coding sequence，CDS）都不是连续的，而是散布在非编码序列中间。基因中间穿插的非编码序列称为内含子（intron），编码区称为外显子（exon）（图 2.2）。在基因转录过程中，外显子和内含子都被转录。在 mRNA 的后续处理过程中，内含子被剪切除去，外显子则被连接在一起进行蛋白质翻译过程。

在人类基因组中，每个基因的平均外显子数为 8.8。一种编码横纹肌中大量蛋白质的名为"*titin*"的基因是目前已知的含有外显子最多的基因，拥有 363 个外显子，同时它具有最长单个外显子（17 106bp）。人类基因组中目前已知的外显子总数约为 18 万个，总体大小为 30Mb，约占人类基因组大小的 1%。人类基因组或者其他真核生物基因组中所有外显子的集合被称为外显子组（exome）。外显子组与转录组不同，转录组包含一个特定样本中所有被转录的 mRNA，而外显子组包含基因组中所有的外显子。虽然外显子组只占基因组很小的一部分，但是它代表了基因组中最重要和被注解得最充分的部分。外显子组测序经常被用作全基因组测序的替代方法。尽管外显子组测序的覆盖度不高，但是它更经济、速度更快，而且更容易进行数据解析。

2.4.4 基因组非编码区

尽管蛋白质编码基因是被研究得最多的基因组成分，但它们并不一定是基因组中最丰富的部分。通常在原核生物基因组中蛋白质编码基因序列所占比例较高，例如，在大肠杆菌基因组中蛋白质编码基因约占 90%。在复杂的真核基因组中，它们的比例则比较低。例如，只有约 1.5% 的人类基因组是用来编码蛋白质的（图 2.3）。真核基因组中的非蛋白质编码区包括内含子、调控序列及其他独特的非编码 DNA 部分。调控序列是指已知的、用以调控基因表达的基因组序列，包括启动子、终止子、增强子、阻遏子和沉默子等。相对而言，我们目前对其他独特的非编码 DNA 组分的了解非常之少，除了核糖体 RNA（rRNA）、转运 RNA（tRNA）和其他具有重要功能的 RNA 之外（这些 RNA 种类将在第 3 章中加以详细阐述），我们几乎不了解其他非编码 DNA 组分的功能。如第 1 章中所述，rRNA 是核糖体的关键结构成分，直接参与蛋白质的翻译过程，tRNA 则根据遗传密码将适当的氨基酸转运至核糖体中进行蛋白质的翻译。

重复序列占人类基因组的一半以上，在其他一些真核生物基因组中，重复序列则更为普遍。例如，在一些植物和两栖动物中，80% 的基因组是由重复序列组成的。原核基因组中重复序列的百分比相对较低，但仍然很显著。从内部结构来看，一些重复序列是串联重复，其基本重复单元头尾连接。在这种类型的重复序列中，其重复单元的长度是高度可变的，从小于 10bp 到数千个碱基对不等。其

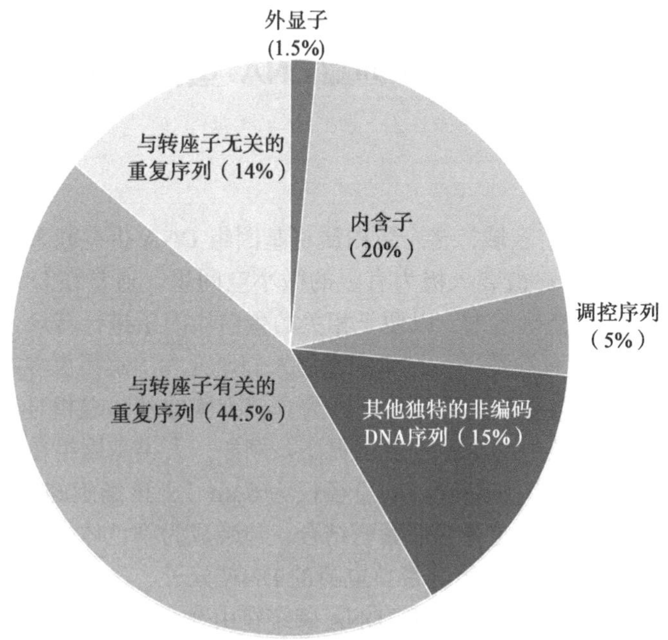

图 2.3 人类基因组的组成。

他主要类型的重复序列分散在基因组上，在许多基因组位点上作为单拷贝存在，它们或者是转座子，或者是以 RNA 为媒介复制自身的逆转录转座子。转座子（也称转座因子或“跳跃基因”）是由美国遗传学家芭芭拉•麦克林托克（Barbara McClintock）发现的，是可以从基因组的一个位置移动到另一个位置的 DNA 序列。这种类型的重复序列单元的长度通常从 100bp 到超过 10kb，并可能分布在基因组中超过 100 万个位点上。

许多高度重复的 DNA 序列存在于染色体的不活跃部分，如着丝粒和端粒上。着丝粒是两个姐妹染色单体在细胞分裂前连接在一起的区域，含有串联重复序列。端粒存在于染色体的两端，也是由高度重复的 DNA 序列组成的。端粒结构的功能是保护染色体的完整性，从而保持基因组的稳定性。除了在维持染色体结构稳定性方面起着重要作用以外，重复序列在基因组中还有其他功能。例如，它们在基因组的高维度物理结构上起着维持其“建筑形态”的作用[17]。尽管重复序列在基因组中丰度很高、功能重要，但因为与重复区域相关的序列并不是唯一的，所以在将测序序列进行基因组的从头组装，以及将测序读段（read）定位到参考基因组相应位置的时候，重复序列是产生障碍的主要因素。

2.5 DNA 包装、序列访问和 DNA-蛋白质互作

2.5.1 DNA 包装

在原核细胞的类核区域，多个蛋白质将基因组 DNA 折叠起来，并压缩成为超螺旋结构，使其能够被装入极为有限的微小空间里。通常在 DNA 被压缩时，部分 DNA 序列需要暴露出来，以便于相关的蛋白质因子进行转录过程。虽然对原核细胞中的这些过程已经进行过研究，但人们研究和了解得更多的，还是真核细胞中 DNA 的包装与序列访问过程。因为真核细胞的基因组相对来说更大，其基因组 DNA 在细胞核中的压缩程度就更高，例如，人类基因组在完全拉伸之后总长度大约为 2m，但是人细胞核的直径仅为 6μm。真核细胞的 DNA 与一种称为组蛋白（histone）的特定蛋白质紧密结合，包装成为染色体的形式，带正电荷的组蛋白通过静电相互作用结合带负电荷的 DNA 分子。这种包装过程包含了不同程度的 DNA 压缩。第一次压缩，DNA 缠绕在由 8 个组蛋白亚基组成的蛋白质复合体上，形成核小体的基本结构。每个核小体含有约 200 个核苷酸对，直径为 11nm。第二次压缩，核小体结构被压实，形成纤维结构，这种直径为 30nm 的纤维是染色质在两次细胞分裂间期的主要存在形式。细胞分裂之前，这种染色质纤维被进一步压缩两次，形成染色体，这就是我们可以在光学显微镜下观察到的极端浓缩的形式。

2.5.2 序列访问

由于基因组中不同的 DNA 序列需要不断地被转录，因此基因组 DNA 并不能长久保持其压缩形式，特定位点上的 DNA 序列需要动态地暴露出来，以便于转录因子和共激活因子等蛋白因子进行转录。此外，DNA 的复制和修复也需要染色质解压缩。染色质结构的解压缩主要通过两种机制进行，一种是通过组蛋白修饰，例如，在组蛋白乙酰转移酶的作用下，组蛋白上的赖氨酸残基的乙酰化可以减少组蛋白上的正电荷，从而降低组蛋白与 DNA 之间的静电吸引；同时，在组蛋白脱乙酰酶作用下进行脱乙酰化，限制 DNA 的可读性并抑制转录。另一种机制是通过染色质重构复合物的作用解压缩。这些大的蛋白质重构复合物消耗 ATP，同时释放能量，通过协助核小体重新定位（nucleosomal repositioning）、核小体驱逐（nucleosomal eviction）或本地解包装（local unwrapping）来使 DNA 序列暴露并用于转录。

2.5.3 DNA-蛋白质互作

虽然 DNA 是生命密码的载体，但 DNA 密码不能在缺少 DNA 互作蛋白质的

情况下被执行。上文所述的几乎所有生命过程，包括 DNA 的包装与解包装、转录、修复和复制，都必须依赖于这些蛋白质。这些蛋白质除了组蛋白以外，还包括转录因子、RNA 聚合酶、DNA 聚合酶及用于 DNA 降解的核酸酶。很多种蛋白质，如组蛋白和 DNA/RNA 聚合酶与 DNA 的互作，和 DNA 的序列与结构本身无关。而另一些 DNA 互作蛋白质则与 DNA 的特殊结构或者特殊构象相结合，如高迁移率族蛋白质（HMG）与 DNA 上的弯曲或者被扭曲部分具有高亲和力。一些其他与 DNA 互作的蛋白质仅与具有某些特征的，如受损伤的基因组区域结合，BRCA1、BRCA2、RAD51、RAD52 和 TDG 等 DNA 修复酶就是其中的例子。

结合特异 DNA 序列的转录因子是被研究得最广泛的 DNA 互作蛋白质。通过结合基因组中的特异识别序列，转录因子调节那些在其启动子区含有这些识别序列的目标基因的转录。转录因子在基因组中与多个基因位点结合，以协调方式调节多个基因的转录，通常是为了响应特定的内部与外部环境的变化。例如，NRF2 是在氧化应激反应中被激活的转录因子，被激活后，它结合在一个称为抗氧化反应元件（ARE）的一小段特异的 DNA 序列上，这段 DNA 位于氧化胁迫反应基因的启动子区域。NRF2 通过在基因组的许多区域中结合抗氧化反应元件，调节其靶基因的转录，从而引发适应性反应以抵消氧化胁迫的破坏作用。

通过对 DNA- 蛋白质相互作用的研究，我们了解了基因组是如何应对各种条件变化的。例如，确定全基因组上转录因子的结合位点，以 NRF2 的结合位点为例，可以揭示哪些基因可能对激活转录因子的外界条件起反应。虽然这些位点可以通过模拟算法进行预测，但要确定转录因子在特定条件下在基因组中的实际结合位点，只有通过具体的实验才能做到。作为新一代测序技术的一种应用，染色质免疫沉淀测序（ChIP-Seq）就是用来研究转录因子在基因组上的结合位点与其他 DNA 互作蛋白质关系的一种方法。本书第 11 章对 ChIP-Seq 数据分析有详细阐述。

2.6 DNA 序列的突变与多样性

DNA 复制是一个高保真的过程，而且细胞核内含有大量的 DNA 修复酶用于 DNA 损伤的修复，但是 DNA 序列还是不可避免地会发生突变，尽管其突变频率很低。一般来说，原核和真核细胞在一次细胞分裂中的突变率为每个碱基 10^{-9} 左右。在多细胞真核生物中，生殖细胞的突变率低于体细胞。但由于这些生物体的大多数细胞（包括生殖细胞）在生命周期中经过多次分裂，因此在生物体一个世代的水平上，其突变率就大大增加了。例如，从人的血细胞 DNA 测序得到的全基因组序列数据中估算，每代每个碱基的突变率为 1.1×10^{-8}，相当于每个人类二倍体基因组中约有 70 个新突变[18]。依据其性质划分，突变对生物体可能是有害的或中性的，或者在较少的情况下会出现有益的突变。突变导致基因组序列发生变异，并最终成为通过种系进行基因组进化和基因组多样化的基础。体细胞的突变虽然不会传给下一代，但它们可能导致包括癌症在内的疾病，并影响生物个体的生存。

自然界存在着各种形式的 DNA 突变，从单核苷酸置换到小片段的插入 / 缺失（或称为 indel），再到涉及基因组中较大区域的结构变异（SV）。在这些不同类型的突变中，单核苷酸置换（也称为点突变）是最常见的突变形式，可以分为转换（transition）或颠换（transversion）两种方式。转换是指一种嘌呤替换另一种嘌呤（即 A ↔ G）或一种嘧啶替换另一种嘧啶（即 C ↔ T）。而颠换是指将嘌呤替换为嘧啶，或者嘧啶替换为嘌呤。从理论上说，颠换的组合多于转换的组合，但是由于潜在生物化学性质的作用，转换的发生频率实际上高于颠换。如果单核苷酸置换发生在蛋白质编码区，则可能导致氨基酸编码的改变。如果一个突变引起一种氨基酸替换另一种氨基酸，则称为错义突变（missense mutation），可能导致蛋白质功能的改变。如果突变引入一个终止密码子，结果产生了被截短的蛋白质，则称为无义突变（nonsense mutation）。错义和无义突变都是非同义突变（nonsynonymous mutation）。如果因为遗传密码的冗余，突变没有改变编码的氨基酸，则被称为同义突变（synonymous mutation），对蛋白质的功能不产生影响。单核苷酸变异（single nucleotide variation，SNV）经常发生，是最常见的序列变异。在群体中观察到的单核苷酸变异称为单核苷酸多态性（single nucleotide polymorphism，SNP）。在人类基因组中已经记录的 SNP 多达 1 亿个以上。由于它们在基因组上的密度很高，当扫描与感兴趣的表型或疾病相关的基因组区域时，SNP 通常用作覆盖整个基因组的高分辨率分子标记。

除了单核苷酸置换以外，indel 是另一种常见的突变类型，大多数 indel 只涉及少数核苷酸。在蛋白质编码区，小的 indel 导致可读框（ORF）的移动（除非涉及的核苷酸数目是 3 的倍数），结果形成与原有蛋白质截然不同的蛋白质产物。大片段的 indel（大于 1kb）可以导致基因组结构的改变，通常被认为是结构变异的一种形式。除了大片段 indel，SV 还包括颠倒（inversion）、易位（translocation）或重复（duplication）等涉及大片段 DNA 区域的改变（通常大于 1kb）。拷贝数变异（CNV）是 SV 的一个类型，通常由大的 indel 或片段的复制引起。虽然它们影响更大的基因组区域，有些甚至可以导致明显的表型变化或者诱发疾病，但是许多 CNV 或 SV 通常没有可以检测出来的作用。由于技术上的限制，基因组中 SV 的频率先前被低估了。新一代测序技术的出现大大地促进了 SV 检测，从而证实了 SV 的广泛存在[19]。

2.7 基因组演化

在生物群体中，引起序列变异和序列多态性的自发突变是基因组演化最根本的推动力量，也是达尔文生物进化理论的终极原因。从数十亿年前至今，在早期基因组中逐渐积累的序列变化与多样化，已经演变为数量巨大的各种基因组，它们在今天以不同的复杂形式存在着，并发挥着各自的功能。在这个过程中，现存的 DNA 被不断地修改、复制和重新排列。大多数蛋白质编码序列或者调控序列中的突变打乱了蛋白质的正常功能，或者改变了蛋白质在细胞中的含量，引起细胞的功能障碍并影响了生物体的存活。然而，在极少数情况下，有些突变可以改善现有蛋白质的功能，或者导致蛋白质出现新功能，如果这样的突变使携带它的生物体具有竞争优势，它就有更大的可能被保留下来，并遗传给后代。

基因复制是基因组进化的另一个主要机制。如果含有一个或者多个基因的基因组区域复制导致结构变异，则被复制的部分序列不再受到选择压力，因而成为序列分化和新基因形成的来源。虽然还有其他途径，如通过种间基因转移等形式可以向基因组中添加新的遗传信息，但基因复制被认为是新遗传信息产生的主要来源。基因复制往往导致基因家族的形成。同一个家族的基因是同源的，但每个家族成员有其特殊的功能和表达模式。例如，在人类基因组中，有一个嗅觉受体基因家族含有 339 个基因，气味的感知开始于气味分子与鼻腔上皮内嗅觉神经元上嗅觉受体的结合。为了检测不同的气味，需要这个家族中基因成员编码的不同嗅觉受体的组合，根据它们的序列同源性，这个大家族的成员可以进一步分成不同的亚族 [20]。

基因组中假基因的存在是基因复制的另一个结果。复制后，一些基因可能会失去功能，并因为新增突变而失去活性。如果功能正常的基因发生突变而失去了功能，也可能导致假基因的形成。一个定位到人类染色体 8p21 上的名为“*GULO*”的假基因就是一个这样的例子。在其他生物体中，*GULO* 基因编码一种催化抗坏血酸（维生素 C）生物合成最后一步的酶，该基因在包括人类在内的灵长类动物中被敲除，从而成为假基因，结果导致我们人类必须从食物中获得这种身体必需的维生素。该基因失活的原因，可能是在该基因编码序列中一个被称为“Alu”元件的类逆转录转座子的重复序列中增加了一个插入序列 [21]。

DNA 的重组（recombination），也称为 DNA 序列的重新组合，也在基因组进化中起着重要作用。虽然 DNA 重组不产生新的遗传信息，但通过打断现有的 DNA 序列然后再重新连接，改变了不同基因与其他重要调控序列的连锁关系。如果没有重组，一旦在基因中形成一个有害突变，该突变基因就永久地与其附近的功能基因连锁，而且不可能将所有具有正常功能的基因重新分组到一条 DNA 分子中。通过重新组合，DNA 重组可以避免有害基因突变的逐渐积累。大多数

DNA 重组发生在减数分裂形成配子（精子或卵细胞）时期，成为有性生殖过程的一个组成部分。

2.8 表观基因组与 DNA 甲基化

除了上文所述的 DNA 序列调控机制之外，基因组中特定核苷酸的化学修饰，如组蛋白的乙酰化和脱乙酰化，也为基因活动提供了另一个层次的调控。因为它们可以为遗传活动提供补充调节作用，DNA 和组蛋白的这些化学修饰构成了表观基因组。胞嘧啶 [5- 甲基胞嘧啶，（5mC）] 中第五位碳原子的甲基化现象是在许多生物体中研究得最多的表观基因组修饰。从酶学方面看，甲基化是通过 DNA 甲基转移酶催化进行的（已经有三种酶在哺乳动物中被鉴定：DNMT1、DNMT3A 和 DNMT3B）。经过甲基化的胞嘧啶主要存在于以下三种不同的上下游序列中——CpG、CHG 和 CHH（H 为核苷酸通配符，可以是 A、C 或 T，即“非 G”。原文有误——译者注），每个都与不同的途径相关[22]。大多数甲基化胞嘧啶存在于 CpG 上下游序列中，甲基化可以通过招募基因沉默蛋白，或者阻止转录因子结合到 DNA 上来降低基因的表达。在这个上下游序列中，胞嘧啶的甲基化也影响核小体定位和染色质重构，在此过程中，与 CpG 位点 5mC 特异结合的甲基化 -CpG 结合结构域（methyl-CpG binding domain，MBD）蛋白可以招募组蛋白修饰蛋白质和染色体重构复合物蛋白[23]。胞嘧啶甲基化在 CHG 和 CHH 上下游序列的作用不太清楚，但现有数据表明它们可能在基因组重复区域发挥调节作用[24]。

就像组蛋白的脱乙酰作用抵消其乙酰化作用一样，在胞嘧啶不需要甲基化时，它的去甲基化过程，即逆转甲基化作用的过程同样重要。近年来，胞嘧啶去甲基化过程逐渐为人们所了解。在哺乳动物的去甲基化过程中，5- 甲基胞嘧啶（5mC）首先被氧化成 5- 羟甲基胞嘧啶（5hmC），然后再氧化成为 5- 甲酰基胞嘧啶（5fC）和 5- 羧基胞嘧啶（5caC）。这些氧化转化过程是由像 TET 家族蛋白这样的酶系统来催化的。随后通过一种称为 TDG 的酶进行 5fC/5caC 的碱基切除修复，而在植物中，通过糖基化酶直接作用于 5- 甲基胞嘧啶来完成 DNA 的去甲基化过程[25]。与 5- 甲基胞嘧啶相比，在大多数细胞中可以检测到的去甲基化中间产物的水平要低很多（除了已发现 5- 羟甲基胞嘧啶在胚胎干细胞和脑中相对含量较高）。

与静态的基因组不同，表观基因组是动态的，并随着环境条件的变化而变化。这些动态变化的表观基因组的修饰作用可以调节基因的表达，因而在胚胎发育、细胞分化、干细胞的全能性、基因组印记和基因组稳定性中起着重要的作用。与其调节功能相适应，这些修饰作用也是高度位置特异性的。为了研究在基因组中胞嘧啶甲基化的发生位置，人们发展了多个基于新一代测序的方法（将在

第 12 章中加以详述），并广泛应用于表观基因组学的研究中。目前，关于胞嘧啶甲基化研究方法学的探索仍然处于初级阶段。

2.9 基因组测序与疾病风险

新一代测序技术的快速发展极大地推动了基因组 DNA 序列的广泛应用，人们已经在人类群体中的个体基因组中发现了大量的序列变化。在遗传学发展的早期，甚至直到 2003 年人类基因组计划完成时，人们都还没有预见到序列变异的存在如此广泛。这一现象使疾病的诊断与预防方式逐渐发生了转变。其结果是，社会公众更加意识到人类个体基因组在疾病易感性与疾病发生等方面的特殊意义。另外，人类自身 DNA 信息更加容易被获得，进一步使我们开始认真审视自身的基因组，并利用这些信息未雨绸缪地预防疾病。基因组测序成本的下降也使生物医学界的学者可以深入挖掘与疾病相关的基因组特征，并揭示基因组序列多态性与疾病发生的关系。以下我们对与 DNA 突变、多态性、基因组结构和表观基因组异常等密切相关的人类疾病的主要类别作一简要概述。

2.9.1 孟德尔（单基因）疾病

形式最简单的遗传疾病是由单个基因的突变引起的，因此被称为单基因疾病或孟德尔疾病（Mendelian disease）。例如，镰状细胞贫血病是由位于人类 11 号染色体上的 *HBB* 基因的一个突变引起的。该基因编码血红蛋白的 β 亚基，血红蛋白是血液中重要的携氧蛋白。该基因的一个突变导致其编码蛋白质的第六位谷氨酸被另一个氨基酸——缬氨酸所取代。这个单个氨基酸的变化造成了蛋白质构象的变化，导致了镰刀形血细胞的产生，这种血细胞会在成熟之前过早死亡。这是一种隐性疾病，意味着只有这个基因的两个拷贝（或称为等位基因）都携带这个突变时才会患病。然而对显性疾病来说，一个突变的等位基因就足以致病。亨廷顿病就是这样一种单基因显性疾病，它是一种神经退行性疾病，可以导致心智和运动控制能力的逐渐丧失。亨廷顿病是由人类 4 号染色体上的一个称为 *HTT* 的基因突变造成的，这个基因编码一种名为“huntingtin”的蛋白质。致病突变是一个扩张的不稳定的三核苷酸（CAG）重复。携带一个 *HTT* 突变拷贝的个体通常会在晚年发病。

2.9.2 多基因控制的复杂疾病

包括心脏病、糖尿病、高血压、肥胖症和阿尔茨海默病（AD）在内的多数常见疾病是由多种基因引起的。以阿尔茨海默病为例，虽然它的家族型或早发型可以归结为三种基因（*APP*、*PSEN1* 和 *PSEN2*）之一的作用，但其最常见的形式是偶发型阿尔茨海默病，涉及大量基因[26]。在这种类型的复杂疾病中，每个基因的贡献都很微小，但这些基因突变的联合效应却可以使个体容易罹患疾病。除遗传因素外，生活方式和环境因素也往往在这些复杂疾病发生中发挥作用。例如，有头部创伤史，缺乏精神活动的刺激，以及高胆固醇水平都是阿尔茨海默病高发的风险因素。由于涉及的致病基因数量众多，而且这些基因存在着与非遗传因子的相互作用，因此研究复杂多基因疾病比研究单基因疾病更具挑战性。

2.9.3 基因组不稳定导致的疾病

除了上文所述的以基因为中心的疾病模型之外，大规模基因组变化，如大片段基因组区域重新组合和染色体数目的变化通常会导致基因组不稳定。一个生物个体的基因组不稳定可以导致先天性发育缺陷、肿瘤发生和早衰等。如果基因组维护机制失效，如 DNA 修复和染色体分离功能受损，都可以导致基因组不稳定。范科尼贫血（Fanconi anemia）是一种由基因组不稳定引起的疾病，其特征是生长迟缓、先天性畸形、骨髓衰竭、高癌症风险和早衰。这种疾病的基因组不稳定性是由一连串 DNA 修复基因的突变引起的，表现为突变率增加、细胞周期紊乱、染色体断裂及对活性氧和其他 DNA 损伤剂的极端敏感。

癌症在很大程度上也是由基因组不稳定引起的，两个广为人知的高危癌症基因 *BRCA1* 和 *BRCA2* 都是 DNA 损伤修复基因，就说明了这一点。这两个基因的突变大大地增加了人们对一些癌症，如乳腺癌和卵巢癌的易感性。一般来说，许多癌症都具有染色体畸变和基因组结构变化的特征，包括大片段基因组区的缺失、重复和重排。基因组的不稳定性与癌细胞的细胞周期调节及 DNA 损伤修复方面的密切关系，也说明了基因组不稳定是癌症发生、发展的重要原因。

2.9.4 表观基因组 / 表观遗传疾病

除了基因突变和基因组不稳定以外，异常表观基因组或者异常表观遗传模式也可能导致疾病。这一类型的疾病实例包括脆性 X 综合征、ICF 综合征、Rett 综合征和 Rubinstein-Taybi 综合征。以 ICF 综合征为例，基因 *DNMT3B* 突变导致 DNA 甲基转移酶 3B 的缺失。这种疾病的患者都 DNA 甲基化水平低下，并有面部异常、免疫缺陷和染色体不稳定等症状。癌症是由多个遗传因子 / 基因组因子引起的基因组疾病，还具有 DNA 甲基化异常，包括高甲基化和低甲基化的特征。通常可以在肿瘤抑制基因的启动子 CpG 岛中观察到高甲基化，导致其基因转录受到抑制 [27]。低甲基化主要存在于高度重复的序列中，包括着丝粒中和一些散在重复序列中的串联重复。有理论认为，低水平的甲基化是促进染色体重排和引起基因组不稳定的重要因素 [28]。

（陈浩峰　译）

3 RNA：转录后的序列

3.1 RNA 作为信使

DNA 中保存着生命的蓝图，而蛋白质则是几乎所有生命过程的执行者。要将 DNA 中的编码信息转化为每个细胞中各种各样的蛋白质，基因组中的 DNA 序列片段必须首先拷贝到信使 RNA（mRNA）中，然后在核糖体中进行信息解码，将 mRNA 中转录的核苷酸序列翻译成蛋白质。由于 mRNA 在 DNA 和蛋白质之间起着中介作用，人们通常用转录组（transcriptome，即一个细胞或一个细胞群体中所有 mRNA 的集合）来研究细胞的各种生命过程与功能。转录组与基因组不同，基因组的存在形式主要是静态的，并且生物个体每个细胞中的基因组都是相同的；而转录组是受到动态调节的，因此可以被形象地称为了解细胞功能状态的“晴雨表”。

3.2 RNA 的分子结构

从结构上看，RNA 与 DNA 密切相关，也是由核苷酸组成的。构成 RNA 分子的核苷酸与 DNA 略有不同，其五碳糖部分是核糖（ribose），而不是脱氧核糖（deoxyribose）。RNA 中的 4 个碱基有三个，即 A、C 和 G，与 DNA 的碱基是相同的；不同的是 RNA 中以尿嘧啶（U）取代了胸腺嘧啶（T）。与 DNA 的双链结构不同，RNA 分子是单链的，这使它们具有了很大的灵活性。如果在单个 RNA 分子链的两个区域之间存在分子内的序列互补，这种结构的灵活性就可以使 RNA 链弯曲并发生分子内的相互作用，从而形成特异的结构。

由于具有结构的灵活性和内部结构的互补性，RNA 分子根据其特殊的序列，可以形成如发卡状的二级结构和茎环状的三级结构。有时候这些结构可以使它们在细胞中具有特殊的化学性质。例如，有些非信使 RNA 可以像蛋白质酶一样催化生化反应，因此也被称为 RNA 酶 [或称为核酶（ribozyme），详见 3.4.1 节]。有些 RNA 分子可以形成三级结构，使之能够与配体（ligand）等小分子结合，或者与 RNA 结合蛋白这样的大分子结合。mRNA 的结构对其生命周期的各个步骤来说也是非常重要的（详见下一节），核糖开关（riboswitch）就是这样一个例子，它是 mRNA 中的一个区域，可以结合小分子配体，如代谢产物或者离子，通过结合配体后 RNA 结构的变化来调节 mRNA 的转录、翻译或剪接 [29]。蛋白质与 mRNA 的 3′ 非翻译区（3′-UTR）元件相结合，也可以诱导这些元件的结构发生变化并影响 mRNA 的翻译[30]。mRNA 向特定细胞位置的转运，如向神经元远端的树突状区域的运输，也需要 mRNA 具有特殊的结构，使之可以与 RNA 结合蛋白结合，从而进行运输过程。研究单体 RNA 结构的经典方法有通过计算预测的方法，以及使用各种化学探针和酶探针的 RNA 指纹实验方法等。随着基于新一代测序（NGS）技术的 RNA 测序方法（即转录组测序）的出现，并与这些经典方法相结合，转录组范围的 RNA 结构图谱研究已经成为可能[31]。

3.3 mRNA 的产生、加工与周转

当细胞中需要某种蛋白质的时候，该蛋白质的编码基因首先被转录成为 mRNA，然后将其作为模板翻译为细胞所需要的蛋白质。在原核细胞中，mRNA 在转录完成后立即进行蛋白质翻译。而在真核细胞中，从 DNA 经过 mRNA 到蛋白质的信息流相对来说比较复杂，因为转录和翻译这两个步骤被物理分隔，而且真核基因中含有内含子（intron），需要在翻译之前被去除。在真核系统中，首先以 DNA 为模板合成初始转录产物（也称为初级转录产物）并进行去除内含子的加工过程，在细胞核中产生成熟的 mRNA。然后将 mRNA 从细胞核运输到细胞质中进行翻译。当 mRNA 不再被需要时，就被细胞降解和再循环。值得注意的是，一个基因可以被转录产生多个 mRNA 拷贝，拷贝数的多少根据细胞状态的不同，随着不同条件和不同基因而相应变化。

3.3.1 DNA 模板

要启动转录过程，首先需要通过改变 DNA 的包装状态，使基因的序列暴露出来。为了转录某一段 DNA，它的两条链需要先被解旋，只有其中的一条链作为转录的模板。因为作为模板的 DNA 链与转录产生的 RNA 链反向互补（DNA 模板中的 A、C、G 和 T 分别在 RNA 转录物中转录为 U、G、C 和 A），所以也被称为反义链或负（–）链（图 3.1）。另一条 DNA 链具有与 mRNA 相同的序列（DNA 中的 T 被 RNA 中的 U 取代），因而被称为正义链或者正（+）链。值得注意的是，基因组的任何一条链都可能被用作转录模板，哪一条链作为基因转录的模板取决于基因在 DNA 上的方向。还应当注意的是，确定氨基酸在蛋白质中如何组装的三联核苷酸遗传密码是指 mRNA 中的三联体序列。

3.3.2 原核生物基因的转录

RNA 聚合酶催化从 DNA 模板到 mRNA 的转录。在原核细胞中只有一种 RNA 聚合酶，这种酶的全酶包含一个含有 5 个亚单位的核心酶，催化从 DNA 模板到 mRNA 的转录，还有另一个亚单位是转录启动所需的 Sigma 因子。Sigma 因子通过将核心酶结合到启动子区域，并引导其到达转录起始位点（transcription

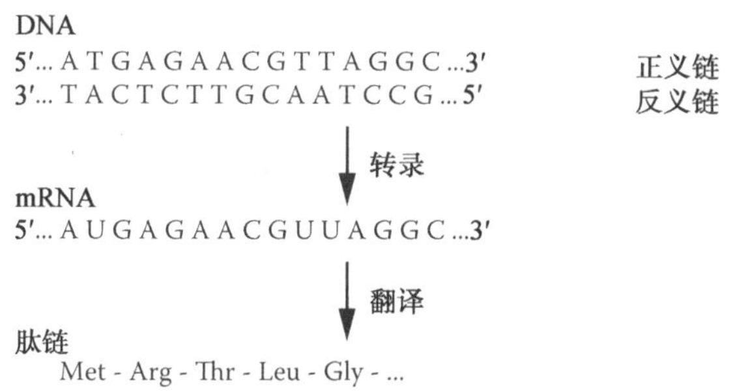

图 3.1 图示两条 DNA 链序列如何与转录产物 mRNA 序列配对，以及 mRNA 中的遗传密码如何对应肽链中的氨基酸序列。

start site，TSS）来启动转录过程。启动子是一个基因或一个操纵子的蛋白质编码区的上游区域。原核细胞的启动子具有一些共同的组件，如转录起始位点上游以 10 个核苷酸序列为中心的基序（motif）具有共同序列 TATAAT。到达转录起始位点后，Sigma 因子就与核心酶分离。与 DNA 聚合酶不同，RNA 聚合酶的核心酶不需要引物，而是催化从 5′ 到 3′ 的方向逐个向新生的 RNA 分子连接核苷酸。RNA 聚合酶以大约每秒 30 个核苷酸的速度携带着延伸的 RNA 分子沿着 DNA 模板滑动。

虽然新合成的 RNA 链上的核苷酸与 DNA 模板上核苷酸的碱基互补配对，但新的 RNA 延长链并不与 DNA 模板通过氢键相连。在同一条 DNA 模板上，多个转录产物可以在多个 RNA 聚合酶的作用下一个接一个地同时合成。在转录本延长的时候，这些聚合酶与模板紧密相连，不会与模板分离，直到终止信号被转录为止。终止信号由位于转录序列末端的回文序列片段发出。转录完成后，回文序列中自身带有的自我互补的片段自发地形成发卡结构，在发卡结构之后，是一串 4 个或更多个尿嘧啶残基，作为另外的停止转录信号，与 DNA 模板上的一连串 A 序列互补形成弱关联。发卡结构暂停转录产物的进一步延长，RNA 链上的一连串 U 与 DNA 的一连串 A 之间的弱关联将 RNA 聚合酶与模板解离。

原核细胞的转录调控是由启动子和一些蛋白质因子，如阻遏蛋白和激活蛋白等来完成的。启动子的强度，即在单位时间内转录起始的次数，在不同的操纵子中变化很大。例如，在大肠杆菌中，具有弱启动子的操纵子中的基因可以在 10min 内转录一次，而具有强启动子的那些基因可以在相同的时间内转录 300 次。在一个操纵子中，启动子的强度不但取决于宿主细胞对其蛋白质产物的需求，也取决于它特定的序列。特异蛋白因子也可以调节基因的转录，这些因子中最为人所熟知的是阻遏蛋白，它可以与启动子和转录起始位点之间的序列（被称为操纵基因）结合，从而阻止 RNA 聚合酶转录的起始过程。激活蛋白则起相反的作用，诱导转录水平升高。作为原核细胞 RNA 聚合酶起始因子的 Sigma 因子提供了另一种转录调节机制。原核细胞中存在着不同形式的 Sigma 因子，每个都可以调节序列特异性的转录活动。这样，这些 Sigma 因子的差别使用就为原核细胞提供了另一个水平的转录调控机制。

3.3.3 真核生物基因 pre-mRNA 的初始转录

在真核细胞中有三种类型的 RNA 聚合酶，其中 RNA 聚合酶 Ⅱ 转录蛋白质编码基因，RNA 聚合酶 Ⅰ 和 Ⅲ 转录核糖体 RNA（rRNA）、转运 RNA（tRNA）和各种类型的小 RNA。由于染色体 DNA 的高度压缩包装、真核基因的复杂结构及多因子参与的复杂调节，真核细胞中的转录通常更为复杂。转录开始之前，染色质中高度压缩的 DNA 需要解压缩，基因序列需要暴露出来，以便 RNA 聚合酶结合。

进行蛋白质编码基因的转录，除了 RNA 聚合酶 Ⅱ 以外，还需要细胞核中多种其他蛋白质，包括转录因子和共激活因子。转录因子包括一般转录因子和特异转录因子。所有的转录起始过程都需要一般转录因子，如 TFIIA、TFIIB 和 TFIID 的作用，它们的功能是将 RNA 聚合酶定位在启动子区域，并解旋模板 DNA 链进行转录。下文即将详细叙述的特异转录因子，在转录起始过程中起着关键的调控作用。共激活因子将所有必需的转录因子结合在一起构成转录起始复合体。转录过程一旦起始，转录复合体中大多数蛋白因子被释放出来，RNA 聚合酶 Ⅱ 催化 RNA 链的延伸，这个过程与原核细胞相似。真核细胞中 RNA 链延伸的终止信号是 AAUAAA 序列，它同时作为转录完毕的 RNA 被切割并产生 3′ 端的多聚腺苷酸尾（poly-A 尾）的信号（见第 3.3.4 节）。转录完成后，包含外显子和内含子的转录本称为初级转录本，或者 mRNA 前体。

与在 DNA 聚合酶催化下的 DNA 复制过程一样，在真核细胞和原核细胞的 RNA 转录延伸期间，也有一定的概率会引入错误的核苷酸导致错配。为了纠正错配，原核和真核 RNA 聚合酶也具有 3′ → 5′ 核酸外切酶活性。如果在延伸的 RNA 链中加入了错配的核苷酸，那么 RNA 聚合酶将回溯并纠正错误。因为有纠错机制存在，在原核和真核系统中的转录过程总体出错率估计为每个基因 10^{-5}~10^{-4} [32]。虽然这个数值比 DNA 突变率高，但转录错误的危害并不大，因为每个转录本都有多个拷贝，并且携带早熟终止密码子的转录物可以通过一个称为无义介导降解（nonsense-mediated decay）的过程加以去除。

除了通过组蛋白修饰和染色质重构进行基因序列暴露的步骤以外，真核细胞的基因转录过程主要通过利用特异转录因子在转录起始步骤中进行调节。这些转录因子是大量 DNA 互作蛋白质的组合，它们与基因启动子区中的特定序列元件结合，通过它们将一般转录因子和 RNA 聚合酶组装到转录起始复合体中。此外，特异转录因子也可以和处于远端的调节序列，如增强子（enhancer）或顺式调节模块（*cis*-regulatory module）相结合，发挥调节作用。与启动子区域中的转录因子结合位点不同，增强子的功能不依赖于序列方向，而且与受调节基因相距可以达数百万（10^6）个碱基，有时候还会嵌入没有其他已知功能的基因间区中。增强子对基因转录有显著的影响，增强子通过 DNA 形成环状结构，使增强子与启动子区域靠近并影响转录起始复合体的形成，从而发挥其转录调节作用。特异转录因子与增强子的结合对基因的转录具有刺激性或抑制性作用（通过抑制因子的募集）。一般来说，基因的转录通常由多种特异转录因子调节，并且来自这些转录因子组合的信号的输入决定了该基因是否应该被转录，如果应被转录的话，转录到什么水平。特定的转录因子也可以结合到多个基因组位点，用以调节功能相关基因的转录。基于新一代测序技术的 ChIP-Seq 方法通常可以用来定位基因组上特异转录因子的结合位点。

3.3.4 从 mRNA 前体到成熟的 mRNA

在原核细胞中，没有转录后的 RNA 处理过程，转录之后可以立即进行蛋白质翻译。实际上，在 RNA 还处于转录过程中的时候，核糖体就已经和延长中的 mRNA 结合并开始合成多肽链了。但在真核细胞中，初级转录产物需要在细胞核中经过好几个步骤的加工处理才能成为成熟的 mRNA。这些步骤有：①在 5′ 端加帽；②外显子和内含子的剪接；③在 3′ 端添加 poly-A 尾。

第一步，在转录起始后不久，新生成的 RNA 链还不到 30 个核苷酸长度时，在这个 mRNA 前体的 5′ 端加上一个甲基化鸟苷三磷酸帽。这一步的过程是在转录产物的 5′ 端加入一个鸟嘌呤基团，然后再甲基化这个基团。这个帽状结构为转录产物做了标记，保护它们在被运输到细胞质后免于被降解，并促进蛋白质翻译过程的有效启动。帽状结构形成以后，与一个称为“帽结合复合体（cap-binding complex）”的蛋白质复合物紧密结合。

第二步，外显子与内含子的剪接，是三个步骤中最复杂的过程。内含子是非编码的插入序列，在形成成熟的 mRNA 时需要将其剪切掉，并将外显子保留下来。一种名为剪接体（spliceosome）的分子机器用来执行剪接过程，它是由多达 300 个蛋白质和 5 个核小 RNA（snRNA）组成的。剪接体从初级转录产物中鉴定并除去内含子，这个过程是利用每个内含子中的三个位置信息来进行的：5′ 端（从剪接供体的共同序列 5′-GU 开始），3′ 端（以剪接受体的共同序列 3′-AG 作为结束），以及分支点（branch point），指从剪接受体上游约 30 个核苷酸开始，并且包括一个富含 AU 的区域。内含子被切除及相邻两个外显子的连接过程是由三个步骤组成的：①切断 5′ 端剪接供体位点；②将切下来的剪接供体位点与分支点连接，以形成环状的套索结构；③切开 3′ 端的剪接受体位点，释放出内含子并连接两个外显子。

除了从初级转录产物中简单地去除内含子之外，剪接过程也对外显子进行不同的组合，有时甚至会包含一些内含子，从相同的初级转录产物产生出多种形式的成熟 mRNA。这种不同的剪接方式，也被称为可变剪接（alternative splicing）

（图 3.2），为各种 mRNA 群体的产生提供了另一种调节步骤。可变剪接在 1980 年首次被报道，当时被认为是一个例外，并不是常态。目前已有的资料显示，基本上所有的来自多个外显子的初级转录产物都要经过可变剪接 [33, 34]。可变剪接的生物学意义是显而易见的：从一个相同的基因产生多个 mRNA，从而产生多个蛋白质，可以大大增加生物体中的蛋白质数量和功能多样性，而同时并不需要显著增加基因组中的基因数量。这个现象也解释了为什么很多更为进化的物种的基因组中含有的基因数量并不比进化地位原始的物种多（见第 2 章，表 2.1）。

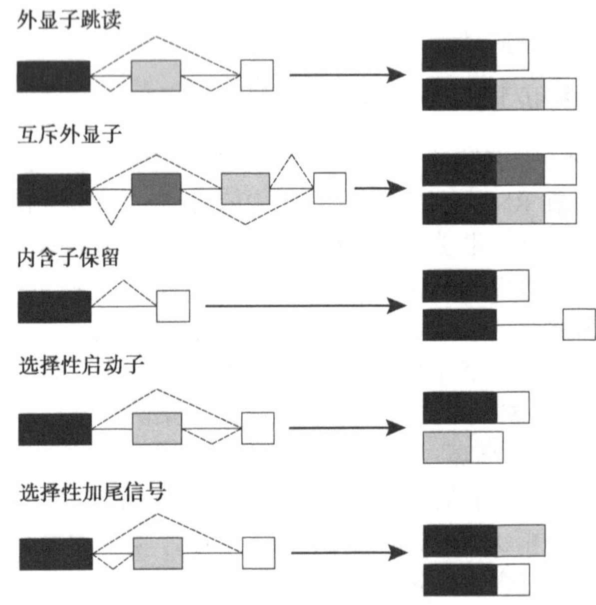

图 3.2　RNA 转录产物可变剪接的各种形式。

第三步，一旦新的初级转录产物通过了终止信号序列，就被几个终止相关蛋白质包裹，其中一个蛋白质在终止信号序列的下游不远处切割 RNA 并产生 3′ 端。随后是多聚腺苷酸化步骤，即一个称为 poly-A 聚合酶的酶向 3′ 端添加 50~200 个 A。这个 poly-A 尾，和 5′ 端帽状结构一样，都有增加转录后 mRNA 稳定性的作用。这个 poly-A 尾被 poly-A 结合蛋白结合和保护，同时可以促进 mRNA 到细胞质的运输。

除了这三个主要的处理步骤以外，一些转录产物可能还要经过其他一些处理过程。RNA 编辑（RNA editing）是这些过程中被人们了解得最多的步骤，虽然一般认为它并不常见。RNA 编辑是指转录后 RNA 核苷酸序列的变化，其中最常见的类型是从 A 到 I（肌苷，在翻译时读作 G）的转化，这个过程是由如 ADAR 这样的酶（作用于 RNA 的腺苷脱氨酶）催化的，还有由胞苷脱氨酶催化的从 C 到 U 的变化。发生这些变化的结果是，编辑后的 RNA 转录产物不再完全匹配模板 DNA 上的序列。

RNA 编辑有可能改变遗传密码，引入新的或者除去现有的终止密码子，或者改变剪接位点[35]。有证据表明，RNA 编辑和剪接等其他 RNA 处理过程可以协同进行[36]。

3.3.5 运输与定位

mRNA 在成熟以后，需要从细胞核输出到细胞质中进行蛋白质翻译。细胞核在允许成熟的 mRNA 向外运输的同时，还需要将未经处理的或者被部分加工的转录产物及被切除掉的内含子等加工过程的副产品保留在核内。成熟的 mRNA 被包装成为大型的核糖核蛋白（RNP）复合体，通过核孔复合体穿过核膜。一旦进入细胞质，许多 mRNA 可以立即开始被翻译合成蛋白质。由于细胞质空间拥挤，它们可能在翻译期间在细胞质中随机漂移。然而有一些翻译发生在高度局域化的地点。例如，在神经元细胞中，mRNA 需要被转运到远端树突区进行翻译。已知在这些目标区进行本地翻译的蛋白质具有重要的生物学功能，如与人类的学习和记忆有关的突触可塑性等[37]。为了将 mRNA 转移到这些特殊位置，mRNA 与一些特殊蛋白质结合形成 mRNA- 蛋白质复合体，然后将其连接到蛋白质“马达”上沿着细胞骨架轨道进行运输。

3.3.6 稳定性与降解

稳定状态的 mRNA 浓度，通常被用作转录组分析测序的检测目标，该浓度并不仅仅取决于 RNA 的产生速率，还与其降解速率有关。原核细胞的 mRNA 通常不稳定，在转录后迅速被核酸内切酶和核酸外切酶降解，结果导致大多数原核 mRNA 寿命较短，原核 mRNA 的平均半衰期（即一半 mRNA 被降解的时间）在 10min 以内[38]。这种高周转率使原核细胞可以通过转录的变化来快速响应环境的变化。相比之下，真核 mRNA 通常更稳定，平均半衰期长达 7~10h[39，40]。一般规则是，用于调控或诱导蛋白质（如转录因子或应激反应蛋白）的 mRNA 倾向于具有较短的半衰期（如少于 30min），而那些编码与代谢和细胞结构有关的“起看家作用”蛋白质的 mRNA 的半衰期较长（长达数天）。mRNA 的稳定性与半衰期也受到发育阶段或者环境因子的调控。例如，编码肌肉特异转录因子（如肌细胞生成素和 myoD）的 mRNA 的稳定性和半衰期在肌肉分化过程中是最高的，但一旦分化完成就迅速下降[41]。

真核细胞 mRNA 降解的调节过程尚不清楚，但已知该过程涉及 mRNA 上的某些序列元件与蛋白质及小 RNA 因子之间的相互作用。例如，mRNA 稳定性调节序列是一个富含 AU 的元件，这是一个位于许多短寿命 mRNA 的 3′ 非翻译区的区域，富含腺嘌呤和尿苷。许多因子与该元件相互作用以调节 mRNA 的周转，如富含 AU 的结合因子 1（AUF1）。小 RNA 种类，包括微 RNA（microRNA，miRNA）、干扰小 RNA（small interfering RNA，siRNA）和 Piwi 相互作用 RNA（Piwi-interaction RNA，piRNA）等，也是 mRNA 稳定性与降解的重要调节因子

（详见 3.4.4 节）。加工小体（P-body）是一种真核细胞中的粒状结构，是由蛋白质和小 RNA 因子调节的 mRNA 周转的关键结构[42]。

大多数真核细胞 mRNA 的衰变始于其 3′ 端的脱腺苷化，即通过脱腺苷酶的作用去掉 poly-A 尾。脱腺苷化通过两种可以相互替代的机制导致 mRNA 降解。一种机制是通过 mRNA 5′ 端的脱帽作用，这使得 mRNA 容易被 5′ → 3′ 方向的核酸外切酶降解。另一种机制是从尾端直接进行 3′ → 5′ 衰变，这是由被称为外切体（exosome）的多蛋白复合物来进行的。除了这些主要的脱腺苷化依赖型的 mRNA 衰减途径外，还有其他不依赖脱腺苷化的途径[43]。

3.3.7 mRNA 转录水平上调控的主要步骤

如上文所述，原核和真核细胞转录的调节主要是在起始步骤中起作用，而且这个调节作用严重依赖于特定的蛋白质 -DNA 相互作用。在原核系统中，除启动子强度之外，转录起始的调节是由包括阻抑蛋白和激活因子在内的蛋白质因子提供的，这两个蛋白质因子都与特异启动子序列结合。在真核系统中，与启动子和 / 或增强子中的特异序列结合的特异转录因子提供了大部分的调控功能。此外，在转录起始复合物参与之前，基因序列的访问是由组蛋白修饰和染色质重构来调节的。由于真核系统中 mRNA 的产生是一个多步骤过程，因此调控机制也在随后的步骤中起作用（图 3.3）。在 mRNA 成熟期间，外显子和内含子剪接调节导

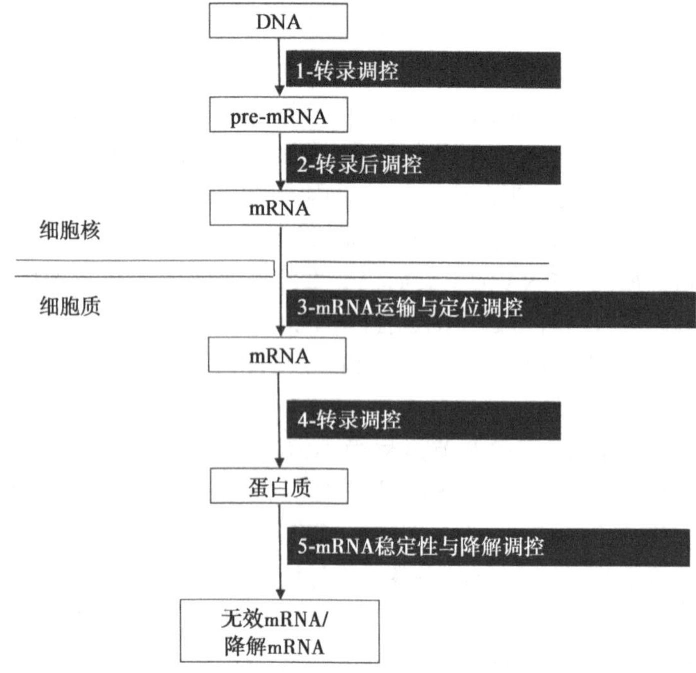

图 3.3　真核细胞基因表达在多个水平上的调控。

致产生可变剪接变体。mRNA 迁移到局部细胞结构域也为一些基因提供了额外的调节机制[44]。mRNA 的降解对调节稳定状态下的 mRNA 水平起着重要的作用，但目前的研究还比较少。

3.4 RNA 不仅仅是信使

尽管 mRNA 的作用不可或缺，但它仅占细胞总 RNA 的大约 5%。除了 rRNA 和 tRNA 以外，被发现的非蛋白质编码 RNA 的数目在快速增长，它们在调节蛋白质编码基因或者执行关键细胞功能方面起着重要的作用。这些非编码 RNA 包括 miRNA、piRNA、siRNA、snRNA、核仁小 RNA（snoRNA）、长非编码 RNA（lncRNA）和作为催化酶（核酶）的 RNA。这些非编码 RNA 中的一部分已经被广泛研究，如核酶，其发现获得了 1989 年诺贝尔化学奖，并导致了“RNA 世界”假说的出现。根据这一假说，早期的生命形式都是基于 RNA 的，DNA 和蛋白质都是后期进化来的。该假说认为，rRNA、tRNA 和核酶是原始 RNA 世界的进化遗存[45]。其他非编码 RNA，如许多形式的小 RNA 和 lncRNA，因为被发现的时间不长，其功能的重要性和多样性仍然没有被充分地了解和认识。尽管如此，因为小 RNA 的广泛存在及其重要功能，2006 年诺贝尔生理学或医学奖授予了由小 RNA 引起的 RNA 干扰（RNAi）现象的发现者。由于非编码 RNA 在细胞中的多种重要作用，RNA 不再仅仅被视为信使。

3.4.1 核酶

与蛋白质类似，RNA 也可以形成复杂的三维结构，而且有些 RNA 分子可以执行催化功能。这些可以执行催化功能的 RNA 称为核酶。有关核酶的一个经典例子是一种称为“I 组内含子”的内含子，可以从含有其自身序列的 mRNA 前体中把它自己剪接除去。这个自我剪接的过程，涉及两个酯交换（transesterification）步骤，并且不被任何蛋白质催化。I 组内含子的长度大约为 400 个核苷酸，主要存在于细胞器、细菌和低等真核生物的细胞核中。当将含有 I 组内含子的前体 RNA 在试管中孵育时，内含子会自主地从前体 RNA 中剪接出自身。尽管其内部序列有差异，但所有的 I 组内含子都具有共同的空间特征，可以为催化两个酯交换步骤提供活性位点。核酶的另一个例子是原核核糖体的大亚基中含有的 23S rRNA。这个 rRNA 催化单个氨基酸与现有肽链之间肽键的形成。虽然这个大亚基中含有超过 30 种蛋白质，但其中 rRNA 是催化成分，蛋白质只提供结构的支持和起到稳定的作用[46]。

与蛋白质的催化作用类似，由核酶催化的酶动力学与蛋白质酶催化反应也具有相同的特征，通常可以由米氏方程（Michaelis-Menten equation）来描述。

这两者更为相似的特征包括，核酶的活性也可以通过配体来调节，这些配体通常为小分子，与其结合可以导致核酶的结构变化。例如，核酶可能包含核糖开关（riboswitch），它作为酶的一部分可以和配体结合，以打开或者关闭酶的活动。

3.4.2 核小 RNA 和核仁小 RNA

虽然 I 组内含子可以自我剪接，但是大多数 mRNA 前体中的内含子与之不同，需要剪接体进行剪接。剪接体在体积上甚至比核糖体还大，它包含 5 个核小 RNA（U1、U2、U4、U5 和 U6），剪接过程在很大程度上取决于这些核小 RNA 与 mRNA 前体之间的相互作用。例如，为了启动剪接过程，通过碱基配对，U1 与 5′ 剪接供体位点、U2 与分支位点分别相互作用。剪接过程的后期，U6 在切割之前结合 5′ 剪接位点。虽然剪接体含有大量的蛋白质，但这些核小 RNA 所起的作用是不可或缺的。

核仁小 RNA 对于 rRNA 前体的加工也同样必不可少。真核细胞的核糖体含有 4 个 rRNA，分别是 28S、18S、5.8S 和 5S，其中前三个首先被转录成为一个大的 rRNA 前体，为产生这三个 rRNA，rRNA 的前体需要首先被化学修饰，再被切割。化学修饰包括超过 100 个核苷酸的甲基化和另外 100 个位点的尿苷异构化。在这个过程中需要核仁小 RNA 来识别特定的修饰位点。有许多不同类型的核仁小 RNA 存在，每种核仁小 RNA 都可以通过碱基配对与 rRNA 前体形成互补区，然后这些互补区域被识别为进行修饰的目标。

3.4.3 端粒复制中的 RNA

端粒位于染色体的尖端，其作用是密封染色体 DNA 的末端。如果没有端粒，DNA 修复酶会将 DNA 末端识别为断点，从而使染色体的完整性受到损害。每个端粒区都有一长串高度重复的 DNA 序列。一般来说，因为染色体 DNA 的复制酶不能到达 DNA 的最末端（即末端复制问题），所以染色体的每次复制都会缩短端粒长度。为了防止在生殖细胞和干细胞中出现这个问题，细胞中有一种被称为端粒酶（telomerase）的酶具有补充复苏端粒区域的功能。端粒酶是包含一个 RNA 组分的大分子复合物，其 RNA 可以作为端粒中重复序列的模板，另一种蛋白质酶（逆转录酶）可以根据这个模板来合成端粒的 DNA 重复序列。在大多数体细胞中，端粒酶活性通常被关闭或处于非常低的水平。因此，由于端粒逐渐缩短，细胞在分裂一定次数之后就开始衰老了。

3.4.4 RNAi 和非编码小 RNA

RNAi 是一种利用小 RNA 来沉默基因表达的细胞机制，它为说明非编码

RNA 在蛋白质基因调控过程中的重要作用提供了一个极好的范例。RNAi 通过抑制 mRNA 的翻译、降解 mRNA 或者抑制基因转录来实现基因沉默[47]。作为广泛存在于生物体内的天然基因调控机制，RNAi 在生物体发育和各种细胞过程中起着重要作用。由于病毒 RNA 可以激活宿主细胞内的 RNAi 途径，导致病毒 RNA 的降解，RNAi 也被植物和一些动物用于抵抗病毒的侵染。此外，RNAi 还可以沉默基因组中的转座子等转座元件，以维持基因组的稳定性。目前已经有大量的研究数据表明，在许多生物体内由小 RNA 介导的 RNAi 具有普遍性。例如，在人类基因组中有超过 60% 的基因被小的非编码 RNA 调控[48]。RNAi 自从被发现以来已经成为一个强有力的研究工具，它几乎可以沉默基因组中的任何基因以破译它们的功能。在临床上，小 RNA 也被研究者用作基因疗法的一种策略进行了尝试，它可以通过关闭许多与遗传疾病有关的出错基因来达到基因治疗的目的。

RNAi 是由三个主要类型的非编码小 RNA 介导的，它们是 miRNA、siRNA 和 piRNA。所有这些小 RNA 都是通过一个相同的基本途径，即通过一个称为 RNA 诱导沉默复合体（RNA-induced silencing complex，RISC）的核糖核蛋白复合体来诱导 RNAi 的。下文将详细阐述这三组小 RNA 和它们之间的差异。

3.4.4.1 miRNA

成熟的 miRNA 大小为 19~24 个核苷酸，它可以通过抑制 mRNA 的翻译，或者降解 mRNA 来诱导基因沉默。miRNA 的前体通常是由基因组中的非蛋白质编码基因转录而来的（图 3.4）。它的初级转录产物（称为 pri-miRNA）内部含有发卡结构，而且比成熟的 miRNA 长得多。在初始处理阶段，pri-miRNA 首先被称为“Drosha”的核糖核酸酶 [作为所谓“微处理器（microprocessor）”的蛋白质复合体的一部分] 在细胞核内修剪成大小约为 70 个核苷酸的、称为 pre-miRNA 的中间分子。还有一些 miRNA 前体来源于蛋白质编码转录产物中剪接出来的内含子，这些前体经过加工处理后生成“mirtron”（意为从内含子中产生的 miRNA），绕过了细胞核中微处理器复合体的加工步骤。为了进一步加工，pre-miRNA 和 mirtron 的前体从细胞核被运输到细胞质中，在那里它们被内切核糖核酸酶“Dicer”切割形成双链 miRNA。双链 miRNA 随后被加载到 RNA 诱导沉默复合体（RISC）上，在 RISC 的核心蛋白质 Argonaute 作用下，双链 miRNA 被解链，其中一条被丢弃[49]。余下的一条链被 Argonaute 用作指导序列，通过与位于 mRNA 的 3′-UTR 中的种子序列的不完全碱基配对来鉴别相关的目标 mRNA。通过这种 miRNA-mRNA 相互作用，RISC 通过抑制 mRNA 的翻译和 / 或通过 mRNA 去甲基化及降解来诱导靶基因沉默。由于碱基的不完全配对，一个 miRNA 可以指向多个靶基因的 mRNA。反过来，一个 mRNA 也可能被多个 miRNA 作为靶基因。

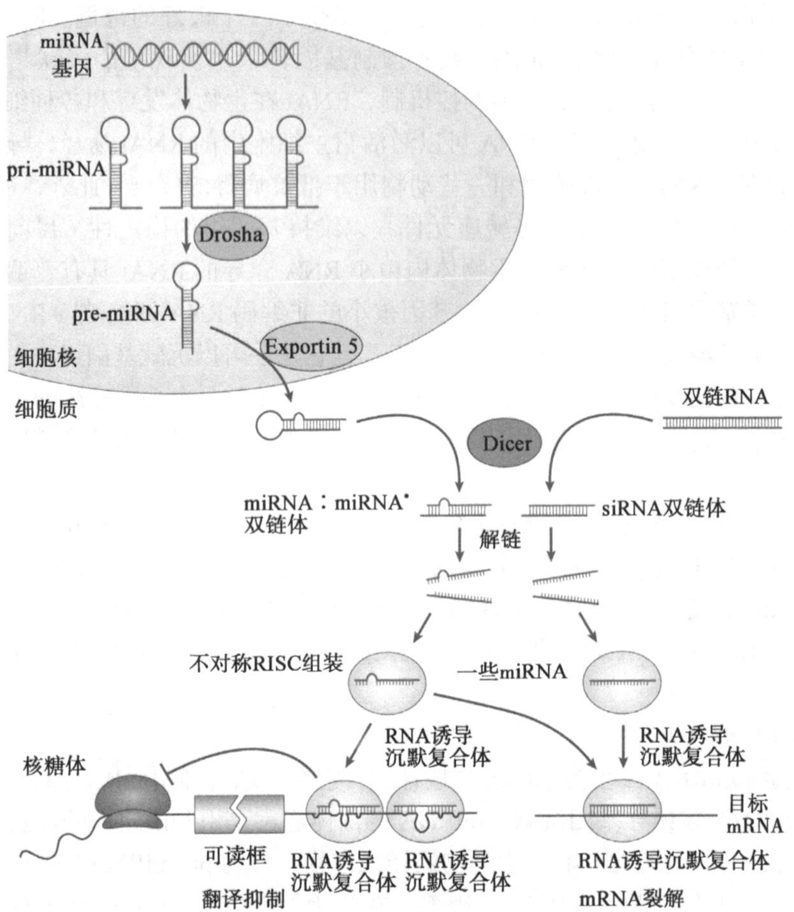

图 3.4 抑制目标 mRNA 活性的 miRNA 和 siRNA 的产生和功能示意图。编码 miRNA 的基因组区域首先被转录为 pri-miRNA，然后在细胞核中被 Drosha 处理为较小的 pre-miRNA。pre-miRNA 被转运蛋白质 Exportin 5 运输到细胞质中，在那里它们被 Dicer 进一步还原加工为 miRNA ：miRNA* 双链体。尽管复合体的两条链都有功能，但只有一条链被装入 RNA 诱导沉默复合体，其功能是诱导翻译的抑制或切割目标 mRNA。长链的双链 RNA 也可以由 Dicer 处理成为 siRNA 二聚体，也可以利用 RISC 来降解目标 mRNA 分子。（引自 L He and GJ Hannon，MicroRNAs：Small RNAs with a big role in gene regulation，*Nature Reviews Genetics* 2004，5：522-531. 经许可。）

3.4.4.2 siRNA

虽然 siRNA 与 miRNA 的大小相似，并且基本上利用相同的系统进行基因沉默，但它们在许多方面都有所不同。从起源上来说，siRNA 通常是从外源引入的，如由病毒侵染或者人工注射而来。但它们也可能来源于细胞内，如由重复序列产生的转录产物而来（如来自端粒或转座子的转录产物），或者由收敛转录过程（DNA 序列的两条链在相应的启动子作用下，从两个相反的方向进行转录）产生的 RNA 而来，还有的是从其他天然存在的正义或反义转录产物而来[50]。为产生成熟的 siRNA，从外源引入的双链 RNA 或从细胞核运输到细胞质的内源转录前体被 Dicer 切割，然后由 Argonaute 将成熟的 siRNA 加载到 RISC 中进行目标 mRNA 的沉默。在目标 mRNA 的识别过程中，siRNA 与 miRNA 的不同之处是，它的序列与目标序列具有完美或近乎完美的互补性。从基因沉默的机制上看，siRNA 通常对 mRNA 进行核酸内部切割（endonucleolytic cleavage，也称为剪切，slicing）。

3.4.4.3 piRNA

piRNA 是相对来说新发现的一类小型非编码 RNA，其长度为 24~31 个核苷酸，在动物的生殖组织中起作用。虽然 piRNA 与 miRNA 和 siRNA 使用类似于 RNAi 的基本机制，但 piRNA 与后两者在两个主要方面有所不同：一是它的生物发生不涉及 Dicer 的作用；二是它特异地与 Piwi（一种与 Argonaute 蛋白进化枝不同的蛋白质）相互作用进行基因沉默。piRNA 的生物发生起始于从基因组特定位点（称为 piRNA 簇）产生的长片段 RNA 转录产物。关于这些 piRNA 簇，已经发现的现象是，尽管它们在基因组所处的位置在相关的物种之间相差不大，但是在即使是密切相关的物种之间，它们的序列也并非保守。转录完成后，RNA 被转运出细胞核，然后被目前尚不为人了解的核酸内切酶处理。为诱导基因沉默，成熟的 piRNA 被装入含有 Piwi 的 RISC 中，piRNA 的序列被用来作为指导，通过剪切（slicing）来沉默 mRNA。此外，装载了 piRNA 的成熟 RISC 也可以被转运到细胞核中，在核内 RISC 可以寻找和沉默仍然在转录过程中的 mRNA。这个转录中的基因沉默是通过与细胞核中其他蛋白质因子的相互作用，并且通过组蛋白修饰改变染色质结构和基因可读性来实现的。目前 piRNA 最显著的功能是通过转录后和转录中的基因沉默来抑制转座子的活性，从而维持生殖细胞的基因组稳定性。有关 Piwi 互作 RNA 的非转座子靶基因，如与早期发育相关的靶基因也有报道。

3.4.5 长非编码 RNA

有些非编码 RNA 与小 RNA 不同，它在成熟时的平均长度超过 200 个核苷酸。这些 RNA 称为长非编码 RNA（lncRNA），因为被发现时间不长，所以有关的研究较少。lncRNA 的生物发生与 mRNA 的有些类似，它们多数是由 RNA 聚合酶Ⅱ转录并经过剪接，5′ 端加上帽状结构，3′ 端发生多聚腺苷酸化。但与 mRNA 不同的是，lncRNA 通常比较短，其长度中值约为 600 个核苷酸，具有较少外显子，并且通常表达水平低于 mRNA。此外，它们的表达显示出比 mRNA 具有更高的组织特异性和发育阶段特异性，并且大部分位于细胞核内，而并非被转运到细胞质中。

尽管 lncRNA 的发现较晚，但越来越多的证据表明它们在调控细胞基本功能上起着重要作用[51, 52]。已知 lncRNA 可以控制基因活动的许多步骤，包括染色质重构、转录过程的调控，mRNA 的加工、稳定性、定位和翻译等[53, 54]。例如，一些 lncRNA，如 Xist 和 HOTAIR，可以通过与染色质重构蛋白质复合体相互作用来抑制基因组中目标位点的基因转录[55, 56]。最近用 NGS 方法发现的一类 lncRNA 是从蛋白质编码基因的增强子区域转录而来的。这些转录产物称为 eRNA（或者增强子 RNA），有研究发现它们影响由增强子调控的蛋白质编码基因的转录[57]。一般来说，lncRNA 通过与转录因子结合、抑制启动子的活性、与 mRNA 结合蛋白及剪接因子的相互作用等方式调节基因的活性。此外，lncRNA 还可以直接与 mRNA 相互作用，从而影响 mRNA 的稳定性和翻译过程[58, 59]。因为 lncRNA 具有上述重要功能，所以它的异常表达可能导致癌症等疾病的发生[60]。

3.4.6 其他非编码 RNA

细胞的转录组深度测序导致越来越多其他类型的非编码 RNA 被发现。例如，在许多物种和细胞类型中都存在着环状 RNA（circRNA）。与上文所述的所有的线性 RNA 不同，环状 RNA 的 5′ 端和 3′ 端首尾相连形成环状结构。这种结构使得它们不容易受到 RNA 酶（RNase）的攻击，结构也会更加稳定。由于直到 2012 年，随着转录组测序被广泛应用，人们才发现环状 RNA 的广泛存在，因此它们的功能大多未知。有一些研究报道称它们具有潜在的调控能力，包括作为 miRNA 诱饵[61, 62]。除了本章中介绍的主要非编码 RNA 以外，细胞中还存在着其他类型的执行重要功能的非编码 RNA[63]。通过 RNA 测序技术，我们可以期望有更多的新型非编码 RNA 被发现。

3.5 细胞转录组学研究概览

传统上蛋白质编码的 mRNA 转录产物被认为是转录组学研究的重点，并且通常被认为是转录组的主要组成成分。然而，随着转录组学研究技术的发展，以及多种多样的非编码 RNA 被发现，人们逐渐认识到蛋白质编码转录产物仅仅占细胞转录序列的一小部分。由一些研究团体包括“FANTON”（哺乳动物基因组功能注释）和“ENCODE”（DNA 元素百科全书）等发起的关于细胞转录组全景的大规模研究表明，基因组的绝大部分区域都参与了转录，而且转录组的大部分是非编码 RNA[64, 65]。例如，ENCODE 协会在研究了 15 个人类细胞系的全部转录组，包括从细胞质和细胞核等不同细胞亚室分离的 RNA 群体之后，发现基因组的转录过程是普遍存在的，基因组 75% 的序列，包括缺乏基因的区域，都存在于转录本中。许多新发现的转录产物来自于内含子和人们目前不了解的基因间区。细胞中复杂的 RNA 全景研究进一步证明，RNA 并不仅仅是 DNA 与蛋白质之间的信使。

（陈浩峰　译）

第二部分

新一代测序技术及数据分析概论

4 新一代测序技术的来龙去脉

4.1 怎样做DNA测序：从第一代到新一代

测定DNA分子核苷酸序列的方法有多种。早在20世纪70年代，美国生物化学家沃尔特•吉尔伯特（Walter Gilbert）博士和英国生物化学家弗雷德里克•桑格（Frederick Sanger）博士就发明了不同的DNA序列测定方法。Gilbert的化学测序法是一个化学过程，将DNA链以每4个碱基为单位进行特殊的降解。而Sanger测序方法则是利用DNA的合成反应进行测序，该合成反应利用DNA模板链上的序列信息，按照逐个碱基顺序合成一条新的DNA链（见第2章）。一种经过化学修饰的核苷酸——双脱氧核苷酸被用作Sanger测序法中不可逆的DNA链终止子，随机地将新DNA链的合成过程在每一个碱基的位置停下来，从而产生一系列长度相差一个碱基的、不同长度的DNA链（图4.1）。用Gilbert的方法来测定被特异性打断的、相互之间相差一个碱基的DNA分子链的长度，或者是用Sanger的方法使新合成的DNA链在4个核苷酸中的任意一个核苷酸处随机终止，都可以对模板DNA进行测序。多年以来，Sanger测序法得到了进一步发展：测序自动化过程的采用减少了人为参与并提高了测序效率；最初的放射性标记终止子的方法被荧光标记终止子所取代，使得测序操作更加安全、序列检测更加可靠；使用毛细管电泳取代板状凝胶电泳，改进了DNA链的分离方法，实现了高度可信的碱基分辨率。所有这些技术的发展使Sanger测序法成为人们广泛采用的方法，也成为“人类基因组计划”所选用的测序方法。这个方法至今仍然被广泛应用于单个或者低通量DNA测序。随着新一代测序技术的出现，Sanger测序法已经成为第一代测序的同义语。

尽管Sanger测序法对单个DNA片段的测序准确度很高，但它很难实现高通量，而实现高通量是降低测序成本的关键。造成这种状况的主要原因是其DNA合成过程与后续DNA链的跑胶及检测过程的分离。尽管如此，Sanger测序法的合成测序的原理却成为后来好几种具有极高通量特点的NGS技术的基础。这些测序技术通常使用具有可逆终止子的核苷酸，或具有其他可切除的化学修饰的核苷酸，甚至是常规的未经修饰的核苷酸，这样新DNA链的合成就不是永久性终止的，而是可以在每加入一个碱基后进行检测。这些技术的发展及其他相关领域的进步，使得对数以百万计的DNA片段同时进行测序成为可能。

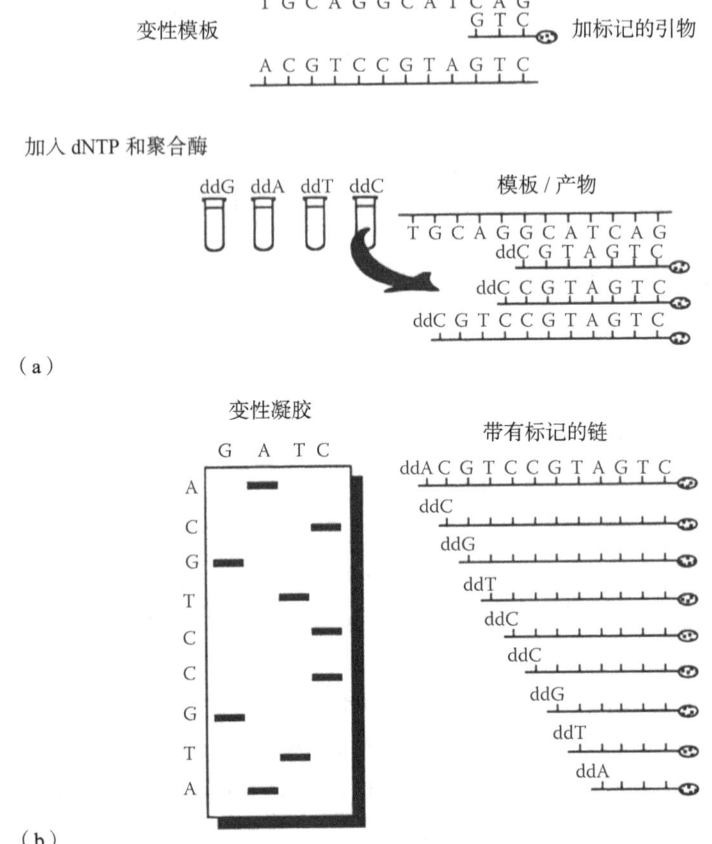

图 4.1 最初提出的 Sanger 测序方法示意图。该方法包括用待测 DNA 作为模板合成新 DNA 链（a），然后通过电泳分离新合成的 DNA 链进行序列推导（b）。第一步，新链的合成反应系统中含有变性的 DNA 模板、放射性标记的引物、DNA 聚合酶和 dNTP。对于 dNTP，Sanger 方法的特点是使用了双脱氧核苷酸（ddG、ddA、ddT 和 ddC，如图中所示）和常规未加修饰的核苷酸。在反应中 DNA 聚合酶将双脱氧核苷酸像常规核苷酸一样掺入延伸的 DNA 链中，但是一旦掺入了双脱氧核苷酸，新链的延伸就终止了。在该测序方案中，4 种双脱氧核苷酸中的每一种都进行单独的反应，并且控制这些双脱氧核苷酸与每个反应中对应的常规核苷酸的比例，以使合成可以在每个碱基位置随机终止。每个反应的最终产物都是一个具有不同长度 DNA 片段的群体，每个片段的长度取决于双脱氧核苷酸的掺入位置。图（b）显示通过电泳在变性凝胶中分离这些 DNA 片段，其中较小的片段比较大的片段的迁移速度快，并出现在凝胶的底部。引物上的放射性标记可使 DNA 片段显示为凝胶上的条带。右侧所示的是分别对应于每个条带的 DNA 片段，从 DNA 条带的排列可以推导出原始 DNA 模板的互补序列（如测序凝胶左侧所示，从底部向上读取）。（选自 P Moran，Overview of commonly used DNA techniques，in LK Park，P Moran，and RS Waples，eds.，*Application of DNA Technology to the Management of Pacific Salmon* 1994，15-26，Department of Commerce，NOAA Technical Memorandum NMFS-NWFSC-17. © Paul Moran，NOAA’s Northwest Fisheries Science Center. 经许可。）

早期 NGS 技术之一的 454 测序技术 [后为罗氏（Roche）收购，即罗氏 454] 通过深度研发一种名为焦磷酸测序（pyrosequencing）的方法实现了高通量测序。这种方法是基于检测在新 DNA 链合成过程中每个核苷酸掺入后所释放的焦磷酸[66]。在此过程中，4 种不同的核苷酸按照固定的顺序被依次加入测序反应中。如果加入的核苷酸与模板上的核苷酸互补，则这个核苷酸就被连接到新链上 [如果模板上有均聚物（homopolymer）存在，则一次反应连接的核苷酸多于一个]，作为连接反应的一部分，一个焦磷酸分子作为副产物被释放出来。ATP 磷酸化酶催化分解焦磷酸放出 ATP，然后 ATP 又通过萤光素酶将萤光素转化为氧化萤光素。该反应在产生氧化萤光素反应的同时发光，光的亮度通常和参与合成的核苷酸数目成正比。通过检测加入核苷酸的每个循环发光与否，可以推导出每个 DNA 模板上的碱基序列。当大量的 DNA 模板被同时以这种方式测序时，就实现了测序的高通量。罗氏 454 测序技术可以产生平均读长为 400~500bp 的序列。一些目前广泛使用的 NGS 技术，包括 Illumina 可逆染料终止子测序、Ion Torrent 半导体测序和 Pacific Biosciences（PacBio）单分子实时测序，都是根据合成测序的原理设计的，这些测序方法的特点将在第 4.3 节中加以详细阐述。

并非所有的 NGS 技术都是基于合成测序的原理。例如，Life Technologies 公司的 SOLiD（Sequencing by Oligonucleotide Ligation and Detection）测序系统使用的是连接测序法（sequencing-by-ligation）；纳米孔测序（nanopore sequencing）由 Oxford Nanopore Technologies 等公司商业化，通过检测 DNA 链穿过纳米孔结构时由不同核苷酸引起的差异电场扰动来推断 DNA 序列。不管 NGS 技术在工作原理上是如何不同，NGS 实验的整体工作流程都存在着或多或少的相似之处。下面我们将对 NGS 的典型工作流程进行概述，包括实验室工作流程和初步数据分析过程。

4.2 典型的 NGS 实验流程

用 NGS 技术对基因组 DNA 或 RNA 转录产物进行测序可以分为多个步骤（图 4.2）。在这个过程中，首先是从研究者感兴趣的生物样本中提取 DNA 或 RNA 并制备测序文库。由于提取出来的 DNA 或 RNA 分子通常太长，不能被大多数 NGS 技术，特别是那些产生短读段的技术直接处理，因此首先需要将其片段化，打断成为较小的片段。片段化可以通过不同的技术来实现，包括超声处理、雾化处理、声剪切或酶处理。片段化步骤之后通常是选择片段大小，以收集特定大小范围内的片段。

测序文库制备的关键步骤是在 DNA 片段的两端连接测序接头（adapter）。对 RNA 片段来说，通常在添加接头之前首先需要将其转化为互补 DNA（cDNA）。接头是一段人为设计的序列，包含用于测序过程的多个目的的多个序列组分。这

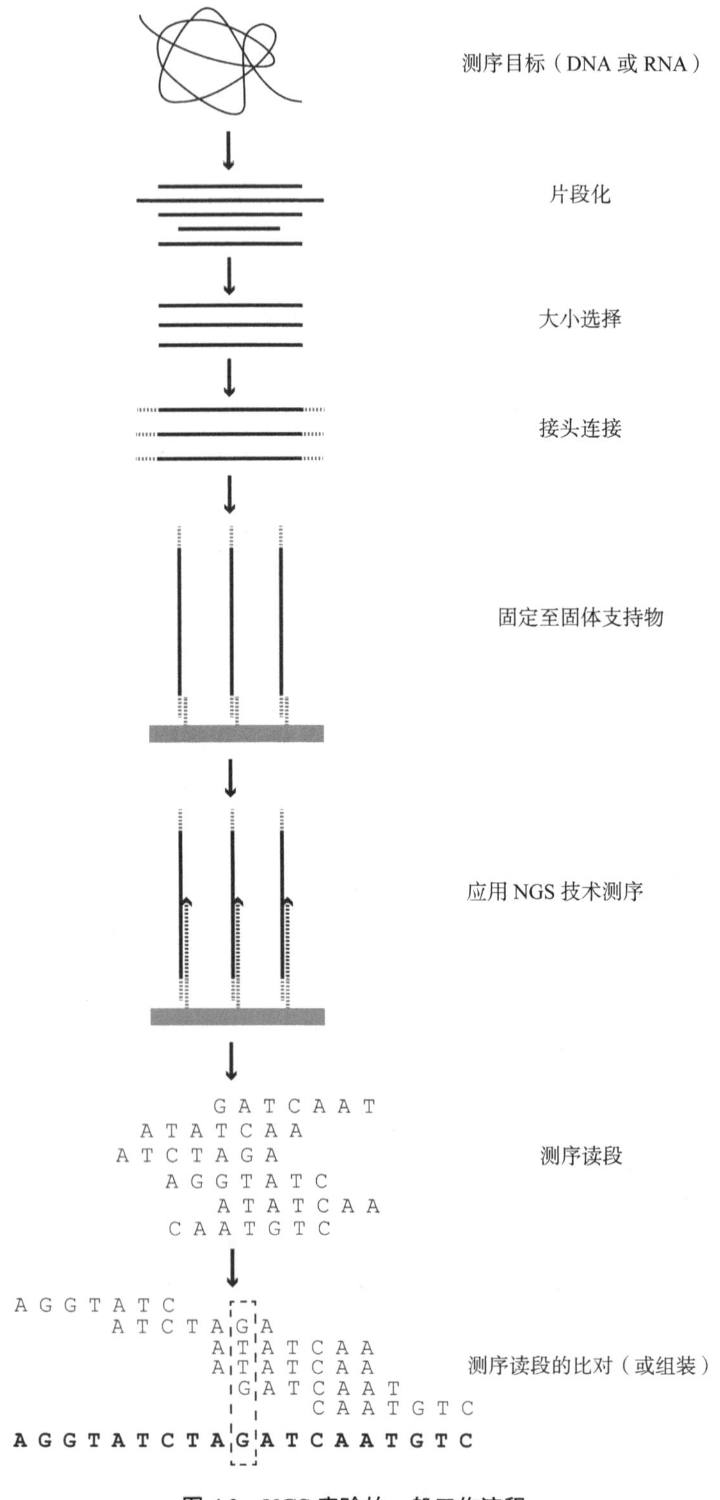

图 4.2 NGS 实验的一般工作流程。

些序列组分有：①用于启动每个片段的测序反应的通用测序引物序列；②用于测序模板富集的聚合酶链反应（PCR）扩增引物序列；③锚定序列，可以将 DNA 片段预先附着在玻片或微珠（bead）等固体支持物上，测序反应就在这些支持物上发生；④索引（或称为“条形码”）序列，可以在多个样本一起测序时区分其中每个样本的测序结果。虽然不同测序平台所采用的接头具有相似的功能，但实际上每个平台的标准接头序列都是特异的。对有特殊要求的用户来说，还可以设计自定义接头，设计的前提是该接头必须含有适合于一种测序平台的关键序列。在接头连接之前，DNA（或 cDNA）的两个末端需要进行末端修复处理（图 4.2 中未显示）。连接接头之后，测序文库所含有的 DNA 模板还需要利用接头内已有的引物序列，通过 PCR 扩增步骤进行富集。另外，在一些测序平台上也可以使用未经 PCR 扩增过程（PCR-free）富集的文库进行测序。

对建好的 DNA 文库进行测序，不同的测序平台使用不同的方法，收集不同性质的测序信号。如下文所详述的，一些测序平台通常利用捕获并处理光学或物理化学信号来产生 DNA 片段的序列。光信号通常是基于直接发光信号（如罗氏 454 平台），或者带有荧光标记化学修饰的核苷酸所产生的荧光信号（如 Illumina 和 Pacific Biosciences 测序系统）。物理化学信号是从测序过程相关的物理或化学反应中测量得来的，如 H^+ 的释放和相应的 pH 变化（如 Ion Torrent 测序系统），或者电场扰动（如 Nanopore 测序系统）。通过对这些光学或者物理化学信号的处理来推导 DNA 模板片段的序列。关于数据的输出和存储，未经处理的原始测序信号通常以测序平台特定的格式存储，处理后的测序数据则常常以更加通用的文件格式交付用户（详见第 5 章）。

DNA 序列可以从 DNA 模板的一端读取（单端测序，single-read sequencing），也可以从 DNA 模板的双端读取（称为末端配对测序，也称双端测序，paired-end sequencing）。双端测序除了可以将测序读段（read）总数加倍之外，在后续分析过程中还具有帮助将读段比对到参考基因组上（第 5 章）或帮助基因组组装等方面的优点。DNA 片段通常是经过大小选择的，因此它们的大致长度是已知的，所以根据双端测序得到的双端读段（paired-end read）和它们之间的距离所提供的附加信息，有助于读段与参考基因组的比对或者新基因组的组装。目前大多数的 NGS 平台都可以采用双端测序方式。

从上述 NGS 实验的一般工作流程我们可以很明显地看出，NGS 技术的成功不仅与新的测序化学试剂和新测序方法的发展密切相关，而且 NGS 技术能够成功地实现其过程的高通量，同时对数百万个 DNA 分子进行测序，也归功于现代工程学和计算技术的发展。液体微流控技术和微细加工技术的发展使人们对微量测序反应进行信号检测成为可能。现代光学、显微镜技术和成像技术的发展，使人们可以以高分辨率、高保真度和高速度跟踪测序反应。还有一些 NGS 平台的测序技术发展还依靠半导体行业数十年的技术进步，或者依靠更新而且发展更快的纳米技术的进步（如 Ion Torrent 和 Nanopore 测序技术）。同时，高性能计算技术的发展也使得人们可以有能力同时处理和解析数百万个测序反应的信号记录。

4.3 不同 NGS 测序平台的详细介绍

到目前为止，人们利用上文所述的 NGS 技术已经产生了海量的 NGS 数据。其中一些测序技术仍然在继续发展，产生出更多的数据，而另外一些则被淘汰了。例如，罗氏 454 焦磷酸测序技术于 2013 年停止研发，另一家 NGS 公司——Helicos 生物技术公司于 2012 年宣布破产。虽然现存的一部分罗氏 454 与 Helicos 测序仪仍然在使用并产生一些数据，但本节的重点在于介绍目前应用最广泛和最活跃的测序技术。随着 NGS 技术的继续发展，新测序平台不断涌现，现有的测序技术也终将会落伍。尽管目前有关 NGS 测序平台的综述很快会过时，但是本书中所阐述的有关 NGS 数据分析的指导原则还会长时间适用。

4.3.1 Illumina 可逆染色终止子测序

4.3.1.1 测序原理

Illumina 测序平台是目前应用最广泛的测序平台，现有的绝大多数 NGS 数据都是由它产生的。Illumina 测序的核心技术是应用了荧光标记的带有可逆终止子的核苷酸[67]，如前文所述，这种方法与 Sanger 测序法的基本原理相同，都是合成测序。与 Sanger 法不同的是，这些经特殊修饰的核苷酸被合成、加入到新 DNA 链上，它们所携带的终止子基团只是暂时阻止后续核苷酸的加入，使新 DNA 链不再延长。经过测序仪的光学系统检测之后，终止子基团被切除，这样新链的合成就可以继续进行，完成下一个循环的核苷酸的加入。系统可以同时检测数百万个测序反应的每一个反应中加入的核苷酸种类，dATP、dCTP、dGTP 和 dTTP 用不同的荧光染料标记，这样每个核苷酸就可以以它们发出的不同波长的荧光信号来进行区分。荧光标记和可逆终止子基团是通过同样的化学键与核苷酸相连的，这样在一个测序反应循环结束时，两者就可以在一个酶切反应中同时被切除，以准备下一个反应循环中下一个核苷酸的加入。

4.3.1.2 测序实施过程

Illumina 测序系统的测序反应过程是在测序芯片（flow cell）上发生的（图 4.3），每个测序芯片上有 8 条微流管道，通常被称为泳道（lane），测序反应就在这里发生，测序信号也在这里被扫描记录。每条泳道内侧的顶部表面和底部表面都覆盖有与测序文库连接接头中锚定序列互补的寡核苷酸“草坪”，当测序文库被加入到每个泳道时，文库中的 DNA 模板与这些寡核苷酸序列结合并被固定在泳道表面上（图 4.4）。在固定之后，每一个模板 DNA 分子都通过称为“桥式扩增”（bridge amplification）的过程进行克隆扩增，通过这个扩增过程，可以

图 4.3 Illumina 测序芯片。它是一个特制的双层玻片，中间分布着互不连通的 8 条液体通道（称为泳道）。测序文库被加入到泳道中后，经过模板固定和簇生成之后进行大规模平行测序。在测序过程的每一步中，DNA 合成所需的混合试剂，包括 DNA 合成酶、修饰后的 dNTP 等，通过位于泳道一端的入口泵入泳道，反应后经出口流出。

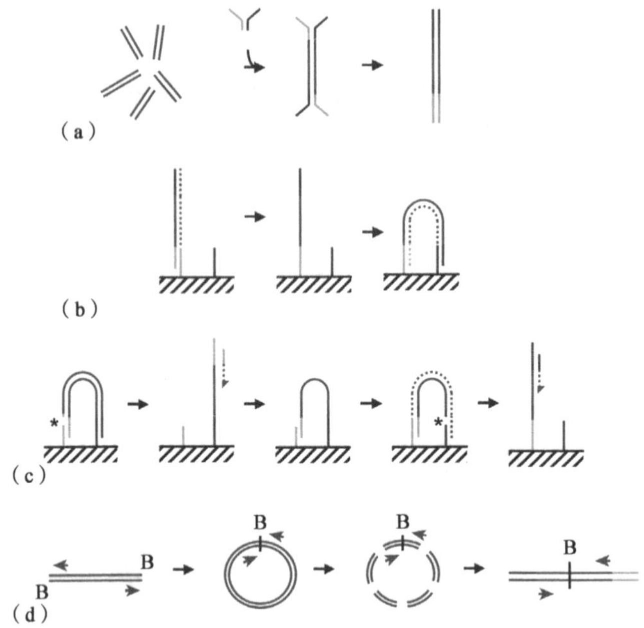

图 4.4 Illumina 测序样本制备和测序方法。(a)在经过片段化和大小选择的 DNA 片段两端连接测序接头形成分叉状结构。然后用与接头中的序列互补的引物扩增连接产物产生平末端扩增子。(b)用恒温桥式扩增法进行克隆扩增。要实现这一点，首先通过变性将 DNA 解链，每条链以序列互补的方式连接在测序芯片表面上。在芯片表面合成新链（用虚线表示）后，去除原始的 DNA 链。新链的“游离”末端以序列互补方式连接到芯片表面上的另一个锚定寡核苷酸序列上，这就形成了桥式结构用于合成新的互补链。重复这个过程就可以产生很多个原始序列模板的拷贝并形成簇。(c)DNA 模板的单端或双端测序。在测序之前，将一条链在一个接头序列内切割（用星号标记），然后在变性后除去，剩下的一条链用作单端测序的模板。如果需要再从另一端进行测序（即双端测序），则需要重建测序模板。模板的重建过程包括在变性后去除第一次测序过程产生“读段 1”所合成的新链，用桥式反应合成一条互补序列模板（用虚线表示），以及进行原始模板的切割和去除。新模板用于从另一端测序产生“读段 2”。(d)配对测序（mate-pair sequencing）。该方法可以对长 DNA 片段（如 > 1kb）的两端进行测序。用这种方法，长 DNA 片段首先被环化，然后被打断。含有长 DNA 片段两个末端序列的片段被选出，然后用（b）图所示的双端测序过程对选出的片段进行测序。（选自 DR Bentley，S Balasubramanian，HP Swerdlow，GP Smith，J Milton，CG Brown，KP Hall et al.，Accurate whole human genome sequencing using reversible terminator chemistry，*Nature* 2008，456：53-59. 经许可。）

产生大约 1000 个相同拷贝的模板，它们紧密聚集在一起形成直径小于 1μm 的“簇（cluster）”。在测序的时候，这些簇是基本检测单元，可以产生足够强的信号以利于检测系统进行碱基识别。

在理想的条件下，我们预期在每个簇中，核苷酸掺入并合成到多个相同拷贝的测序模板上的时间应该是同步的，这样在同一个簇的多个模板上发生的测序反应就可以保持同步。而实际上，总会有一小部分模板与同一个簇中的大多数模板的 DNA 分子合成失去同步，从而导致两种结果：一种是“相位落后”（phasing），原因是终止子去除不完全而导致缺少一个测序周期；另一种是超前一个或几个碱基，称为“相位超前”（prephasing），原因是合成反应中加入了不带有终止子的核苷酸。相位落后或相位超前可以导致测序系统背景噪声增加，从而对碱基的识别能力下降。随着测序循环数的增加，这个问题会变得越来越严重，这就是为什么采用克隆扩增的测序平台（包括下文将详细说明的 Ion-Torrent 测序平台）在测序末端数据质量开始下降。最终碱基识别的质量下降达到一个阈值，过了这个阈值，测序数据就不可被采用了。测序反应同步性的逐渐失去是限制这些测序平台数据长度的主要原因。

4.3.1.3 错误率、读长、数据产出及运行时间

Illumina 测序方法的总体错误率低于 1%，是现有测序准确率最高的新一代测序平台之一。它的最常见错误类型是单核苷酸替代。在读长方面，高通量的 HiSeq 测序系统可以用高通量运行模式产生长度为 125bp 的序列，用快速运行模式可以产生长度为 250bp 的序列。相对通量较低的 MiSeq 系统可以产生长度为 300bp 的序列。在数据输出方面，HiSeq 系统使用高通量运行模式，可以在两个包含 8 条泳道的芯片上产生 80 亿个双端序列，总数据产量可达 1Tb[1Tb（terabase）=10^{12} 个碱基]。如果使用快速运行模式，它可以在两个包含两条泳道的芯片上产生 12 亿个双端序列，总数据产量为 300Gb[1Gb（gigabase）=10^{9} 个碱基]。相对通量较低的 MiSeq 系统可以产生 0.5 亿个双端序列，总数据产量为 15Gb。如果采用单端测序，系统所产生的序列数和数据产出量为上述数据的一半。在本书中介绍的三个主要测序平台中，Illumina 测序系统产出的数据读长最短。然而在读长达到 250 个碱基时，已经可以满足大多数 NGS 应用的需求了。需要注意的是，这里列出的是截止到 2015 年年初的数据，这些数据将会随着系统的更新而改变。

在测序运行时间方面，MiSeq 运行一次需要 5~55h；HiSeq2500 运行一次的时间取决于运行模式（快速和高通量模式）及测序试剂的不同，需要 7h 到 11 天。核苷酸结合的酶促步骤实际上用时很少，大部分时间花在对测序芯片表面的簇（cluster）的成像上面。在成像步骤中，系统用红色和绿色的激光照射核苷酸上的荧光标记，并通过 4 个不同的滤光片进行扫描。目前一个高通量的测序芯片包含有 768 个图块，在每个测序循环结束后，每个图块上可以产生 4 个图像。通过减少系统的总扫描面积可以加快成像步骤（如两泳道快速模式的芯片只有 128 个图块），但这样做会减少数据量产出，并提高测序成本。

Illumina 序列数据的生成过程分为三个步骤。第一步，分析每个循环结束后拍摄的原始图像以进行“簇”的定位，并报告每个簇的信号强度、坐标及噪声水平。该步骤由仪器控制软件自动执行。第二步，输出的数据通过仪器实时分析（RTA）软件进行碱基识别，该软件利用簇信号强度和噪声水平来进行碱基的识别和质量值的计算。这一步骤也可以过滤掉低质量的数据。第三步，生成碱基识别文件，或称为 bcl 文件，由 Illumina 的专利软件 CASAVA 转换成为压缩形式的 FASTQ 文件。如果测序样本是加了索引标记（index）的，并且是多个样本的混样测序，在这一步还要进行测序数据的样本区分。测序完成后，用户从一个 NGS 测序中心得到的数据是经过压缩并进行了样本区分的 FASTQ 数据文件。

4.3.2 Ion Torrent 半导体测序

4.3.2.1 测序原理

Ion Torrent 半导体测序系统是第一个不依赖于经化学修饰的核苷酸、荧光标记和耗时的图像扫描等步骤的 NGS 平台，从而实现了更快的测序速度、更低的测序成本和更小的设备占地面积。Ion Torrent 平台通过检测在合成测序过程中每个核苷酸掺入序列后所释放的 H^+ 来进行 DNA 测序。当一个核苷酸被掺入新合成的 DNA 链中时，由 DNA 聚合酶催化的生化反应释放出一个焦磷酸基团和一个 H^+（质子）。H^+ 的释放引起周边的 pH 变化，可以被检测和用于确定上一个合成反应循环中加入的核苷酸种类。由于 pH 的变化不是核苷酸特异的，为确定 DNA 序列，需要在测序循环中的不同时间内向反应中依次加入底物核苷酸（dATP、dGTP、dCTP 和 dTTP）。在一种核苷酸加入后，如果检测到 pH 变化，则表明模板链在上一个合成位置含有与加入核苷酸碱基互补的核苷酸。

4.3.2.2 测序实施过程

Ion Torrent 测序技术的建库过程与其他的 NGS 技术相似，都包括将 DNA 片段化和连接测序平台特有的引物（接头）。接下来，文库片段在直径为 3μm 的微珠表面上通过乳化 PCR（emulsion PCR）进行克隆扩增，然后表面带有扩增后序列模板的微珠被加入到 Ion 芯片中。每个 Ion 芯片都有一个液体流动室，可以允许天然的核苷酸（一次一个依次加入）的加入与流出，同时要注入在合成测序反应过程中所需要的 DNA 聚合酶和缓冲液。该测序系统采用了半导体工业中使用的标准工艺，在芯片底部安装了数百万个 pH 微量传感器，用以测量每个加入的核苷酸可能带来的 pH 变化。

4.3.2.3 错误率、读长、数据产出及运行时间

Ion Torrent 平台的测序总体错误率高于 Illumina 平台，但低于 Pacific Biosciences 系统（见第 4.3.3.3 节）。它主要的数据错误是由均聚物造成的。当 DNA 模板含有一连串相同核苷酸组成的均聚区（如 TTTTT）时，pH 变化的信号变得更强，并且与均聚物中所含有的核苷酸数目成正比。例如，如果模板包含两个 T，则 dATP 的加入产生的 pH 信号变化大约是一个 T 导致的 pH 信号变化强度的两倍。以此类推，3 个 T 的信号将是 2 个 T 的信号的 1.5 倍，6 个 T 的信

号将降低到 5 个 T 的 1.2 倍。这样，随着重复碱基数的增加，信号强度比逐渐降低，从而降低了系统正确检测碱基数目的可靠性。据估计，目前（2015 年年初）Ion Torrent 系统对 5 碱基均聚物的检测误差率为 3.5%。

Ion PGM 系统目前（2015 年年初）使用 Ion 318 芯片，需要 4~7h 产生 400 万 ~550 万条读段，读长为 35~400 个碱基（即 600Mb 左右至 2Gb 数据）。更高通量的 Ion Proton 系统使用 Ion PI 芯片，需要 2~4h 产生 10Gb 数据，包括 6000 万 ~8000 万条读段，读长可以达到 200 个碱基，足以测序两个人类外显子组。如果在 Ion Proton 系统中使用 Ion PII 芯片，可以在 4h 内产生 32Gb 数据，可以对人类基因组测序 10 次。通过不断开发新的测序芯片、增加芯片的表面积及增加微孔和 pH 微传感器的密度，由 Ion Torrent 技术产生的数据量预计将会不断增加。

4.3.3 PacBio 单分子实时测序

4.3.3.1 测序原理

Pacific Biosciences（简称 PacBio）公司的单分子实时（single molecule real-time，SMRT）测序平台通常被称为第三代测序技术，因为它可以足够灵敏地对单个 DNA 分子进行测序，并避免了对 DNA 模板进行任何形式的扩增 [68]。另外，该平台可以产生比其他 NGS 平台长得多的序列数据，目前的测序中位读长为 8~10kb。虽然 SMRT 测序方法也是基于合成测序的原理，但不同于 Illumina 测序方法，它使用的核苷酸将荧光标记连接在其末端的磷酸基团上，而且没有终止子基团。当核苷酸被加到延伸的 DNA 链中时，随着末端磷酸基团（即上文所述的焦磷酸基团）被切割，它所带有的荧光标记也被一起释放出来，这使得系统能够进行实时的信号检测。由于这个过程不涉及荧光标记的释放和检测的单独步骤，因此序列检测信号不是通过图像扫描检测的，而是由速度为 75 帧 /s 的电影录像连续记录的。

4.3.3.2 测序实施过程

SMRT 技术的单分子测序灵敏度是通过采用零模波导孔（zero-mode waveguide，ZMW）技术实现的，零模波导孔是位于玻璃基板上的 100nm 厚金属膜上排列的直径为数十纳米的微孔。为实现在零模波导孔中进行测序，首先需要将单个 DNA 聚合酶和单个 DNA 链（测序模板）固定在其底部。由于零模波导孔的直径小于可见光的波长，可见光不能透过整个零模波导孔，只有其底部 30nm 范围内才能被照射到。还由于检测体积非常微小，只有 20zeptoliter（1zeptoliter=10^{-21}L），该检测方法大大降低了背景噪声，能够检测到单个 DNA 分子上的核苷酸加入过程。

当 SMRT 平台进行单分子测序时，起始建库仍然需要大量的 DNA（目前为 1μg）。SMRT 的建库过程与其他 NGS 平台相似，包括将 DNA 片段化为所需要的大小，一般长度为数千碱基。接下来是 DNA 片段的末端修复和连接测序接头，然后文库模板连接测序引物，再结合到 DNA 聚合酶上。在测序之前，模板 - 引物 - 聚合酶复合体被固定在 SMRT 芯片中 15 万个零模波导孔底部。由于技术上的限制，目前这些零模波导孔中只有约 1/3（50 000~60 000 个）可以产生通过过滤的高质量读段数据。

4.3.3.3 错误率、读长、数据产出及运行时间

与其他 NGS 平台相比，SMRT 平台的主要缺点是它的高错误率和高运行成本（表 4.1）。它的错误率为 10%~15%，高于上述其他两个平台，其中最常见的错误类型是插入 / 缺失（indel）测序错误。在读长和数据输出方面，目前记录测序结果的影像长度为 3h，最长的测序读长可达 30kb（平均为 8.5kb）。当前的测序仪型号 RSII 使用一个 SMRT 芯片所产出的总数据量为 375Mb。

4.4 测序的偏好性及其他影响 NGS 数据准确性的负面因素

正如 NGS 平台本身固有的一些缺陷可以导致测序错误一样，在测序过程的一系列步骤中也会出现偏好性问题。与测序错误不同，偏好性影响的是原始 DNA 或 RNA 群体代表性的准确与否，从而导致对某些序列的高估或者低估。NGS 偏好性的主要来源是建库过程中的多个分子操作步骤，以及测序过程本身。除偏好性之外，还有其他潜在的因素可能导致产生不准确的测序信号。下面将详细阐述在建库和测序过程中可能影响 NGS 数据准确性的各种潜在的偏好性及其他负面因素。值得注意的是，虽然我们不可能完全避免偏好性的发生，但首先需要认识到它们的存在，才能通过周密的实验设计和数据分析方法，或者发展更加强大的分析算法来使其影响达到最小化。

表 4.1　现有不同 NGS 测序平台的对比

测序系统	原理	检测信号	读长	运行一次的数据产出	成本 / Gb[c]	主要错误类型	错误率[a]	是否为双端测序	DNA 样本量要求 / ng
HiSeq 2500	可逆末端终止子	荧光	125~250bp[b]	1000Gb	$	单碱基替换	10^{-3}	是	50~1000
MiSeq	可逆末端终止子	荧光	300bp	15Gb	$$	单碱基替换	10^{-3}	是	50~1000
Ion Torrent PGM	氢离子释放和 pH 变化	pH 变化	400bp	最高 2Gb	$$$	插入 / 缺失（大部分为均聚体）	10^{-2}	是	100~1000
Ion Proton	氢离子释放和 pH 变化	pH 变化	200bp	10Gb（PI Chip）	$$$$	插入 / 缺失（大部分为均聚体）	10^{-2}	是	100~1000

续表

测序系统	原理	检测信号	读长	运行一次的数据产出	成本 / Gb[c]	主要错误类型	错误率[a]	是否为双端测序	DNA 样本量要求 / ng
PacBio RSII	ZMW 和单分子测序	荧光	平均 8.5kb	375Mb	$$$$$	插入 / 缺失	10^{-1}	否	1000

a 资料来源：CW Fuller，LR Middendorf，SA Benner，GM Church，T Harris，X Huang，SB Jovanovich et al.，The challenges of sequencing by synthesis，*Nature Biotechnology* 2009，27：1013-1023. 略有修改。

b 125 个碱基：高通量模式。250 个碱基：快速模式。

c 相对测序成本：$，最便宜；$$$$$，最贵。

4.4.1 文库构建中的偏好性

（1）DNA 片段化和片段大小选择过程中的偏好性。建库的初始步骤，即 DNA 片段化通常被认为是一个随机过程，并不依赖于上下游序列，而实际情况显然不是这样[69]。例如，超声处理和雾化处理会导致 DNA 链在 C 残基处的断裂多于预期。在 DNA 片段化之后，选择大小的过程也会引入偏好性，例如，在选择大小时使用凝胶提取法，则使用较高温度熔化凝胶有利于高 GC 含量片段的回收。

（2）连接步骤的偏好性。在经过片段化和大小选择以后，双链 DNA 片段通常在末端修复后进行腺苷酸化，在两个 3′ 端连接 3′-dA 尾，以便于随后连接带有 5′-dT 突出端的接头，同时防止 DNA 片段和接头的自连。然而，这种有 AT- 突出端的接头在连接过程中具有不与以 T 碱基开头的 DNA 片段连接的偏好性[70]。对长片段 RNA，如 mRNA 或者长非编码 RNA 的测序也受到这种偏好性的影响，因为从这些 RNA 逆转录而来的 cDNA 分子也需要经过相同的接头连接过程。小 RNA 测序不受连接偏好性的影响，原因是在小 RNA 测序文库制备过程中，接头的连接在逆转录步骤之前就已经完成。然而，小 RNA 的接头连接步骤引入了不同类型的偏好性，以序列特异性方式影响一些小 RNA 的测序。小 RNA 的序列特异性是其二级结构和三级结构的基础，同时也受到连接反应混合物温度、离子浓度和去稳定性有机溶剂 [如二甲基亚砜（DMSO）] 的影响。小 RNA 接头的连接效率受它们的二级结构和三级结构的影响[71]。

（3）PCR 偏好性。测序接头连接完成之后，DNA 文库通常需要用 PCR 方法进行富集之后才能用来测序，目前大多数的 NGS 测序平台都需要进行文库的富集步骤。而 PCR 过程所使用的 DNA 聚合酶却有其偏好性——它无法扩增 GC 或 AT 含量极高的片段[72]。这可能导致不同基因组区域覆盖度的差异，以及基因组中 GC 或 AT 含量高区域的代表性不足。优化 PCR 的反应条件可以在一定程度上减少这种偏好性的影响，特别是对于高 GC 含量的区域来说效果更为明显。然而，要彻底消除这种偏好性，只能采用 PCR-free 的建库方法。为实现这个目标，Illumina 已经推出了一个 PCR-free 的建库流程，Ion Torrent 也已推出了类似的建库方法。

4.4.2 测序过程中的偏好性和其他因素

和 PCR 反应一样，目前大多数 NGS 测序系统所采用的“合成测序”方法也是基于 DNA 聚合酶的应用，因为 DNA 聚合酶对极端 GC 或 AT 含量的基因组区域扩增不良，于是也引入了相似的基因组覆盖度偏好性。由于 DNA 聚合酶的使用是这些技术的核心，因此这种偏好性难以彻底消除。当我们对 GC 或 AT 含量极高（> 90%）的基因组或基因组区域进行测序时，应该特别注意这种偏好性的影响。除了酶反应之外，测序过程的其他方面，包括设备操作与调整、图像分析与碱基识别等，也可能引入偏好性和人为错误信号。例如，缓冲液中的气泡、结晶、灰尘颗粒、棉绒屑等都会遮盖测序簇（或者微珠），从而导致人为错误信号的产生。扫描阶段的光路偏差或意外的光反射等可能造成明显的成像不准确。与上文所述的一些系统固有的偏好性不同，经验丰富的实验人员可以将这些人为因素的负面影响降到最小。

测序信号的处理和碱基识别步骤也可能引入偏好性。例如，在用 Illumina 平台测序时，每个测序循环结束后，每个图块上生成的 4 个图像需要重叠在一起进行记录，并进行每个循环中每个簇（cluster）的信号强度的读取。有两个因素使这个过程复杂化：①来自 4 个检测通道的信号并不是独立的，由于其荧光标记的发射光谱的重叠，导致 A 和 C 通道之间，以及 G 和 T 通道之间存在着串扰的情况；②因为有相位落后和相位超前现象的存在，来自于某一个测序循环的信号质量也取决于其前后测序循环的信号质量。Illumina 的专利软件可以有效地处理在这些因素影响下的碱基识别，市场上也还有其他商业的和开源的计算工具用不同的算法进行这些工作，产生不同的计算结果。这些方法，包括 Illumina 软件采用的方法，对测序信号的分配使用不同的假设，可能无法严格地反映所收集数据的情况，因而引入了碱基识别的方法特异性偏好。

4.5 NGS 的主要应用

4.5.1 转录组特征和可变剪接检测

新一代测序已经逐渐取代了微阵列芯片（microarray），成为检测转录组特征及其变化的主要方法。生物样本（如细胞、组织或器官）的转录组特征取决于并且反映在它的发育阶段，以及它的内部和外部的功能条件上。通过对转录组中所有的 RNA 种类进行测序，NGS 可以回答一些关键问题，如什么基因是活跃表达的，表达水平如何。转录组学研究是通过不断的比较来进行的，将一种组织 / 阶段 / 处理条件与另一种进行对比。除了基因水平的分析，转录组测序还可以用于研究通过可变剪接从相同基因产生的不同转录本。NGS 也可以用相似的方法来研究作为转录组成分的小 RNA。与大多数基于 DNA 数据的分析相比，转录组测序的数据分析具有其独特性。第 7 章和第 8 章将分别对大片段 RNA 和小 RNA 的 NGS 数据分析进行介绍。

4.5.2 遗传突变与变异的发现

NGS 的一个主要应用是对人群的各个个体中基因突变和变异进行检验和分类。现有的 NGS 研究已经表明，一些严重的疾病，如癌症和自闭症等，与新的体细胞突变有关。一些研究项目如“千人基因组计划”已经揭示了人群中导致个体之间的体质特征、疾病倾向和药物反应等方面差异的大量遗传变异。在第 9 章中我们将着重阐述数据分析技术，以及如何识别突变和各种类型的变异，并测试它们与表型或者疾病的关联。

4.5.3 基因组的从头组装

虽然 Sanger 测序方法在过去一直被认为是基因组从头组装的金标准，但是现在越来越多的基因组已经由 NGS 数据单独进行组装了，包括一些大型复杂的基因组。NGS 领域的技术进步，包括短序列测序技术读长的稳定增加，以及可以产生超长序列数据的 NGS 新技术的发展，都为这一趋势做出了贡献。为 NGS 数据进行基因组组装而发展的新算法开发是推动这一进程的另一个重要力量。在第 10 章中将重点介绍如何使用这些算法以 NGS 数据为基础组装新的基因组。

4.5.4 蛋白质与 DNA 的互作分析（ChIP-Seq）

基因组的正常功能取决于它与多种蛋白质的相互作用，如转录因子就是最为人熟知的 DNA 互作蛋白质。多种 DNA 互作蛋白质以序列特异性或区域特异性方式与 DNA 互作。为确定这些蛋白质与基因组的哪些区域结合，可以首先通过染色质免疫沉淀（ChIP）的过程捕获结合区域，然后用 NGS 进行测序，这个方法称为 ChIP-Seq。该方法可以用于研究在某些特定条件下，如特定的发育阶段或者某种疾病如何影响蛋白质因子与其亲和区域的结合。在第 11 章中将介绍 ChIP-Seq 的数据分析。

4.5.5 表观基因组学与 DNA 甲基化研究

除了基因组核苷酸的一维序列可以提供的调控机制以外，某些特定核苷酸和组蛋白的化学修饰又提供了另一个层次的基因组调控机制。这些化学修饰及其提供的调节信息构成了表观基因组的内容。基于 NGS 技术的表观基因组学研究已经揭示了同卵双胞胎如何显示某些表型的差异，以及表观基因组特征的变化如何引发诸如癌症等疾病。第 12 章将介绍 DNA 甲基化测序（methyl-Seq）数据的分析。

4.5.6 宏基因组学

要研究微生物群落，如人肠道中的微生物或一桶海水中的微生物，就需要了解其中存在的数量巨大的未知物种，宏基因组学是人们研究这些群落中包含的所有基因组的一种强有力的方法。近年来，由于 NGS 技术的发展，宏基因组学领域得到了极大的推动。通过快速测序宏基因组中的所有内容，研究人员可以全面地了解微生物群落的组成和功能特征。与从单个基因组产生的 NGS 数据相比，宏基因组学数据要复杂得多。第 13 章着重介绍宏基因组 NGS 数据分析。

（陈浩峰　译）

5 新一代测序数据前期分析的常见步骤

一般来说，新一代测序的数据分析分为三个阶段。在初步分析阶段，测序过程中产生的光学或物理化学信号经解析后识别出碱基序列。使用任何测序平台或者应用程序，碱基识别的结果通常都是以标准 FASTQ 格式储存。每个 FASTQ 文件都包含大量读段（read），即从测序文库中包含的 DNA 片段测序产生的序列。在第二个分析阶段，需要对 FASTQ 文件中的读段进行质控和预处理，然后再定位到参考基因组上。数据质量的检验或控制（QC）步骤包括检验多个读段的质量参数值。根据测序数据 QC 的结果，NGS 序列文件经过预处理，过滤掉低质量读段，修剪掉含有低质量碱基的部分读段，以及去除接头序列和其他人工序列 [如聚合酶链反应（PCR）的引物等]。随后将经过预处理的读段结果定位 [map，或称为比对（align）] 到参考基因组上，以确定读段在基因组的来源位置，提供第三阶段分析所需的大部分关键信息（基因组从头组装除外）。第三阶段分析具有高度的应用特殊性，将在本书第三部分详述。本章重点介绍初步阶段和第二阶段的分析步骤，特别是在大多数应用过程中常见的有关读段的质检（QC）、预处理和定位等问题（图 5.1）。

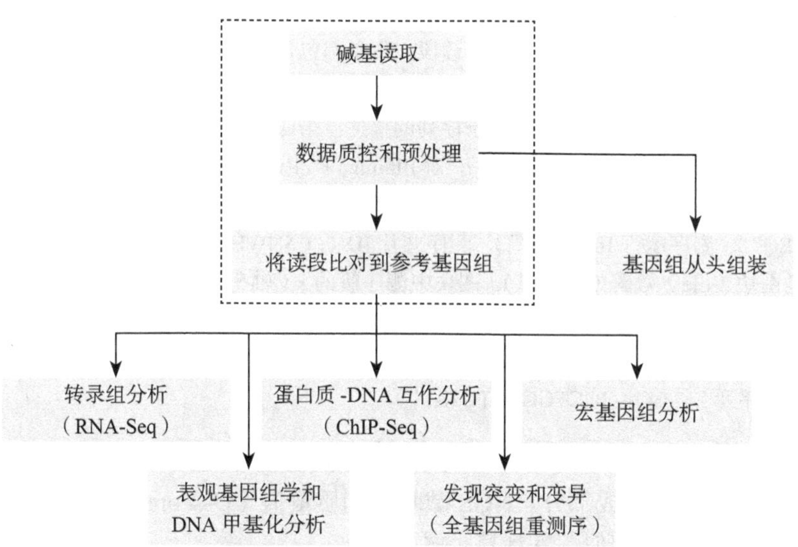

图 5.1 NGS 数据分析流程概览。虚线框内的步骤是初步和第二步分析的共同步骤。

5.1 碱基识别、FASTQ 文件格式和碱基质量值

在初步分析阶段中，从荧光图像、影像或者物理化学数值中得出测序结果的过程，是使用测序平台专利所有的特定算法程序实现的。例如，Illumina 使用其专利算法程序 Bustard 进行碱基识别。这些碱基识别的实施过程可能包含多个步骤，最终每个测序循环产生一个识别的碱基，并附带产生一个可信度值。大多数最终用户通常不会介入碱基的识别过程，而是更注重于对这些碱基识别结果的分析。无论使用什么测序平台，碱基识别的结果通常是以通用的 FASTQ 格式给出报告。虽然 NGS 的文件还有其他格式，如 FASTA、CFASTA、SFF 和 QUAL，但 FASTQ 已经成为输出 NGS 序列数据的实际操作标准，所有其他格式的文件都可以通过转换工具（如 NGS QC 工具箱）转换为 FASTQ 文件。从文件大小来看，一个典型的压缩 FASTQ 文件通常在数个 GB（multigigabyte）范围内，可以包含 2 亿条或更多的读段。简而言之，FASTQ 格式是基于文本的格式，包含每个读段的序列信息及每个碱基的可信度值。图 5.2 给出了一个 FASTQ 格式报告的序列数据实例。

```
@HISEQ:131:C5NWFACXX:1:1101:3848:2428 1:N:0:CGAGGCTGCTCTCTAT
CTTTTATCAGACATATTTCTTAGGTTTGAGGGGGAATGCTGGAGATTGTAATGGGTATGGAGACATATCATATAAGTAATGCTAGG
GTGAGTGGTAGGAAG
+
BB7FFFFB<F<FBFBBFBFBFFFIFFFFIIIFF<FBFFFBFIFFBFFFIFFFBFB07<BFFF7BBFFFBFFFFFF<BFBFBBBBBB
B'77B<770<BBBBB
```

图 5.2　FASTQ 序列文件格式图例。此处显示的是从一个 NGS 实验中得到的一条读段。一个 FASTQ 文件通常包含数百万条这样的读段，每条都包含如图所示的几行信息。第一行由符号“@”起始，包含序列 ID 和基本描述。第二行是读段具体内容。第三行（可选项）由符号“+”起始，后面可能跟着序列 ID 和对于序列的描述。第四行列出与读段中每个碱基（第二行显示）对应的可信度值（或称为质量值）。对 Illumina 产生的 FASTQ 文件来说，现在的版本的第一行中的序列 ID 一般来说都标记该序列是从哪里产出的。这条信息包括测序设备（本例中的“HISEQ”），测序运行 ID（“131”），测序芯片 ID（“C5NWFACXX”），芯片泳道号（“1”），泳道中的图块（tile）号码（“1101”），图块中测序簇的 *x-y* 轴坐标（分别是“3848”“2428”），确认描述信息包括读段号（“1”在这里表示单端数据，如果是双端数据，这里可以是“1”或“2”），读段是否已经过滤（这里的“N”说明还没有被过滤），对照序号（“0”），索引序列（或者样本标记序列）（“CGAGGCTGCTCTCTAT”）。

可信度值（或称为质量值）作为衡量碱基识别过程出错概率的值，是 FASTQ 格式的重要组成部分。NGS 碱基识别质量值（*Q*-score）与 Sanger 测序中所使用的 Phred 分值相似，其计算公式如下：

$$Q=-10\times\log_{10}P_{\mathrm{Err}}$$

式中，P_{Err} 是一个碱基识别出错的概率。根据这个公式，碱基识别出现 1% 错误

率相当于 Q 值为 20（Q20），Q30 表示碱基识别错误率为 1/1000。一般来说，Q 值必须至少达到 20 才能认为碱基的识别是可靠的。高质量的碱基识别 Q 值必须在 30 以上，甚至通常要达到 40。为了更好地使 Q 值与其代表的相应碱基之间的关系可视化，通常使用 ASCII 码字符来编码 Q 值。尽管存在其他不同编码方案的版本（如 Illumina 1.0、1.3 和 1.5），但 NGS 领域仍然主要使用与 Sanger 测序相同的编码方案（图 5.3）。在图 5.2 中所示的 FASTQ 文件例子中，第一个碱基 C 具有一个编码 Q 值 B（即 Q 值为 33）。

```
ASCII Character: ! " # $ % & ' ( ) * +  ,  -  .  /  0  1  2  3  4  5  6  7  8  9  :
  Quality Score: 0 1 2 3 4 5 6 7 8 9 10 11 12 13 14 15 16 17 18 19 20 21 22 23 24 25

 ;  <  =  >  ?  @  A  B  C  D  E  F  G  H  I  J
26 27 28 29 30 31 32 33 34 35 36 37 38 39 40 41
```

图 5.3　用 ASCII 码标记碱基识别质量值。“ASCII”是“American Standard Code for Information Interchange”的缩写，一个 ASCII 码数值对应一个计算机中的字符（例如，与字母“B”相对应的 ASCII 码数值是 66）。在这个编码系统中，ASCII 码数值等于 Q 值加上 33。目前主要的 NGS 平台，包括 Illumina（版本 1.8 以上），都使用这个编码系统来表示 Q 值。

为了准确确定 P_{Err}，在 Illumina 测序过程中通常采用一个泳道作为对照，或者在测序泳道中掺入对照文库，以产生一个碱基识别分数校准表。在没有对照泳道和没有掺入对照文库时，也可以使用预先计算好的校准表。因为每个平台对其 Q 值的校准方法不同，如果要对它们各自的结果进行整体的分析比较，则需要对其 Q 值重新加以校准。做校准的时候，将一部分读段与参考基因组中不含 SNP 的区域进行比对，如果读段与参考序列出现不匹配的情况，则认为是测序错误。根据所得读段中每个碱基位置的错误率，可以构建新的校准表，然后将其用于重新校准。即使没有来自不同平台的 NGS 数据进行比较和整合，从同一种平台上得到的 NGS 数据仍然可以用同样的方法进行比对后的重新校准，这通常可以提高碱基识别的质量值。

5.2 NGS 数据的质量控制与处理

NGS 数据产生之后，第一步要做的就是进行数据质量检测。虽然这一步并不直接导致生物学上的新发现，但它仍然是必不可少的关键一步，需要认真去做。这样可以避免在后续的步骤中产生无意义的甚至是错误的结果，并避免不必要的时间和计算资源的浪费。在这个过程中，需要检查以下数据质量指标。

Q 值——可以用不同的方法来检查 Q 值。在每个碱基的基础上，从第一个到最后一个碱基，依次检查读段中所有碱基的质量值。总地来说，进行合成测序的平台，在其测序过程中，测序结果位置靠前的碱基 Q 值往往高于后

续位置的碱基 Q 值。但即使是后续位置的碱基，仍然应该具有至少 20 的中位数 Q 值。如果在测序后期 Q 值出现显著下降，则需要仔细检查受影响的碱基位置并修剪除去其中的低质量碱基。另外，结果序列中“N”的比例增加也可以帮助鉴别碱基质量的下降（当碱基识别算法不能确定该碱基是 4 个碱基中的哪一个时，系统给出“N”）。另一个检测 Q 值的方法是绘制出每个读段的平均 Q 值并检查其分布模式。对于一次成功的测序运行来说，大多数读段的平均 Q 值应该超过 30，并且在结果中只有很小比例的读段平均 Q 值低于 20。

每一种碱基所占百分比——如果读段是由随机 DNA 片段建成的测序文库经测序得到的，那么在每个碱基位置上出现 4 种碱基中的某一种的概率应该是恒定的。因此，当我们对所有碱基位置上每种碱基出现的百分比作图时，A、C、G 和 T 4 种碱基在图中的连线应该大致相互平行，每条线的总体百分比应该反映被测序文库中每个碱基的总体频率。如果坐标图连线明显偏离平行线，则表明在文库构建过程中出现了问题，如文库中存在着过度表达的序列（如在转录组测序文库中存在 rRNA），或者 DNA 或 RNA 的片段化不是随机的。

读长（read length）分布——对于产生长度不同的测序结果的平台来说（如 Pacific Biosciences 平台），还应该检查其结果的读长分布情况。结合其 Q 值的分布，这些将决定一次测序运行生成的有效数据的总量。此外，在数据质量和总数据量相同的情况下，在序列比对或组装方面，读长更长的测序结果远比读长较短的测序结果更有优势。

除了检查读段的质量和长度分布之外，还需要检查其他的 QC 指标，如接头和 PCR 引物等人工序列是否存在，或者来源于同一模板的重复序列是否存在（重复序列也可以根据参考基因组的定位结果进行检查）。在检查测序结果的数据质量之后，应进行过滤以除去低质量的读段。此外，如果存在低质量碱基（如位于序列 3′ 端 Q 值低于 20 的碱基）和人工序列污染，在这个过程中也应修剪去除。虽然有的测序平台（如 Illumina）在 FASTQ 文件生成之前会默认执行序列过滤程序，但如果在检查之后发现序列的 Q 值分布不理想，则可能需要执行附加的过滤和修剪程序。执行这些预处理任务是高质量的下游分析所必需的。

最常用的 NGS 数据 QC 软件包括 FastQC [73]、FASTX-Toolkit [74] 和 NGS QC Toolkit [75]。这些工具包含功能模块，用于检查每个读段和每个碱基的 Q 值、碱基的频率分布、读长分布及是否存在重复序列和人工序列。FastQC 是用 Java 编写的，具有友好的用户使用界面，可以在大多数操作系统上运行（包括 Windows）。像数据过滤和修剪等预处理任务，可以通过诸如 ngsShoRT [76]、sickle [77]、Trimmomatic [78]，以及 FASTX-Toolkit 和 NGS QC Toolkit 中包含的工具来执行。

5.3 读段的定位

测序数据经过清理，下一步是将读段定位或比对到参考基因组上（如果有参考基因组可用），或者进行基因组从头组装（*de novo* assembly）。如图 5.1 所示，大多数 NGS 的应用需要在进一步分析之前将读段定位到参考基因组上。这一定位过程的目的是在基因组上寻找读段的来源。与使用如 BLAST 等工具在基因组上进行单个或少数序列定位相比，将数百万个 NGS 读段（有时序列很短）同时定位到一个参考基因组上是很费力的。进一步的挑战还有，由于序列多态性和突变的存在，任何产生 NGS 读段的特定基因组与参考基因组总是存在着一定程度的偏差。因此，任何为这些任务设计的算法都需要适应这些序列偏差。让情况变得更为复杂的是，测序错误通常并不能和真正的序列偏差区分开。

5.3.1 定位方法与算法

将 NGS 读段定位到参考基因组上这一过程本身并不是一项新任务，前面讲过，在 NGS 出现之前，已经存在许多序列比对算法，其中最著名的是 BLAST。这些比对工具使用哈希（hash）表和种子扩展（seed-and-extend）方法来执行单个查询序列与序列数据库（如 GenBank）比对的高强度计算过程。然而，如果运用这些方法把数百万条 NGS 读段定位到参考基因组上，则导致了可扩展性问题，因为它们没有处理这样大规模的数据量并把查询序列长度缩短到 NGS 读段程度的能力（因为短序列读段只带有较少信息）。因此，必须通过优化已有的算法或者引入新的算法来进行 NGS 读段的定位。

以先前的哈希表和种子扩展方法为基础优化而来的比对工具有 SOAP（Short Oligonucleotide Alignment Program）[79]、MAQ（Mapping and Assembly with Qualities）[80]、ELAND（Efficient Large-scale Alignment of Nucleotide Database，Illumina 专利比对程序）和 Novoalign（商业软件）。为了提高搜索速度，通常对参考基因组序列或者需要比对的读段序列在计算机内存中进行索引，在这些比对工具中，SOAP 和 Novoalign 运用参考基因组索引，而 MAQ 和 ELAND 对 NGS 读段进行索引。

在 BLAST 使用的种子扩展方法中，如果在待查序列中的短片段核苷酸序列（称为查询词）与参考序列之间发现匹配，则以匹配区作为种子将比对扩展到附近区域。BLAST 使用的种子是连续的序列，它的设计是用来寻找近乎完全的匹配，而对于序列变异特别是插入 / 缺失（indel）不敏感。为了提高比对的灵敏度，NGS 序列的比对工具已经从使用连续的精确匹配的种子变为使用不连续的（间隔的）种子 [图 5.4（a）]。通过允许种子之间存在空位，找到匹配的机会就会增加。在 SOAP 和 Novoalign 工具中，为了使用空位种子进行比对，首先将参考基因组序列切割成相同大小的小片段，并将其保存在内存中的大哈希表中。然后将

NGS 序列以相似的方式切割成为子序列，再在参考基因组上对其进行搜索。在 MAQ 和 ELAND 中，哈希表是以 NGS 序列为基础创建的，将从参考基因组中提取的子序列用于寻找匹配的读段。从计算角度来看，这些比对工具需要大量密集地使用内存和处理器，因此运算速度并不是很快。

为了进一步提高速度并减少对计算资源的需求，在 Burrows-Wheeler Transform（BWT）[81] 和后缀树（suffix tree）[或者数组（array）] 的基础上开发了一种新颖的方法 [图 5.4（b）]。BWT 实现了更优化的参考基因组压缩，可使索引更加有效，搜索速度更快。例如，使用 BWT 索引的人类基因组只需要

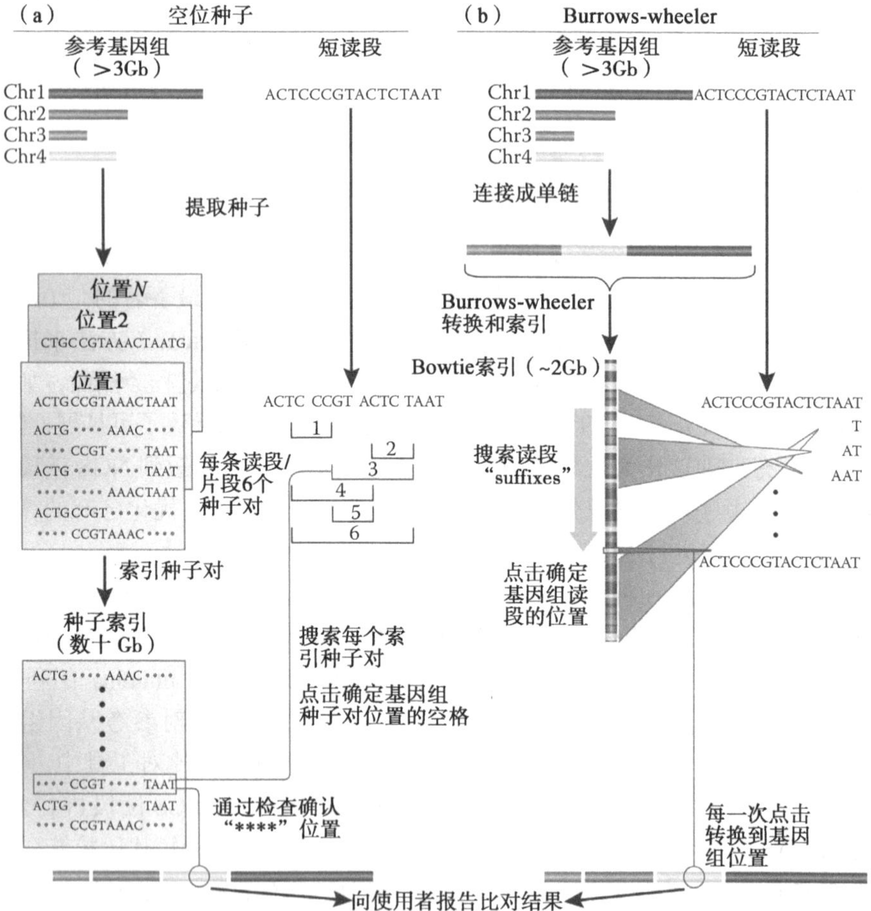

图 5.4 两种 NGS 序列比对方法。（a）基于空位种子索引的方法。本图中，从参考基因组序列提取出的空位种子被索引。而另一些比对工具，如 MAQ 和 ELAND 使用测序结果读段索引的方法（序列通常分批）。（b）以 BWT（Burrows-Wheeler Transform）为基础开发的新方法。在这个例子中，比对工具 Bowtie 以在经过转换和索引的基因组上从右到左、逐个碱基查询的方式来进行比对。（引自 C Trapnell，SL Salzberg，How to map billions of short reads and indexed genome，*Nature Biotechnology* 2009，27：455-457. 经许可，有修改。）

2~3GB 的计算机内存，而用间隔种子索引方法可能需要超过 50GB 的内存。这种较新的方法已经被 BWA（Burrows-Wheeler Alignment）[82]、Bowtie/Bowtie 2 [83] 和 SOAP2 [84] 等算法工具所采用。通过使用 BWT 和后缀树 [或者数组（array）]，将数百万个读段比对到像人类基因组这样大型和复杂的基因组上，所需的运行时间可以从几小时缩短到几分钟。

5.3.2　定位算法和参考基因组序列的选择

当选择比对工具时，需要考虑的因素是运行速度与灵敏度。由于这些因素通常是相互冲突的，因此一些比对工具更强调速度，而另一些则更强调灵敏度。如果对特定项目来说速度更加重要，则建议使用 Bowtie 或者 SOAP2。BWA 则是在速度和灵敏度之间寻求平衡。如果项目强调的是更高的灵敏度，则常常选用基于哈希表的工具，如 Novoalign、Stampy [85] 和 SHRiMP2 [86]。大多数比对工具最初是针对非常短的序列比对开发的，如针对早期 Illumina 测序仪产生的 35bp 读长的序列。随着测序读长的逐渐增加，这些比对工具也做出了相应的调整。例如，BWA-MEM 是以最初的 BWA 算法为基础，为适应比对更长的读段所推出的新的改进版本 [87]。

为了进行更长序列的比对，如来自 PacBio SMRT 测序平台的读段，必须采用为处理更长序列而设计的比对工具，如 BLASR [88]、LAST [89]、LASTZ [90] 或 BWA-MEM。在这些长序列比对工具，如 LAST 中，使用适应性种子（adaptive seed）代替固定长度的种子和后缀数组（suffix array）以提高速度和灵敏度，再如 LASTZ，采用的是更传统的像 BLAST 一样的种子扩展方法，它们最初都是被设计用来进行基因组规模比较的全基因组比对工具，因此可以针对非常长的序列进行成对的比对。BLASR 是设计用来比对来自 SMRT 系统的单分子 DNA 所产生的长读段的。它通过结合短序列比对数据结构和整个基因组比对工具所采用的比对方法来进行这种长读段的比对。

除了比对算法之外，当有多个参考基因组可以选用时，对于参考基因组序列的选择也会影响比对结果。从目前大多数比对工具的设计来看，读段序列越接近于选用的参考基因组，其比对效果就比读段偏离参考基因组的比对效果越好。如果偏差足够大，则该读段可能被当作不匹配数据而丢弃掉。因此，使用不同的参考基因组可以引入“参考偏好性”。使用任何一个特定的基因组都不可避免地会引入这种偏好性，因为单个基因组本身不可能包含所有在种群或物种中天然存在的序列变异。应该牢记这种偏好性的存在，特别是当被研究生物的遗传背景与参考基因组不同时更应如此。在这种情况下，将使用不同参考基因组得到的比对结果进行比较，可以帮助研究者选择更合适的参考基因组。或者采用另一种方法，如一些更新的比对算法，GenomeMapper[91] 就具有同时使用多个参考基因组进行比对运算的能力。

5.3.3 标准定位文件格式 SAM/BAM

从各种算法中生成的序列定位结果通常以 SAM 或 BAM 文件格式存储。SAM（Sequence Alignment/Map）格式是一种具有制表符分隔的文本格式，它是人类肉眼可读的，但对其解析速度相对较慢。BAM 格式是 SAM 格式的压缩二进制版本，它的文件较小，解析速度更快。由于它们的广泛应用，SAM/BAM 已成为存储序列定位结果的实际采用标准。SAM/BAM 文件的基本结构很简单，包含文件标题部分（可选）和比对部分。标题部分（如果存在的话）提供有关 SAM/BAM 文件的一般信息，并放置在比对部分上方。标题部分的每一行都以符号“@”开始。比对部分有 11 个必填字段（列在表 5.1 中）。图 5.5 是 SAM/BAM 格式的一个例子。

如图 5.5 的示例所示，标题部分包括两行。第一行有两个字母的记录类型代码 HD，表示它作为标题行，如果存在的话总是在第一行。这条记录有两个标签：VN 是格式版本，SO 是排序顺序（在本例中按坐标值排序）。第二行是 SQ，是参考序列字典。它也有两个标签 SN 和 LN，分别代表参考序列的名称和参考序列的长度。对于比对部分来说，虽然表 5.1 中列出的数字字段的意义都非常明确，但有些数字字段第一眼看上去并不是那么清楚。FLAG 字段使用简单的十进制数来跟踪在定位过程中所使用的 11 个标识的状态，如序列中是否存在多个片段（如例子中的 r001），或者 SEQ 部分是否为反向互补。要检查这些标识的状态和含义，需要将十进制数字转换为对应的二进制数字。对于 POS 字段来说，SAM 使用以 1 为基数的坐标系，即参考序列的第一个碱基被计为 1（而不是 0）。MAPQ 字段是比对质量值，其计算方法类似于先前介绍的 Q 值 [$\text{MAPQ} = -10 \times \log_{10}(P_{\text{MapErr}})$]。CIGAR 字段详细描述了 SEQ 如何定位到参考序列，标记出了在 SEQ 中存在，而在参考序列中不存在的额外碱基，或者说在 SEQ 中缺失的参考序列碱基。在前面的例子中，r001/1 的 CIGAR 字段显示的值为“8M2I4M1D3M”，表示前 8 个碱基与参考序列匹配，后面 2 个碱基为插入，接下来的 4 个与参考序列匹配，再后面的 1 个是缺失，最后 3 个又与参考序列匹配。更多的详细信息（如不同 FLAG 状态的详细信息）和 SAM/BAM 格式的完整特点描述，请参阅 SAM/BAM 格式规范工作组所给出的说明文件。

表 5.1 在 SAM/BAM 格式中比对部分的必填数据字段

列数	字段	类型	描述
1	QNAME	字符	Query sequence read（or template）NAME
2	FLAG	整数	Bitwise FLAG
3	RNAME	字符	Reference sequence NAME
4	POS	整数	Leftmost mapping POSition on the reference sequence

续表

列数	字段	类型	描述
5	MAPQ	整数	MAPping Quality
6	CIGAR	字符	CIGAR string
7	RNEXT	字符	Reference name of the NEXT read (For paired-end reads)
8	PNEXT	整数	Position of the NEXT read (For paired-end reads)
9	TLEN	整数	Observed Template LENgth
10	SEQ	字符	Segment SEQuence
11	QUAL	字符	ASCII of Phred-scaled base QUALity+33

```
Coor          12345678901234  5678901234567890123456789012345
Ref           TACGATCGAAGGTA**ATGACATGCTGGCATGACCGATACCGCGACA

+r001/1             CGAAGGTACTATGA*ATG
+r002              cggAAGGTA*TATGA
+r003                           TGACAT..............TACCG
-r001/2                                              ACCGCGACA
```
(a)

```
@HD VN:1.5 SO:coordinate
@SQ SN:ref LN:45
r001   99 ref  7 30 8M2I4M1D3M = 37  39 CGAAGGTACTATGAATG *
r002    0 ref  9 30 3S6M1P1I4M *  0   0 CGGAAGGTATATGA    *
r003    0 ref 16 30 6M14N5M    *  0   0 TGACATTACCG       *
r001  147 ref 37 30 9M         =  7 -39 ACCGCGACA         * NM:i:1
```
(b)

图 5.5 用于存储 NGS 读段比对结果的 SAM/BAM 格式。图（a）中所示的比对由图（b）中所示的 SAM 格式存储。在图（a)中，参考序列在顶部并显示相应的坐标。在其衍生的序列中，r001/1 和 r001/2 是一对配对的读段。r002 中小写的碱基与参考序列不匹配，因此在比对过程中被剪去。读段 r003 表示拼接比对结果。在图（b）中，SAM 格式包含 11 个必填字段，其详细说明见表 5.1。

5.3.4 定位文件的检验与操作

在定位过程执行完毕后，应仔细检查 SAM/BAM 文件中报告的定位结果。

首先，应该生成汇总统计信息，如比对读段的百分比，特别是唯一定位的读段。目前，定位率远远不到 100%。即使在理想的条件下，大多数比对工具也只能找到 70%~75% 的序列结果在基因组上的唯一匹配位置。无法定位大量读段的基因组起源可以归因于多个因素，包括：大多数基因组中存在着重复序列，读长相对较短造成了大多数 NGS 序列的定位信息有限，算法的局限性，测序产生的错误，以及群体中存在的 DNA 序列变异和多态性等。随着更新的 NGS 技术的出现而带来的读长增加，以及这个领域中积极发展出新的更好的算法，DNA 序列比对能力有望提高。

其次，比对到基因组的多个位置的读段，通常被称为多重读段（multiread），在后续的分析中一般没有意义，因此需要被过滤掉。多重读段在比对过程中产生歧义的原因是前面讲过的由多态性和突变导致的序列变化、测序错误及基因中如重复基因等高度相似序列的存在。如果将这些序列结果带到下游分析中，可能会导致有偏好性的或者错误的结果。对于大多数实验来说，这些数据应该被排除在进一步的分析之外。过滤掉多重序列通常会除去大量的读段，可能会导致潜在的信息丢失，所以有一些算法（如 BM-Map[92]）被设计为根据概率把多重读段分配给竞争的基因位点来进行重新利用。

再次，除了多重读段以外，在很多实验中复制读段（duplicate read）也应该被识别和过滤。在一个多样化的未被富集的测序文库中，由于片段化过程的随机性，得到相同片段的可能性非常低。即使通过 PCR 扩增步骤来富集 DNA 片段，产生重复序列的机会仍然非常低（通常低于 5%），因为 PCR 扩增过程的循环数有限，而且随后的测序过程是一个从 DNA 文库中随机抽样的过程（测序深度不同）。因此，如果结果中存在着过多的复制序列，则说明 PCR 扩增过度了。可以根据序列 ID 来识别复制序列，但由于测序错误的存在，这往往会低估复制读段的数量。因此，在比对步骤完成之后再检查复制序列更为合适（图 5.6）。由于技术问题造成的 PCR 过度扩增与生物中真实存在的序列重复无法进行区分，研究者在决定是否从进一步分析步骤中除去复制读段时应谨慎考虑。尽管在许多情况下（如寻找变异）除去复制读段可以提高下游分析的效果，但在特殊的情况下，

图 5.6 在定位过程之后检测复制读段（duplicate read）。对于参考基因组区的覆盖深度在顶部显示。定位的读段，以及一组被定位到同一位置的复制读段显示在下面。浅灰色和深灰色的线条表示 DNA 的两条单链。（本图由 CLC Genomics Workbench 生成，经 CLC 公司许可。）

如在涉及复杂程度较低，或者富集程度比较高的测序目标情况下，包括极小基因组测序、转录组测序或 ChIP-Seq 中使用的富集，除去复制读段可能会导致真实生物信息的丢失。

此外，还可以通过对 SAM/BAM 文件的操作来实现其他各种步骤。这些步骤通常由两个广泛使用的软件包 SAMtools 和 Picard 提供，用于操作 SAM/BAM 文件。这些操作包括：

- SAM 和 BAM 格式相互转换；SAMtools 还可以将其他比对文件格式转换为 SAM/BAM 格式；
- 将多个 BAM 文件合并为单个 BAM 文件；
- 索引 SAM/BAM 文件以进行快速随机访问；
- 用各种标准，如基因组坐标、测序泳道、文库或样本来排序读段比对结果；
- 额外的读段比对过滤，例如，如果配对读段（paired read）只有其中一条可以比对到参考基因组上，则将该配对读段删除；
- 生成堆栈文件格式（图 5.7）以显示每个基因组坐标上不同读段的匹配（或不匹配）碱基（SAMtools）；
- 使用基于文本的查看器进行简单的可视化，以仔细检查小基因组区域中的读段比对（SAMtools）。

```
ref 181 A 24  ,.$.....,,.,.,....,,,.,..^+. <<<+;<<<<<<<<<<<<<=<;<;7<&
ref 182 C 23  ,.....,,.,.,...,,,.,..A <<<;<<<<<<<<<<3<=<<<;<<+
ref 183 A 23  ,.$....,,.,.,...,,,.,...     7<7;<;<<<<<<<<<<<=<;<;<<6
ref 184 G 23  ,$....,,.,.,...,,,.,....^l.  <+;9*<<<<<<<<<<<=<<:;<<<<
ref 185 G 22  ...T,,.,.,...,,,.,....  33;+<<7=7<<7<&<<1;<<6<
ref 186 C 22  ....,,.,.,.A.,,,.,..G.  +7<;<<<<<<<<&<=<<:;<<&<
ref 187 G 23  ....,,.,.,...,,,.,....^k.   %38*<<;<7<<7<=<<<;<<<<<
ref 188 A 23  C..T,,.,.,...,,,.,..... ;75&<<<<<<<<<<<=<<<9<<:<<
```

图 5.7 由 SAMtools 生成的堆栈文件格式。堆栈文件显示了在每一个基因组的坐标位置，比对完毕的读段中碱基序列是如何与参考序列进行配对的。从左到右的列分别是：染色体（或参考序列名称），基因组坐标（基数为 1），参考序列，比对到该碱基位置的读段总数，读段碱基，以及它们的数据质量。在读段碱基列中，点表示与参考序列匹配，逗号表示与互补链匹配，“AGCT” 表示不匹配。另外，“$” 符号表示读段的结束，“^” 符号表示读段的开始，“^” 之后的字符表示比对质量。

SAMtools 和 Picard 在处理和分析 SAM/BAM 文件方面的用途很多。实际上在前面所提到的步骤中，也就是生成比对统计数据及除去多重读段和复制读段，都可以直接用这些工具来进行。例如，SAMtools 和 Picard 都具有用于检测和删除复制读段的实用程序，分别称为 rmdup 和 markduplicates。这些工具将定位到同一个基因组起始位点的读段标记为复制读段。

最后，在检查定位结果方面，没有什么可以取代将定位的读段在基因组上下游中直接可视化。虽然基于文本的比对查看器（如由 SAMtools 提供的比对查看器）提供了一种检查小基因组区域的简单方法，但是通过将定位的读段与参考基因叠加来定位结果的直接图形可视化提供了更直观的检查数据和寻找模式的方式。可视化过程具有多种用途，包括额外数据 QC、实验程序验证和比对模式识别。常用的可视化工具包括 Integrative Genomics Viewer（IGV）[93]、EagleView [94] 和 Tablet [95]。UCSC 和 Ensembl 基因组浏览器还通过添加定制的 BAM 轨迹来提供可视化选项。

5.4 第三阶段分析

在序列读段的定位步骤完成之后，后续分析随着应用的不同有很多变化。例如，转录组测序数据分析的工作流程与检测发现突变和变异的工作流程不同。所以，这里除了对数据 QC、预处理和读段比对等常见步骤进行了介绍之外，并没有为本章中所提到的所有 NGS 数据分析提供“典型”的工作流程。在本书的第三部分，我们提供了各种特定应用的第三阶段分析步骤，以及常用工具的详细信息。

（陈浩峰　译）

6 新一代测序数据管理与分析的计算能力需求

随着测序技术的飞速发展，产出新一代测序数据的能力与从这些数据中提炼知识的能力之间的差距越来越大。为了管理和加工海量的 NGS 数据以获得对生命系统更深刻的理解，需要对计算基础设施和分析能力进行大规模的投入。然而，如何衡量计算能力的需求，并建立一个系统来满足这些需求，对于小型研究组乃至大型研究机构来说都是重大挑战。为了应对这个前所未有的挑战，NGS 领域可以借鉴其他“大数据”领域，如高能粒子物理学、气候学和社交媒体等的解决方案。对于缺少生物信息学背景训练的生物学家来说，在需要专家帮助的同时，如能更好地了解 NGS 数据管理和分析的各方面要素，则会对未来若干年的职业生涯大有裨益。

6.1 NGS 数据的存储、传输与共享

NGS 本身已经成为科学研究大数据的主要生产者。随着测序成本的不断下降，NGS 数据的产生速度将只会越来越快。这些变化对更多数据的存储、访问和处理能力的要求不断增加。与利用其他生物测定法产生的文件，如凝胶图片甚至是微阵列芯片数据文件相比，NGS 文件都要大得多。以单个实验室为例，一次典型的 NGS 运行所产生的数据，以压缩的 FASTQ 格式计算，可达数十或数百 GB。将测序结果比对到参考基因组上以后，经过处理的文件大小还会明显增加。进一步的分析还会导致产生的数据文件越来越多，数据量越来越大。据目前的估计，对 FASTQ 文件的分析平均每个月可以产生 500GB 的工作文件数据。要存储来自多次测序产生的原始文件和经过处理的文件，通常需要数十 TB 的存储空间，把这些文件进行储存和归档并不是轻松的任务。更糟的是，单次测序产生的以扫描图像或者影像记录的原始测序信号强度文件通常以 TB 级别计（这里的数据量不计入之前提到的数据以内）。随着这些原始信号文件的积累，它们可以很容易地占满大多数数据存储系统。尽管这些原始图像文件可以长期保存，但新的测序系统可以在运行时就对其进行处理，在分析结束后默认将其删除，以减轻存储负担。通常情况下，如果数据丢失，重新运行样本测序比归档这些巨大的原始信号文件更简单，更经济。

由于大多数 NGS 文件巨大，将它们从一个地方转移到另一个地方很不容易。对于一个小型项目来说，将测序文件从测序服务器上传输到本地存储空间，如果有快速网络连接可用，那么通过 FTP 或者 HTTP 下载就可以了。网络速度需要

至少 1Gbps，如果有 10Gbps 的网络将可以大大提升其在高流量条件下的传输性能。当网络速度过慢，或者需要传输的数据量太大时，使用外部硬盘进行拷贝可能是唯一的选择。当数据到达实验室后，为了实现本地文件的快速读取、写入和处理，它们需要存储在专用工作站内或者服务器的硬盘驱动器中。

对于大型数据生产环境，如 NGS 测序中心或大型基因组中心，有大量的测序项目产生海量的 NGS 数据，就需要采用企业级数据存储系统，如直接连接存储（DAS）、存储区域网络（SAN）或网络连接存储（NAS）等，以提供集中式数据存储库，提高其可靠性、访问速度和安全性。为了避免意外的数据丢失，通常需要对数据存储系统作备份、镜像，或者同步到位于不同位置的数据服务器上。对于涉及多个站点和 PB（10^{15} 字节）级数据的大规模合作项目来说，数据传输和共享的过程面临着更多的挑战，从而促进了高容量、高性能平台的开发，Globus 就是一个例子。

多个合作研究组之间的数据共享提出了单独实验室数据处理之上的另外的技术问题。数据存储中心可能优于在多站点上的简单数据复制，因为它可以有效地促进合作并及时讨论问题。随数据共享而来的是数据的访问控制问题，以及以患者为导向的研究中的数据隐私问题。从更广泛的意义上说，在整个生命科学界实现 NGS 数据的共享的同时，也提升了研究项目本身的价值。因此，许多研究期刊执行数据共享政策，要求作者在论文发表前将序列数据和处理后的数据存储到可以公开访问的数据库中 [如 National Center for Biotechnology Information（NCBI）的 Sequence Read Archive（SRA）或 the European Nucleotide Archive（ENA）]。为了便于数据解释和潜在的综合分析，与实验相关的信息也需要与数据一起储存。一些学术组织，如功能基因组学数据学会（the Functional Genomics Data Society）已经制订了关于哪些信息应该存储在数据中的指导文件。例如，在《高通量核苷酸测序实验最低信息指南》（*the Minimum Information about a high-throughput Nucleotide SEQuencing Experiment*，MINSEQE）中指定了以下信息需要与序列数据和处理数据一起提供：①有关生物系统、样本及实验变量的描述；②实验摘要和样本与数据之间的关系；③关键实验和数据处理操作过程。为科研界进行 NGS 数据和相关信息的归档是一项工作量庞大的任务，需要大量投资来进行基础设施的维护与提升，以及获得专家支持。受高昂的成本和政府预算所限，NCBI SRA 数据库于 2011 年被关闭。但是，由于它对科研界至关重要，美国国立卫生研究院（NIH）在当年晚些时候又恢复了对 SRA 的支持。

6.2 NGS 数据分析所需的计算能力

处理大量的 NGS 数据需要强大的计算能力。需要多强计算能力的问题取决于要进行的分析类型。例如，大型基因组的从头组装需要比重测序发现变异，或者转录组学分析鉴定差异表达基因需要更多的计算能力，因此，为了确定某个项目、实验室或机构所需要的计算能力，首先需要分析其NGS工作是哪种类型。如果这项工作需要高强度的计算，或者涉及开发和优化新的算法和软件工具，那么它可能需要一个高性能的集群。此外，如果该工作使用的是已经建立的、不需要高强度计算的工作流程，那么一个功能强大的工作站就足够了。同时需要注意的是，要配置功能可扩展的计算系统，以适应未来计算需求的增加，这是由于研究项目未来可能会出现不可预期的变化，或者由于高通量基因组学技术未来进一步发展的需要。

对于小型项目来说，NGS数据分析所需要的最基本的系统可以是简单的64位计算机，具有8GB的RAM和两个2GHz的四核处理器。使用这样的计算机，可以用获得的序列读段（read）与参考基因组进行基本的定位运算。这个基本设置可以一次处理一个数据集。如果要同时处理多个数据集或项目，则需要拥有更多内存和CPU内核的高性能计算（HPC）系统。HPC系统所需的内核数量是由在同一时间内同时运行的任务数量决定的。对于每个任务来说，所需内核的数量取决于任务的性质和它所运行的算法。

除了CPU内核的数量外，系统的内存大小也会严重影响其性能。当然，内存的需要取决于要处理的工作的数量和复杂性。例如，将读段比对到一个小基因组上可能只需要几GB的内存就够了，而大型基因组的从头组装可能需要数百GB或者TB级别的内存。目前的估算是对于每个CPU内核来说，所需的内存量不应小于3GB。在早期进行人类基因组从头组装时，人们运行SOAPdenovo工作流程（将在第10章中详细叙述），使用了具有32个内核（8个AMD 4核2.3GHz CPU）和512GB内存的标准超级计算机[96]。一个更近期的例子是，瑞典的一个团队进行基因组从头组装时，使用了具有64个内核（8个Intel Xeon X6550 8核2.00 GHz CPU）和2TB RAM的服务器[97]。对于像微生物等小基因组的从头组装，则需要8个CPU内核的机器、256GB的RAM和快速数据存储系统，可以保证在合理的时间范围内完成任务。据目前估计，一个具有32GB RAM和10TB存储容量的8核工作站可用于大多数除基因组从头组装之外的项目。

因为项目的复杂性和可使用的计算能力不同，完成一个项目所需要的时间可能会有很大的变化。举一个具体的例子，在一台有32个内核和128GB RAM的计算机上，使用Bowtie将0.8亿条75bp读段的转录组测序数据集定位到人类基因组上花费了不到2h，后续的步骤包括标准化和差异表达的统计学测试所用时间更少[98]。在一个小RNA的NGS研究中，使用一个32核和132GB内存工作站，处理20个混样测序的总数据量为1.6亿条读段的编码样本，共花费2h区分样本数据，又花费了大致相同的时间完成了将读段定位到宿主基因组和小RNA注释数据库[99]。

6.3 NGS 数据分析所需软件

当计算工作站或者服务器的硬件都已具备以后，就需要安装操作系统和工作软件。虽然有一些 NGS 分析软件（如 CLC Genomics Workbench）可以在 Windows 环境下运行，但大多数软件工具只能在 Unix（或 Linux）环境下运行。因此，NGS 数据工作站和服务器上通常安装 Unix 或 Linux 操作系统。Unix 或 Linux 的安装并不像 Windows 系统的安装那样简单直接，因为从开发者网页上下载的未经编译的软件源代码需要在安装到操作系统特定用户之前进行编译。如果读者不熟悉 Unix/Linux 环境及其使用的命令行界面，建议先阅读介绍性书籍或学习网上的教程。

一种可以减少在 Unix/Linux 环境下应用工具开发的障碍的方法是，通过"桥梁"系统如 Galaxy 进行访问[100]，它为命令行工具提供了更加友好的用户界面。Galaxy 系统是由宾夕法尼亚州立大学 Nekrutenko 实验室和约翰霍普金斯大学 Taylor 实验室共同开发的，它提供了一种通过熟悉的网络浏览器界面利用这些工具的机制，使用户可以在采用任何操作系统的情况下，都可以使用这些工具。Galaxy 系统是高度可扩展的，不断有最新的工具软件被通过网络界面包装以供用户使用。除了提供友好的用户界面以外，该系统还允许用不同的工具来创建数据分析流程，从而实现多个工具的快速串行操作，做到一致性与可重复性，而且可以与其他研究者共享分析流程。Galaxy 可以通过安装在本地或云端的公共服务器（如 usegalaxy.org）进行访问。使用公共服务器，用户不需要维护本地服务器，但是系统分配给每个账户的可用存储空间通常是有限的，并且计算资源需要与许多其他用户共享。在 Unix/Linux 或 Mac OS 系统中创建本地 Galaxy 用户界面需要花一些力气，用户需要自己提供维护，但用户可以更好地控制存储空间、计算能力及通过 Galaxy Tool Shed 选择和安装自己所需要的所有基因组学工具。Galaxy 技术团队通过提供详细易懂的说明书，使得在本地的安装十分简单易行。一个例子是，通过 Amazon Elastic Compute Cloud（EC2）上的 CloudMan[101] 在云端安装 Galaxy，就像安装在本地机一样，用户可以按照自己的需要灵活配置（有关云计算的更多信息请参见第 14 章）。

还有其他的区域项目可以提供替代平台，以方便用户访问各种 NGS 和其他基因组学分析工具。如 Bioconductor 就是其中最有名的项目之一，它是一个开放源代码的开发软件项目。这个大型项目是用 R 语言开发的，R 是一种用于统计计算和图形设计的编程语言和软件环境。为了给高通量的基因组数据的分析和理解提供软件工具，新近发布的 Bioconductor 软件库（版本 3.1）包含了超过 1000 个软件包，其中有许多都是被设计用来处理 NGS 数据的。R 语言环境和 Bioconductor 软件库可以安装在所有的主要操作系统（包括 Windows）环境下。Bioconductor 项目的门户网站（www.bioconductor.org）和 R 语言网站（www.r-project.org）都提供了安装和使用这些软件包的详细信息和教程，而且为每个工具都提供了实际使用的示例文件。

为本地的 Unix/Linux 工作站、本地 Galaxy 用户界面或者本地的 Bioconductor R 软件库在不断增多的各种软件工具中鉴别、安装和维护合适的 NGS 分析软件工具是一项复杂的工作。新的软件工具被不断地开发和引入，而且现存的软件工具还需要经常更新。要评估候选工具包和鉴别需要安装的软件工具，最好使用多个测序数据集，不要仅仅使用计算机模拟测试数据，还要使用来自真实世界的生物样本数据。此外，几乎所有的工具都有可调整的参数，这些参数也应同样进行设置以便于性能比较。同样在性能方面，早期的 NGS 分析软件不能利用高性能并行计算（更多并行计算的内容见第 14 章），为了提高性能，充分利用 HPC 系统中的多个核心或节点，更新的算法往往会使用线程或消息传递接口（MPI）将工作分散在多个运算进程中。因此在评估 NGS 工具时，检查它们是否使用了这些类型的并行处理过程，是否更好地利用了多核计算工具的优势是有帮助的。

6.4 NGS 数据分析所需的生物信息学技能

对于生物学家和学习生命科学的学生来说，掌握基本的生物信息学技能是非常有优势的，因为生物学已经成为数据导向学科，需要处理大量的、丰富的数据。了解生物信息学的基础知识也有助于与生物信息学家进行更高层面的任务交流。一般来说，这些技能包括使用常用的计算环境、生物信息学算法和软件包。以下是生物学家处理 NGS 数据所需的生物信息学技能的简短列表。

- 熟悉 Unix/Linux 操作系统及 Unix/Linux 计算环境中最常用的命令。这对于操作本地 Unix/Linux 服务器，或登录到远程服务器来启动和监视计算作业来说至关重要，因为大多数用于基因组学的服务器都采用 Unix/Linux 系统。
- 了解 NGS 数据分析常用编程语言的基本知识。这些语言包括 R 和 Perl，它们都是开源的，易于学习，并且有大量的用户群可以提供帮助与支持。虽然对生物学家来说，编程不是必需的，但了解一种算法的执行过程对工作是有帮助的，特别是在一个已有的工具在某种特殊情况下不能正常工作，需要调试修改的时候。
- 需要了解计算生物学和生物统计学中的一些关键概念。计算机科学领域中发展的一些计算方法学，特别是机器学习和数据挖掘，已经被广泛应用于高通量生物学数据的处理。人造神经网络（ANN）、隐马尔可夫模型（HMM）和支持向量机（SVM）都是在这一领域应用的良好范例。一些统计方法，如线性和非线性回归也被整合到许多基因组学数据分析工具中，同时也应当被整合到我们的知识库中。

- 对关系数据库应有基本了解。目前可以用于 NGS 数据注释和解析的大多数信息都存在于各种数据库中。有关数据库设计与结构的知识，是提取、操作和处理储存在这些数据库中的数据信息以产生新的生物学知识的基础。了解如何通过标准查询语言（SQL）或应用程序接口（API）与数据库进行互动也是有帮助的。关于关系数据库及其运作知识的了解也决定了我们保存、组织和传播 NGS 项目所产生的大量信息的能力。
- 对于 CPU、RAM 和存储等计算机硬件的基本了解和处理能力。虽然严格来说计算机硬件并不属于生物信息学范畴，但是了解如何组装数据服务器并使其有效运行仍然是有利和经济的。了解 HPC 集群或异构计算系统如何通过并行处理进行计算工作也是有益的，因为设计利用这些计算系统的 NGS 工具通常会运行得更好。这些知识可以帮助在服务器系统中评估和选择最大化性能的工具。

此外，对于处理 NGS 数据的生物信息学家来说，其被期望拥有以下知识和技能：

- 熟练使用基于 Unix 的操作系统；
- 熟悉 Python、Perl、Java 或 Ruby 等编程语言；
- 熟悉 R、MATLAB 或 Mathematica 等统计软件；
- 了解超级计算、HPC（包括并行计算）和基于网络的存储；
- 了解数据库管理语言，如 MySQL 或 Oracle；
- 熟悉 Web 创作和基于 Web 的用户界面实现技术；
- 了解分子生物学、细胞生物学和生物化学等生物学知识。

（陈浩峰　译）

第三部分
新一代测序数据分析的具体应用

7 转录组测序

7.1 转录组测序的原理

当我们需要了解基因组中哪些部分被转录，以及转录活性如何的时候，就需要进行转录组分析。在过去，转录组的研究主要使用微阵列（microarray）技术，该技术是一种将 RNA 样本与含有单个基因编码序列的特异 DNA 探针进行杂交的方法。借助这种以杂交为基础的方法，基于当前基因组注释的杂交探针，决定了我们可以对基因组中哪些基因或区域进行分析，而未被探针覆盖的基因组区域则无法被检测到。相比之下，新一代测序技术不依赖于当前的基因组注释，它针对整个 RNA 群体进行测序，并由此得名转录组测序（转录组测序），这种方法并不预先假设基因组的哪一部分被转录。测序完成之后，生成的测序读段（read）被定位到参考基因组上，以找到它们在基因组中原有的位置。定位到某一特定基因组区域的读段总数代表了该区域的转录活性水平。当一个基因组区域的转录活性越高时，它所产生的 RNA 转录本拷贝数就越多，在测序时产生的测序读段也就越多。所以我们说转录组测序数据分析本质上是基于对基因组不同区域产生的转录读段进行计数的一种分析方法。

转录组测序对转录本的读段数目进行计数，得到的结果在本质上是数字，所以它避免了在微阵列技术中经常出现的超高数值信号饱和问题。此外，转录组测序还具有一种天然的优势，它能通过对定位在不同剪接点的读段进行检测，来区分不同的选择性剪接变体。一些特制的芯片，如 Affymetrix 公司的外显子芯片，也可用来分析可变剪接，而常规的芯片往往不能区分不同的剪接异构体。微阵列的信号通常都是连续的，而转录组测序的原始信号（即测序读段计数）是离散的。由于有这些差异存在，为微阵列数据所设计的分布模型和差异表达分析的各种方法，不能不经修改就直接应用于转录组测序数据分析。

7.2 实验设计

7.2.1 因子设计

我们在进行转录组测序实验之前，必须明确需要回答的生物学问题。这将指导整体的实验设计、后续的样本制备及数据分析的实验流程。我们通常采用因子设计进行实验。许多实验都是通过对两种不同条件下的转录组特征作比较，如比较癌细胞与正常细胞。这种实验设计比较简单，只包含一个生物学因子（即细胞类型）。而单因子实验也可能有两个以上的条件，例如，为了检测组织特异性基因表达，就需要收集体内多种组织的样本进行比较分析。

如果将另一个生物因子（如一种治疗药物）加入到实验中，比较其对癌细胞和正常细胞的作用效果，则共计可以得到 4 个（2×2）实验样本组（表 7.1）。在这个双因子实验设计中，除了检验每个单因子（细胞类型和药物治疗）的效果之外，还需要检验这两个因子之间的相互作用，例如，药物治疗可能对癌细胞的影响要比对正常细胞的影响大。如果这些因素还包含多种处理条件，将产生 $m \times n$ 种样本组合，其中 m 和 n 代表每个因子条件数目的总和。涉及两个以上因子的实验，如在上述例子中加入时间因子，以检测时间依赖性的药物对两种类型细胞的作用，将使实验变得更加复杂，更加难以解释，因为在这种情况下，很难将某一特定基因表达的变化归因于某一特定因子，尤其是当这些因子间存在着多重交互关系的时候（如三个因子之间存在 4 种不同类型的相互作用）。

表 7.1　涉及两个生物因子的实验设计

	癌细胞	正常细胞
药物处理	癌细胞 + 药物	正常细胞 + 药物
空白载体处理	癌细胞 + 空白载体	正常细胞 + 空白载体

7.2.2　重复与随机化

与任何需要进行适当统计分析的实验一样，重复与随机化是转录组测序实验设计中的重要组成部分。随机化是指将实验对象或目标随机分配到各组，以避免在样本收集过程中引入不必要的偏差。要将从样本组中观察到的基因表达差异推广到相应的群体中，就必须估计每个组内每个基因的表达差异，这就需要重复。为了满足这一要求，每组至少需要三个重复。每个组的重复越多，对组内生物学差异的估计就会越准确，因此也才更能确定某个基因是否存在差异表达。虽然也可以从没有重复的数据中检测出基因表达差异，但其结果对于测试样本来说意义有限且不容易推广。如果对于每个组中的生物学差异缺乏了解，想要从一个没有重复的实验中得出有关群体的结论是不现实的。

7.2.3　样本制备

由于基因表达是具有高度可塑性的，并且在内部条件（如组织和细胞类型、发育阶段、昼夜节律等）和外部条件（如环境胁迫）下变化都很大，因此我们在采集样本时应该尽量减少无关因素的影响。如果这些因素的影响无法完全避免，那么应该使其对各组的影响尽量平衡。由于许多生物样本含有不同的细胞类型，这种细胞成分的异质性可能是造成数据解释困难的另一个因素。在可能的情况下，应优先选用均质的目标细胞，这将会大大提高数据质量和实验的可重复性。

为了制备 RNA 测序样本，需要首先从各种对比条件的样本中提取总 RNA（或者信使 RNA，即 mRNA）。在总 RNA 中，核糖体 RNA（rRNA）通常占了绝大部分，但是它不包含信息成分，因此在测序前需要将其去除。去除 rRNA 的方法包括用 poly-T 富集含 poly-A 尾的真核 mRNA；Ribo-Zero 方法是基于 rRNA 特异性探针杂交，然后将 rRNA 去除；双重特异性核酸酶降解（DSN）的方法则依赖于变性 - 复性动力学，去除含 rRNA 在内的其他冗余 RNA [102]；RNase H 选择性降解方法则是基于将 rRNA 结合到其特异的 DNA 探针上，然后用 RNase H 消化结合的 rRNA。如果在样本制备过程中没有采用这些方法去除 rRNA，低丰度 mRNA 转录的信号很可能会被屏蔽。

除了需要去除 rRNA 外，从样本中提取 RNA 时，RNA 分子的降解也可能导致结果不准确。为检验样本中 RNA 分子的完整性，通常需要用到一些质量指标，如 RNA 完整性指数—— RIN 值。建议尽可能使用没有降解或低水平降解的高质量 RNA 样本（即 RIN 值高的样本）。提取高质量 RNA 的一个先决条件是，尽可能快速地冷冻组织样本，以避免潜在的 RNA 降解。在不具备上述条件，无法做到快速冷冻（如在大田里收集样本）时，可以使用 RNA 稳定剂（如 RNAlater）。在某些情况下，RNA 降解是不可避免的，如从年代久远的样本中或从福尔马林固定石蜡包埋（FFPE）的临床组织中提取 RNA。但是，即使是从这些样本中提取的高度降解的 RNA，仍然可能产生一些有用的数据 [103]。

其他实验因素也可能会影响 RNA 测序数据的产生和后续分析。RNA 样本中基因组 DNA 的污染就是这样的一个因素。为除去 DNA 的污染，建议在提取 RNA 时加入 DNase 处理。此外，许多 RNA 提取过程都不保留包括微 RNA（microRNA，miRNA）在内的一些小 RNA。如果研究者对这些小 RNA 也感兴趣（更多小 RNA 测序内容请见第 8 章），可选用其他方法提取 RNA（如 Trizol 法）。提取 RNA 以后，需要构建 RNA 测序文库，基本做法是将 RNA 逆转录为 cDNA 并连接上测序接头。这种测序文库的构建过程也可能会在后续测序和数据生成中引入偏差。例如，使用 poly-T 寡聚核苷酸富集 mRNA 或逆转录过程会引入 3′ 端的偏好性，因为这些方法是基于绝大多数真核生物 mRNA 3′ 端的 poly-A 尾，这就使得我们无法得到没有这种尾部结构的 mRNA 种类及其他非编码 RNA 的分析信息 [104]。如果对这些 RNA 种类感兴趣的话，可以在逆转录步骤中使用其他去除 rRNA 的方法和随机引物。

7.2.4 测序策略

为了便于后续的序列比对，以确定测序读段在基因组中的位置，采用单端长读段测序对后续数据分析有很多好处，但更短的双端序列也可以取得同样好的效果。除了读长，在一次测序运行中 RNA 样本在测序泳道（lane）中的分配方式也会影响转录组测序的实验结果。在分配测序泳道时，应使用平衡设计（balanced block design）[105] 来尽可能减少由于泳道与泳道之间，以及芯片（flowcell）与芯片之间的差异引起的技术误差。这种设计可以使得不同条件下的样本在同一泳道中混合上样，避免不同泳道上样带来的偏差。

在 RNA 测序中，一个经常困扰实验者的问题就是如何决定测序深度，即在一次实验中应该得到多少 RNA 测序读段。回答这一问题要考虑多重因素，如生物体的基因组大小、此项研究的目的（是低丰度基因表达和可变剪接变体的定量，还是主要基因表达量的快速检测）及最终统计的严谨性（作用规模和统计功效）。可以借助一些 RNA 功效分析工具，如 Scotty[106] 来帮助我们决定测序深度及样本量大小。当开展新物种或新细胞类型的研究时，先研究少量样本对于大体了解目标转录组成分和生物重复间的差异可能会有所帮助。一般来说，研究人类基因组时，1 亿条测序读段（过滤后数据，见 7.3.1 节）可检测出 80% 的已表达基因；然而，要寻找不同条件之间 80% 的差异表达基因，显然我们需要更多条测序读段（3 亿条）。由于需要更高的分辨率，研究可变剪接的时候需要更多的测序读段。据估计，要研究不同条件之间 80% 的剪接事件及 80% 的差异剪接，分别需要 1.5 亿及 4 亿读段 [107-109]。还应该注意的是，转录组测序研究的检测能力不仅受测序深度的影响，而且受到样本重复数的影响。测序深度和样本重复数在两个不同的层次对基因表达进行估计，前者是在测序文库中进行 RNA 片段的取样（并不是对每条 RNA 片段都进行测序），后者是从生物学研究对象中取样。在相同的预算条件下，增加实验的生物学重复数目要比单纯增加测序深度的检测效率更高 [110]。

7.3 转录组测序数据分析

7.3.1 数据质控与读段定位

RNA 测序运行完毕后，下一步就是检查产生读段的总数、质量值、GC 含量和测序运行的其他指标（请参阅第 5 章）。除了第 5 章中提到的标准 NGS 质量控制（QC）软件工具包之外，转录组测序数据的质量控制也可以用那些专门为 RNA 测序数据设计的软件进行，包括 RNA-SeQC[111] 和 RSeQC[112]。根据这些软件工具包所产生的 QC 结果，可以进行读段过滤和碱基修剪以去除低质量的读段或碱基。在序列比对后，还要检查一些其他的数据质量标准，包括总比对读段的百分比、rRNA 读段的百分比、复制读段（duplicate read）的百分比和基因组覆盖率。

将转录组测序读段定位到参考基因组上要比第 5 章中所描述的一般序列定位

过程更加复杂。由于 mRNA 是由内含子剪切及外显子拼接产生的，许多转录组测序读段可能并不能连续地定位到参考基因组序列上。因此，当比对转录组测序数据时，不能利用基于参考基因组的连续比对的定位算法来进行，目前已经开发了两种方法来解决这一问题。一种是使用参考基因组中的现有基因外显子的注释，构建参考转录本序列的数据库，然后使用标准的序列比对软件如 BWA 或 Bowtie，在这个参考转录本数据库中对 RNA 测序读段进行比对。基于注释的定位软件包括 PASTA[113]、RNASEQR[114]、RUM[115]、SAMMate[116] 和 SpliceSeq[117]。当要求高准确度和置信度时，这些程序可能会产生更好的定位效果。

另一种方法不依赖基因组注释，而是使用从头拼接（*ab initio*）的方式来发现剪接位点。根据它们所使用的方法，定位剪接位点的从头拼接软件可分为两类："外显子优先（exon-first）"方法和"种子扩展（seed-and-extend）"方法。"外显子优先"方法包括 TopHat/TopHat2[118，119]、MapSplice[120]、SpliceMap[121]、HMMSplicer[122] 和 GEM [123]。它们首先将序列比对到参考基因组上，找出未被剪切的连续序列（即首先阅读外显子），然后基于最初的比对结果，从未比对上的序列中找到预测的剪接位点。以 TopHat/TopHat2 为例，其首先使用 Bowtie/Bowtie2 将序列比对到参考基因组，根据比对位置将其中的连续比对序列进行聚类，然后用这些代表外显子区域的聚类簇，从剩余的读段中搜索剪接位点。另一种"种子扩展"方法，选用一部分序列作为子字符串（或 *k*-mer）进行比对，然后扩展候选位点，从而对剪接位点进行定位。使用这种方法的软件工具有 GSNAP[124]、MapNext[125]、SplitSeek[126] 和 STAR[127]。有时候人们也会将这两种方法结合起来使用，使用"外显子优先"方法比对未剪接序列，使用"种子扩展"方法比对剪接序列。由于它们不依赖于当前的基因组注释，这些从头比对方法适用于鉴定新的剪接事件和剪接变体。

测序读段定位到基因组上的百分比是一个重要的质控参数。虽然由于比对方法和物种等因素导致这一数值并不固定，但它通常在 70%~90% 的范围内。比对到 rRNA 区域的读段百分比取决于 rRNA 的去除效率。由于技术和生物学原因，通常不可能除去所有 rRNA 分子。rRNA 序列百分比的范围可能相差很大，从 1%~2% 到 35% 或更多。在进行下游分析时，为了不影响后续的均一化过程，通常需要将 rRNA 序列去除。在转录组测序实验中重复序列比较常见，可能是由以下生物学因素造成的：少数高表达基因的过表达，和 / 或 PCR 过度扩增等技术上的问题。在一次测序中很可能出现高比例的重复序列（如 40%~60%），但是如何处理这些重复序列仍然存在争议，因为这些序列的形成涉及多种无法被简单去除的生物学因素。一些实验方法，如在构建文库前去除部分高表达的基因或使用双端测序，有助于减少重复序列数目。关于基因组覆盖度，转录组测序的质控工具通常报告定位于基因内（包括外显子和内含子区域）的读段百分比，或者报告定位于基因间区（即基因之间的区域）的读段百分比。

如果所研究物种的转录组测序读段没有可用于比对的参考基因组，这时可有以下两种方法：一种是将测序读段比对到与该物种相近的另一物种的参考基因组上，另一种是将目标转录组进行从头组装。从头组装方法的计算强度很大，但它可以不依赖于参考基因组序列。现有的转录组从头组装软件包括 Oases[128]、SOAPdenovo-Trans[129]、Trans-ABySS[130] 和 Trinity[131]。当没有相关物种的参考基因组，或只有亲缘关系较远物种的参考基因组时，抑或是虽然有可用目标基因组，但是严重片段化或发生改变（如肿瘤细胞基因组）时，使用这些从头组装软件是不错的选择。值得注意的是，如果一个相关的参考基因组与所研究的物种存在着 85% 或更高的序列相似性时，采用将目标序列比对到该参考基因组上的方法等同于，甚至优于从头组装方法，对于选择性剪接变体的研究来说更是如此。

7.3.2 转录组测序数据的均一化

如前所述，通过 RNA 测序鉴定基因表达水平的基本原理是：基因的转录活性越高，我们能得到的测序读段就越多。要将这一基本原理应用于基因的表达定量和交叉条件的比较，必须考虑至少两个因素：一个因素是测序深度，如果一个样本被分成两半，一半的测序深度是另一半的两倍，虽然两者都来自同一个样本，但前者产生的读段数相当于后者的两倍；另一个因素是基因转录本的长度，如果一个基因的转录本是另一基因转录本长度的两倍，较长的转录本也会产生两倍于较短转录本的读段数。由于这些复杂的因素，在比较不同条件下不同基因读段的丰度之前，需要根据下列公式针对不同因素对基因的读段数目进行均一化（normalization），以确保不同样本和基因可以直接进行比较：

$$e_{i,j}=(g_{i,j}\times \mathrm{SF})/(a_i\times l_j)$$

式中，$e_{i,j}$ 表示在样本 i 中基因 j 的均一化表达水平，$g_{i,j}$ 表示定位到同一个样本基因上的读段数，a_i 表示在样本 i 中定位读段（深度）的总数，l_j 表示基因 j 的长度。SF 是一个换算系数，当 $e_{i,j}$ 以 RPKM 或 FPKM [每百万读段中来自某个转录本的每千碱基的测序读段数或片段数（双端测序数据）] 来表示时，SF 的值等于 10^9。

计算 RPKM 或 FPKM 是最简单的均一化 RNA 测序数据的方式。简言之，均一化需要处理的是因非预期因素或技术偏差而导致的误差，如在不同样本的读段计数时造成的不必要的差异。通过校正这些因素或偏差的负面影响，将均一化过程的重点放在我们感兴趣的生物学差异上，并使得不同样本间可以相互比较。自从 RKPM 或 FKPM 被用作转录组测序数据的早期均一化方法以来，其他的一些均一化方法也得到了相应发展。其中一些方法采用类似的策略来调整测序深度。这类方法通过以下方法划分基因读段计数来均一化转录组测序数据：①已定位读段的总数（即总计数方法）；②上分位数（上分位数方法，即 75% 分数位）读段的总数 [132]；③中位数读段数（中位数方法）。这些方法并没有对基因长度进行均一化，因为如果我们的目标是检测组间相同基因之间的相对表达变化，而不是比较同一样本中不同基因的相对丰度水平的话，则不需要对基因长度进行均一化。

进一步的均一化方法都是基于大多数基因不存在差异表达的假设，而对于部分有差异表达的基因，表达上调和下调的比例基本是相同的。这里有两种常用的转录组测序分析工具所使用的均一化方法：DESeq 和 edgeR。DESeq 软件包通过将每个样本中每个基因的读段数除以换算系数来实现均一化。为了计算每个样本的换算系数，首先需要计算所有样本中每个基因读段数占所有基因读段数的几何平均值的比例。在计算完样本中所有基因的这个比例后，该比例的中位数被用作换算系数。而 edgeR 软件包则采用一种不同的方法，称为 TMM（修剪 *M* 值的方法）。在这种方法中，将一个样本作为参照，其他作为测试样本。TMM 是计算测试样本与参照样本之间基因读数对数比的加权平均值，但不包括表达量最高的基因和表达对数比最高的基因。基于大多数基因都没有表达差异的假设，它们的 TMM 值应该为 1（或非常接近于 1）。如果不是这样的话，应该将换算系数应用于每个样本，将其 TMM 值都调整为目标值 1。将换算系数与比对读段的总数相乘可得到有效文库的大小。然后将原始读段数除以有效文库大小，来实现均一化，即：

均一化读段数 = 原始读段数 /（换算系数 × 比对读段的总数）

最初针对微阵列数据开发的分位数均一化方法也被用来分析转录组测序数据。该方法对所有样本的基因读段数进行分类排序，并将分位数的均值调整一致，从而确保所有样本具有相同的经验分布。limma 工具包就是基于上述方法开发的，最初应用于微阵列数据分析，现经修改后用于 RNA 测序数据分析[133]。而其他的均一化方法，使用一系列看家基因（housekeeping gene）或内参对照（spike-in control）作为均一化的标准。当大多数基因都不存在差异表达的这种假设不再成立时，就应该使用看家基因或内参对照。在这种方法中，将一组在实验条件下稳定的组成型表达的看家基因（constitutively expressed housekeeping gene），或将一组已知浓度的模拟天然 mRNA 的人工内参添加到生物样本中，可以作为对其他基因进行均一化的基础。此外，也有一些调整与样本特异性 GC 含量相关的推定偏差的方法[134]。

7.3.3 差异表达基因的鉴定

为了在不同实验组中比较均一化的转录组测序基因表达数据，找出差异表达的基因，必须首先建立数据的分布模型，以决定使用哪种适当的统计检验方法。虽然微阵列数据可以看作是经过对数转换后的正态分布的变量，但转录组测序的读段数在本质上是离散的，即使经过转换后也无法形成近似的连续分布。一般来说，包括转录组测序数据在内的统计数据是服从泊松分布的，该分布的平均值等于方差。虽然这种分布可以并且已经被用来模拟转录组测序数据[132, 135]，但人们也发现，在转录组测序数据中，有较大平均值的数据往往有更大的方差，这容易导致过度离散的问题[136]（图 7.1）。为了解决这个问题，通常采用离散的泊松过程或近似的负二项式分布。转录组测序数据分析工具也可采用其他分布模型，包括分析工具 PoissonSeq 使用的泊松对数线性模型[137]和 limma 使用的正态线性模型[133]，这些模型在许多情况下也都比较适用。

要鉴定基于这些模型的差异表达基因，有越来越多的可供选择的方法，其中常用的是 baySeq[138]、Cuffdiff/Cuffdiff2[139, 140]、DEGSeq[141]、DESeq/DESeq2[136, 142]和 edgeR[143]。DEGSeq 是基于泊松分布开发的，baySeq、Cuffdiff/Cuffdiff2、DESeq/DESeq2 和 edgeR 是基于负二项式分布设计的。为检测差异表达转录本，这些软件包通常使用不同的方法。例如，baySeq 采用经验贝叶斯方法，为每一基因提供两种可供选择的模型，其中一种模型假定有差异表达，另一种模型假定为无差别。鉴于观察到的读段数不同，可用差异表达模型的后验似然（posterior likelihood）来鉴定差异表达的基因。Cuffdiff/Cuffdiff2 使用 t 检验，它为 log[y] 均值与方差的比值，y 代表某一基因在两组中的表达比例。由于这个统计量近似服从正态分布，可用 t 检验来鉴定差异表达的基因。DEGSeq 采用多种方法来鉴定差异表达基因，包括基于 MA-plot、Fisher 精确检验、似然比检验和 samrWrapper（最初用来从微阵列数据中鉴定差异表达基因）等方法。DESeq 鉴定差异表达基因的方式类似于用于单因素实验的 Fisher 精确检验及用于多因素实验的一种基于广义线性模型（GLM）的检验方法（DESeq2 采用 GLM 模型进行单因素及多因素实验）。同样，edgeR 也使用与 Fisher 高度平行的精确

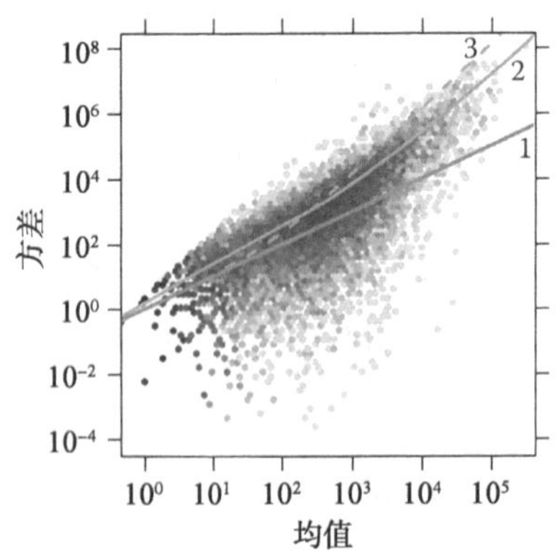

图 7.1 RNA 测序数据的离散问题。通常用泊松分布来模拟 RNA 测序数据，虽然在分布中方差 / 离差近似等于平均值，但 RNA 测序数据的变异通常取决于平均值。线 1 代表基于泊松分布的方差和均值关系，线 2 和线 3（虚线）代表 DESeq 和 edgeR 分别使用的基于负二项式分布的局部回归。（S Anders，W Huber，Differential expression analysis for sequence count data，*Genome Biology* 2010，11：R106. 有修改。）

8.1 小 RNA 新一代测序数据生成和上游处理

8.1.1 数据生成

由于转录组中小 RNA 的测序分析与信使 RNA（mRNA）的分析相似，因此第 7 章中有关转录组测序实验的设计、生物学重复、随机化及样本收集的实验方法在这里同样适用，在此不再赘述。由 Dicer 和 Argonaute 处理产生的成熟小 RNA（图 8.1，也可参考第 3 章，第 3.4.4.1 节）一般长度为 18~31 个核苷酸。小 RNA 分子可以从细胞或组织中分离纯化，而保留小 RNA 的总 RNA 提取方法效果同样很好，也经常被推荐使用。测序文库构建过程中的片段大小选择步骤去除了总 RNA 提取物中较大的 RNA 分子。此外，小 RNA 测序文库构建过程还利用了 mRNA 上缺少的小 RNA 上特有的末端结构。典型的成熟小 RNA 在 5′ 端具有单磷酸基团，3′ 端具有羟基，这是由于 Dicer 等小 RNA 加工酶的作用。

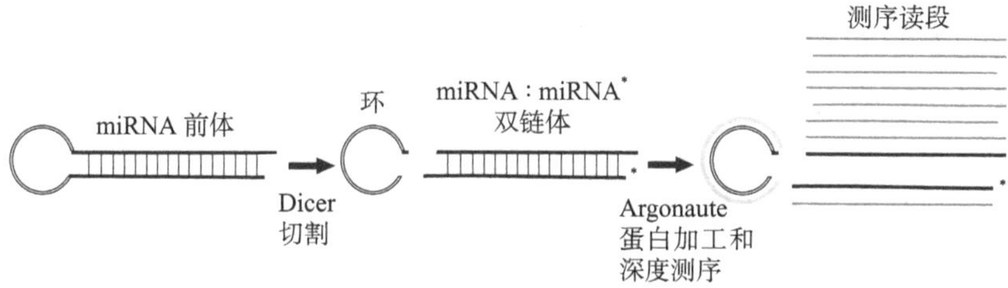

图 8.1 Dicer 和 Argonaute 加工后成熟小 RNA 的深度测序。 Dicer 从 miRNA 前体切割出短的茎环结构，形成 miRNA ：miRNA* 双链体。在加载到 RNA 诱导沉默复合体 RISC 中时，Argonaute 解开双链体并使用一条链引导基因沉默，丢弃另一条链（星号链）。尽管短的茎环和星号链序列通常被降解，但事实上由于存在未降解的残基，或它们可能执行其他功能（如星号链有时是有功能的），它们仍然可以产生测序信号。

小 RNA 测序文库构建过程开始于将接头序列连接到其 3′ 端和 5′ 端。通用接头序列为随后的逆转录提供锚定位置，然后进行 PCR 扩增。在聚合酶链反应（PCR）步骤中，循环次数应限制在小于 15（即使小 RNA 起始量很低的情况下也适用），否则文库复杂度可能会降低，进而导致扩增及测序的偏好性。对于多重测序，索引序列（indexing sequence）在 PCR 扩增时应作为 PCR 引物的一部分。在接头连接过程中，作为接头序列的一部分，索引序列的选择性结合已被发现会导致严重的连接偏好性[167，168]。在 PCR 扩增之后，进行片段大小选择以纯化仅携带小 RNA 的片段。尽管文库构建过程可能在不同的测序平台在技术细节上不同，如使用不同的接头和 PCR 引物，但大致的工作流程通常是类似的。还应该注意的是，与其他 NGS 应用类似，在小 RNA 文库的制备过程中不可避免地存在一定的偏好性。例如，一些 miRNA 序列可以被优先捕获，导致序列特异的偏好性[168-170]。

由于小 RNA 的长度较短，构建小 RNA 文库测序时不需要很长的读长。文库实际读取长度取决于文库两端序列的结构，以及索引序列是同步读取还是需要单独读取。根据 Illumina 目前版本的小 RNA 测序操作说明，在第二次读取索引序列时，50 个测序循环就足够了。测序深度是数据产出过程中决定差异表达分析准确性和新型小 RNA 发现的另一个关键因素。由于小 RNA 的量和组成随细胞类型和物种的变化很大，测序深度主要取决于样本来源，一般来说，400~500 万条原始读段可以满足大多数研究的要求。一项研究表明，超过 500 万条读段的覆盖率对检测新的小 RNA 种类几乎没有影响[171]。

8.1.2 预处理

在获得测序读段和多样本分离数据之后（如果是多样本混合上机），从每个样本生成的读段需要使用第 5 章中介绍的质量控制（QC）工具（如 FastQC 和 FASTX-Toolkit）来检查测序数据的质量。因为小 RNA 文库测序读长通常比实际小 RNA 插入片段的长度更长，所以 3′ 端接头序列通常也是测序序列结果的一部分，因此应该被去除掉。可以使用诸如 Cutadapt 和 Trimmomatic 的独立工具或 FASTX-Toolkit 及 NGS QC Toolkit 中的实用程序进行去除。接头去除也可以与比对同时进行，因为一些比对软件提供这样的选项，或者在一些小型 RNA 数据分析工具（下面将要介绍）中使用数据预处理模块。

8.1.3 定位

为了将小 RNA 测序读段定位到参考基因组，可以使用第 5 章中介绍的短读段比对工具，如 Bowtie/Bowtie2、BWA、Novoalign 或 SOAP/SOAP2。在这些比对工具中，Novoalign 提供了在比对命令中去除接头序列的选项。定位过程应该始终选用最新的参考基因组组装版本。由于目标读段长度短，允许的不匹配的碱基数量应设置为 1。为了加快比对速度，如果比对工具支持，可以使用多个 CPU 内核进行多线程参数比对，使用多个 CPU 内核进行。在比对之后，对于比对到参考基因组唯一位置的小 RNA，应在小 RNA 数据库比对检索以确定其真实性（参见第 8.1.4 节），比对到参考基因组多个位置（如＞ 5000）的小 RNA 应在后续分析时删除。

除了上述用于小 RNA 读段预处理和比对的一般工具之外，研究者还专门开发了用于小 RNA 分析的工具，包括 DSAP[172]、miRanalyzer[173]、miRDeep/miRDeep2[174]、miRExpress[175]、miRNAKey[176] 和 mirTools[177]。在这些工具中，miRanalyzer 是第一个被开发的，也是目前最广泛使用的方法之一。它提供数据预处理功能，包括 3′ 接头序列去除，并使用 Bowtie 进行比对。miRDeep2 和 mirTools 都具有用于数据预处理的模块，并分别使用 Bowtie 和 SOAP 进行比对。DSAP、 miRNAKey 和 miRExpress 都具有测序数据预处理功能，但它们不是比对到参考基因组，而是将序列比对到非编码 RNA（ncRNA）数据库，包括 miRBase 和 Rfam[178]。Rfam 是 ncRNA 家族的注释数据库，每个家族包含一系列源自共同祖先的 RNA 序列。

虽然小 RNA 读段比对到参考基因组的方法与转录组测序的比对类似（如第 7 章所述），但由于小 RNA 长度短和存在转录后编辑等特征，因此小 RNA 读段的比对过程存在不同于转录组测序的挑战。由于小 RNA 长度短，大量的小 RNA 读段通常比对到基因组上的多个区域。相比之下，转录组测序数据几乎不存在这个问题，因为转录组测序具有更长读长，同时双端测序的读段大大提高了特异性。对于比对到参考基因组多个位置的小 RNA 序列，最简单的处理方法是直接忽略它们，但是这样会导致大量数据的丢失。更常用的方法是将其随机分配到其中一个比对位置，而另一种方法是报告其所有可能的比对位置。研究者还开发了更复杂的算法来努力避免这些比对方法的精度或敏感性缺陷。例如，一个名为 Butter（Bowtie UTilizing iTerative placEment of Repetitive small RNAs）的软件包[179]，根据其他更可靠比对读段的局部相对密度，将比对到参考基因组多个位置的读段分配到其中一个可能的位置。

此外，转录后编辑导致 isomiR 的产生[180]，这与 miRBase 中完成注释的 miRNA 类似但不同，isomiR 是典型 miRNA 的亚型。isomiR 具有来自经典 miRNA 序列的各种形式的变异，包括选择性的 3′ 端（频率更高）和 5′ 端及序列中的核苷酸替代。由于 isomiR 的发现本身就归功于小 RNA 测序，因此 isomiR 已被证明具有生理功能和意义[181，182]。因为 isomiR 是近期才被发现，所以大多数小 RNA 比对工具仍然只能对与 miRBase 中成熟 miRNA 序列精确匹配或微小变异的 miRNA 进行计数。最近开发的工具，如 miRSeq[183] 和 SeqBuster[184] 已经开始覆盖 isomiR。

8.1.4 小 RNA 的注释和预测

为了鉴定目前已知的小 RNA 种类，需要根据最新版本的 miRBase 或其他小型 RNA 数据库（如 piRNABank）搜索比对的读段。对于无法比对的读段，可以搜索其他数据库（Rfam、重复序列和 mRNA），以确定它们是否为 ncRNA、基因组重复序列和 mRNA 的降解产物。前面提到的工具，即 DSAP、miRanalyzer、miRDeep/miRDeep2、miRExpress、miRNAKey 和 mirTools 都提供了这些数据库的搜索能力。

为了发现潜在的新型 miRNA 种类，可将与其他数据库中已知 miRNA 和序列不匹配的读段提交到专门进行新 miRNA 搜索和预测的工具，如 miRanalyzer 和 miRDeep2 等。miRanalyzer 利用基于随机森林分类器的机器学习方法对读段进行分类并做出预测。miRDeep2 使用的预测方法还考虑了 miRNA 的生物学过程，它首先识别比对读段聚类的基因组区域中潜在的 miRNA 前体编码区，然后使用 RNA 折叠软件在这些鉴定出的区域预测 RNA 二级结构，检查它们是否存在类似于 pri-miRNA 分子中具有的典型的 miRNA 发夹结构，并且检查它们是否具有热力学稳定性。如果读段以预期的方式与稳定的发夹结构位置吻合，并且读段具有源自星号链等特征，那么就推测其为新的 miRNA。

8.1.5 均一化

在鉴定差异表达的小 RNA 之前，需要对样本中每个小 RNA 种类的读段进行均一化。均一化的目标是通过去除不需要的样本特异性变异，使得样本之间直接具有可比性，这些特异性通常是由于文库大小和测序深度的差异引起的。在第 7 章中详细介绍的转录组测序均一化方法在这里同样适用。大多数均一化方法的一般假设是，大多数小 RNA 在不同条件下保持稳定的假设是成立的。对于基于读段计数的总体均一化方法，由于所有小 RNA 的大小相似，因此 RPKM（每百万测序读段中来自于某转录本每千碱基的测序读段数）可以简化为 RPM（每百万条测序读段）。然而，研究发现这种常用的均一化方法无法满足一些基础研究的需要 [185, 186]。人们发现其他均一化方法在这些研究中具有更好的表现，如 DESeq、分位数法 / 四分位法或 LOWESS 方法。

8.2 鉴别差异表达的小 RNA

在第 7 章中介绍的转录组测序差异表达分析的软件包和方法也可以直接用于小 RNA 分析。对于没有重复的实验，可以使用 Audic-Claverie 方法。对于那些设置了生物学重复的实验，使用 DESeq 和 edgeR，以及前面介绍的其他工具，可以很好地鉴定差异表达的小 RNA。由于其良好的性能，这些工具也经常被特别设计，用于 mi 转录组测序数据分析的软件包使用。例如，miRanalyzer 应用 DESeq 进行差异表达分析，mirTools 使用 Audic-Claverie 方法来鉴定差异表达。

8.3 已鉴定小 RNA 的功能分析

要对差异表达的小 RNA 进行功能分析，首先需要对其基因靶点进行预测。许多工具可用于此任务，包括 miRanda[187]、mirSVR[188]、PicTar[189]、PITA[190]、RNA22[191]、RNAhybrid[192]、TargetScan[193] 和 DNA 智能分析（DIANA）应用 microT-CDS[194] 或 microT[195]。这些工具主要基于碱基配对模式、热力学稳定性和序列保守性来预测目标基因。例如，miRanda 基于 miRNA-mRNA 互补模式、mRNA 中结合位点的位置、结合能及 miRNA 进化保守性进行预测。关于进行 miRNA 靶基因预测，还应注意的是，由于 miRNA- mRNA 结合区域长度短，通常是不完全互补的结合，并且常常缺乏保守性[196]，由上述工具产生的预测具有一定程度的假阳性及假阴性，因此 miRNA 靶基因预测是项艰巨的任务。一旦产生了潜在靶基因的列表，可以使用第 7 章中详述的方法进行功能分析，如基因本体（GO）和代谢通路分析。此外，对于代谢通路分析，还可以将 miRNA 列表直接上传到 DIANA 的 miRPath 网络服务器，生成一个生物代谢通路的清单，这些生物学通路富集了大量 miRNA 的靶基因，并且靶基因是通过 DIANA-microT-CDS 预测的，或者已经有实验证据证实[197]。

（王　静　译）

9 用全基因组重测序方法分析基因型和发现基因组变异

检测群体中个体之间的基因组变异是新一代测序技术最常见的应用之一。基因组序列杂合性在天然存在的群体中是非常普遍的，对物种单个参考基因组的解析无法反映群体基因组水平的多态性。一些考察基因组变异的测序项目，如“千人基因组计划（1000 Genomes Project）”和“10 万人基因组计划（100 000 Genomes Project）”，都表明了揭示基因组变异的重要性。在生物医学和生命科学研究中，确定与疾病易感性或药物反应相关的基因组变异位点，以及建立各种表型的基因型基础，已经成为许多 NGS 应用的研究热点。除了可以发现在世代间通过生殖过程传播的变异之外，NGS 还可以用于识别新发生的生殖细胞和体细胞的突变，这些突变的发生率高于人们以往的预期，是导致人类许多疾病包括各种类型癌症的原因[198，199]。

如第 2 章所述，从 NGS 数据中检测出各种形式的基因组变异 / 突变 [包括单核苷酸变异（SNV）、插入 / 缺失（indel）和结构变异（SV）] 并不容易。主要挑战是如何区分真正的序列变异 / 突变与由碱基识别和序列比对过程中产生的测序错误，以及人为错误所导致的假阳性。因此，在数据分析过程开始之前得到高质量的测序数据，并开发灵敏度高且特异性强的变异 / 突变检测算法来精确检测基因组变异和突变，都是非常重要的。本章首先讲述有关数据的预处理、数据比对、再比对和再校准的各种方法。然后重点阐述 SNV/indel 和 SV 的检测方法、变异注释及变异与疾病或表型性状的关联分析。图 9.1 显示了数据分析流程的概况。

9.1 数据预处理、比对、再比对和再校准

除了第 5 章中介绍的一般数据预处理和质量控制步骤，如检查测序数据质量、删除低质量和复制读段（duplicate read）外，变异检测还需要进行一些其他处理步骤。测序读段的比对需要使用高度灵敏的比对算法，如 BWA、Novoalign、Stampy、MOSAIK 或 BFAST（特别适用于 SOLiD 产出的测序读段的比对）。检查比对质量后，需要滤除比对分值低的低质量读段。对于双端测序读段（paired-end read），它们应以预期的间隔比对到参考基因组，超出预期间隔的序列应被滤除。

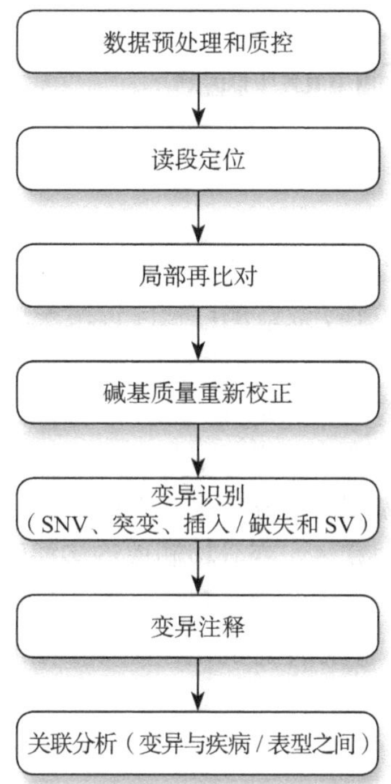

图9.1 基于重测序的基因分型和变异检测的一般工作流程。

在初始比对之后，对于插入/缺失序列的再比对通常能改善比对结果。这通常是由于短插入/缺失，特别是测序片段末端的插入/缺失片段，通常在初始比对过程中产生错误。对插入/缺失附近序列进行再比对之前，首先需要处理原来的BAM文件，使用诸如GATK RealignerTargetCreator之类的工具来确定需要再比对的位置。在这个过程中，使用已知的一组插入/缺失（如dbSNP中的插入/缺失，或由“千人基因组计划”项目检测的插入/缺失）可以加快进程并提高准确性。在确定了再比对的目标区域之后，可以使用诸如GATK IndelRealigner的程序来进行再校准。再校准过程结束时，将生成包含经过再比对的测序读段的新BAM文件。

在变异检测之前，还应再校准原来的碱基识别质量值，以进一步提高数据质量。可以使用GATK BaseRecalibrator等工具对碱基质量值进行再校准，该工具使用通过协变量检测碱基质量的再校准算法重新校准原始质量值。该算法调整如测序反应循环数和本地测序环境等影响测序信号质量和碱基转换质量的协变量。为了进行再校准，首先对协变量模式进行分析和检测，然后再对其进行再校准。基于再校准数据的变异检测具有更高的准确性，并减少了假阳性的数量。

9.2 单碱基变异和 indel 检测

9.2.1 SNV 检测

一般来说，变异检测受到多种因素的影响（图 9.2）。这些因素包括：①碱基质量值；②比对质量；③单端 / 双端测序；④读段长度；⑤覆盖度；⑥序列的上下游序列。由于在测序、碱基识别和比对步骤中出现的错误或不确定性，变异检测几乎总是存在一定程度的不确定性。为了尽量减少这种不确定性，变异检测算法使用统计模型或启发式算法。通过对误差和偏差进行建模，有时结合其他相关的优先信息，使用统计模型的变异检测显著降低了错误变异检出的可能性。此外，对于基于启发式方法的算法，变异检测以许多探索性的因素为基础，如最小测序深度、碱基质量和等位基因频率。目前，基于统计模型的算法比基于启发式的算法使用更广泛。然而，应该注意的是，统计模型通常基于某些假设。在假设不成立的情况下，启发式方法可以更加有效。

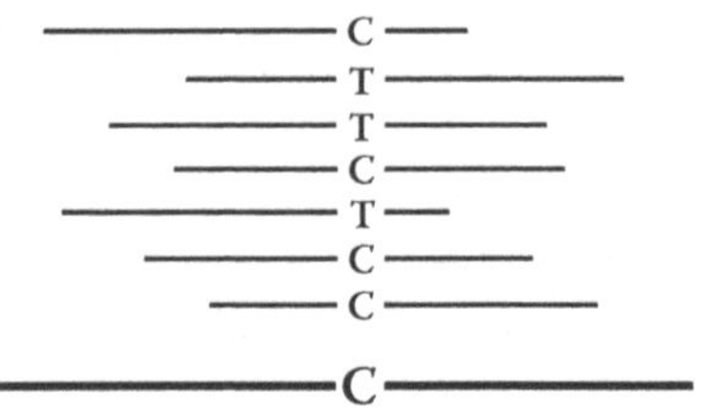

图 9.2 变异检测过程通常受到各种因素的影响。在该图示中，多个测序读段与参考序列（底部）比对。在所示位点，参考序列该位点为 C，而测序读段该位点为 C 和 T。根据文中提到的因素和先前信息，如果 T 被视为错误，则该位点可以称为杂合（C/T）或无变异（C/C）位点。如果 C 被认为是错误，也可以称为纯合 T/T 位点。

在基于统计模型的工具中，目前使用最广泛的是 GATK[200] 和 Samtools[201]。在当前版本中，GATK 提供了 UnifiedGenotyper 和 HaplotypeCaller 两个变异检测工具。UnifiedGenotyper 使用贝叶斯基因型似然模型（Bayesian genotype likelihood model）来分别检测突变（SNP 和 indel）及基因型（即 A/A、A/B 或 B/B）。这个模型运行速度快，并且对每个位点进行独立分析。顾名思义，HaplotypeCaller 考虑了附近变异位点之间的联系，并同时检测 SNP 和 indel。HaplotypeCaller 还可进行单倍型的从头组装，因此计算量更大，计算速度更慢。Samtools 使用相同的基因型似然模型进行变异检测，它是通过两个步骤实现的，即 mpileup 和 Bcftools。在 mpileup 步骤中，它从输入的 BAM 文件中收集主要信息，并计算存储在 BCF 文件中可能基因型的似然信息。随后的 Bcftools 步骤使用 BCF 文件中的似然信息进行变异检测。

除了 GATK 和 Samtools 之外，其他基于模型的变异检测工具包括 SOAPsnp[202]，SOAP 工具包的组件，以及用于外显子组测序数据变异分析的 Atlas 2[203]。SOAPsnp 采用类似的贝叶斯建模方法来识别 SNP。Atlas 2 基于使用整个外显子序列数据验证的逻辑回归模型。通常使用的基于启发式的变异检测工具是 VarScan/VarScan2[204]，这种检测工具对由诸如极端测序深度、合并样本及受污染或样本不纯等因素所导致的数据混淆更有效。由于这些不同类型的工具使用不同的方法进行变异检测，因此它们识别的变异通常只是部分重叠。因此，建议仔细检查实验的具体情况，以确定更合适的变异检测工具。如果可以使用多种方法，建议比较它们的输出结果并分析它们检测的共同变异。使用不同检测工具都能检测到的变异是降低变异错误率的有效途径。

GATK 等一些工具可用于分析单样本数据和多样本数据。多样本分析通常比单样本分析具有更高的检测效率，这是因为当对多个样本进行检测时，多个样本更有可能同时检测到相同的变异。因此，为了提高变异检测质量，通常最好使用多个样本进行检测。

9.2.2 新突变位点的检测

大多数当前可用的变异检测方法旨在识别可遗传的变异。虽然这些变异是基因组变异研究的主要目标，但体细胞和生殖细胞中的新变异位点（图 9.3）在许多疾病和表型变异中也起重要作用。为了识别这些新的变异位点，研究者可以使用前面提到的一些变异检测工具，如 VarScan，目前也有一些用于比较父母子代或正常病例样本而专门开发的算法，包括 MuTect[205]、SomaticSniper[206]、Strelka[207] 和 JointSNVmix[208]。不同算法在机制上存在一定差异，一些算法（MuTect 和 VarScan）将每个样本分别与参考基因组比对进行变异检测，而其他算法（如 JointSNVmix、Strelka 和 SomaticSniper）则直接比较对比样本。在前一种检测方法中，将从对比样本（如来自相同患者的携带体细胞突变的正常 / 癌组织）产生的读段与参考基因组单独进行比对和变异检测，然后将对比样本中的变异位点彼此进行比较，以定位癌组织中的体细胞变异位点。在后一种检测方法中，使用基于联合概率的统计检验对样本进行直接比较。

9.2.3 Indel 检测

在基因组中短插入 / 缺失的发生频率较低，约为 1 个 /8000bp，检测短插入 / 缺失（大型插入 / 缺失在第 9.3 节中结构变异检测部分介绍）比检测单核苷酸位

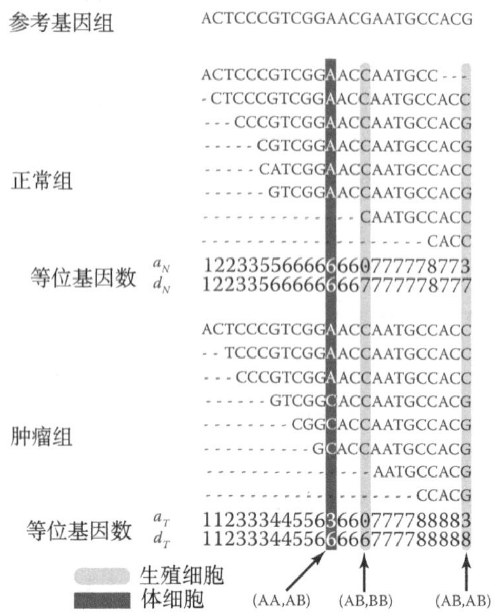

图 9.3　新体细胞突变与可遗传的种系变异。在该示例中，来自正常和肿瘤组织的测序读段与参考基因组（图上部）比对。显示等位基因数，即每个位点的比对读段数（read）（a_N 和 a_T）和测序深度（d_N 和 d_T）。浅灰色部分表示种系变异，而深灰色表示在一些肿瘤细胞中获得的新体细胞变异。底部还显示了正常和肿瘤组织的预测基因型。（修改自 A Roth，J Ding，R Morin，A Crisan，G Ha，R Giuliany，M Hirst et al.，JointSNVMix：A probabilistic model for accurate detection of somatic mutations in normal/tumor pairs next-generation sequencing data，*Bioinformatics* 2012，28（7）：907-913. 经许可。）

点变异（SNV）更具挑战性，因为读段中短插入 / 缺失的存在可能会干扰读段的准确定位。因此，短插入 / 缺失检测定位时应允许几个碱基的插入或缺失。比对后，一个简单的插入 / 缺失检测方法是使用 Samtools（varFilter）从排序的 BAM 文件中提取插入和缺失信息。这种方法虽然简单，但往往表现出高的假阳性和假阴性率。其他一些更复杂的检测方法则可以提高检测的准确性，如 Dindel[209] 或 GATK 等。这些方法的基本工作流程是：①扫描输入的 BAM 文件，检测插入 / 缺失信息；②为每个插入 / 缺失位点建立一个基于插入 / 缺失事件的新单倍型；③将所有测序读段重新比对到新创建的替代单倍型；④计算在替代单倍型中支持该插入 / 缺失的读段数；⑤检测 indel 信息。

另一种解决插入 / 缺失检测挑战的方法是基于从头组装。SOAPindel [210] 是使用这种方法的一个例子。使用双端测序读段，这种方法首先识别定位读段中的未配对区域，然后将未配对区域比对到其预期的基因组位置。随后利用这些高密度的未比对读段进行从头组装，并与参考基因组比对鉴定插入 / 缺失信息。当参考基因组较大时，这种方法的计算量更大。

9.2.4　转录组测序数据的变异检测

虽然变异检测主要是从 DNA 测序数据中进行的，但转录组测序也可以用于从基因组的转录活性区域进行变异检测。由于从不同区域转录的大量读段和外显子剪接丰度的异质性，基于转录组测序的变异检测更具挑战性。利用转录组测序数据进行变异检测具有一些优势，如它除了收集原始转录组数据外不会产生额外的成本，并且它直接检测基因组的转录活性区域。此外，基于转录组测序的突变检测可用于验证从全基因组或全外显子组测序中得到的变异。基于转录组测序的突变检测方法仍然有一定的局限性，目前可用的工具使用不同的模型来进行变异检测，包括 eSNV-Detect[211]、SNPiR[212] 和 SNVMix[213]。例如，SNVMix 采用概率二项式混合模型来从预先比对的转录组测序读段中检测变异。

9.2.5　变异检测格式文件

变异检测格式（VCF）是用于存储主要序列变异类型的标准文件格式，包括 SNV、indel 和 SV [214]。这种格式被设计为可扩展模式，以涵盖来自数千个样本的数百万个位点。VCF 格式最初是为“千人基因组计划”开发的，它被设计用于快速检索数据。除了报告变异及其基因组位置之外，它还允许字段存储附加信息，如变异检测质量值，并允许用户添加自己的自定义标签来描述新的序列变异，从而提供灵活性。

图 9.4 提供了 VCF 的一个例子。它包含前面的元信息行、标题行和数据行，其数据行中每行描述一个变异位置。元信息行以“##”开始，描述相关的分析信息，如物种、文件日期和组装版本。此外，用户定义数据列中使用的缩写也在基本信息行中定义。随后的标题行列出了 8 个必填列的名称（表 9.1）。在 QUAL 列中，给出替代等位基因（ALT）检测的类似 Phred 的质量值

```
##fileformat=VCFv4.2
##fileDate=20090805
##source=myImputationProgramV3.1
##reference=file:///seq/references/1000GenomesPilot-NCBI36.fasta
##contig=<ID=20,length=62435964,assembly=B36,md5=f126cdf8a6e0c7f379d618ff66beb2da,species="Homo sapiens",taxonomy=x>
##phasing=partial
##INFO=<ID=NS,Number=1,Type=Integer,Description="Number of Samples With Data">
##INFO=<ID=DP,Number=1,Type=Integer,Description="Total Depth">
##INFO=<ID=AF,Number=A,Type=Float,Description="Allele Frequency">
##INFO=<ID=AA,Number=1,Type=String,Description="Ancestral Allele">
##INFO=<ID=DB,Number=0,Type=Flag,Description="dbSNP membership, build 129">
##INFO=<ID=H2,Number=0,Type=Flag,Description="HapMap2 membership">
##FILTER=<ID=q10,Description="Quality below 10">
##FILTER=<ID=s50,Description="Less than 50% of samples have data">
##FORMAT=<ID=GT,Number=1,Type=String,Description="Genotype">
##FORMAT=<ID=GQ,Number=1,Type=Integer,Description="Genotype Quality">
##FORMAT=<ID=DP,Number=1,Type=Integer,Description="Read Depth">
##FORMAT=<ID=HQ,Number=2,Type=Integer,Description="Haplotype Quality">
#CHROM POS     ID        REF    ALT     QUAL FILTER INFO                              FORMAT      NA00001        NA00002        NA00003
20     14370   rs6054257 G      A       29   PASS   NS=3;DP=14;AF=0.5;DB;H2           GT:GQ:DP:HQ 0|0:48:1:51,51 1|0:48:8:51,51 1/1:43:5:.
20     17330   .         T      A       3    q10    NS=3;DP=11;AF=0.017               GT:GQ:DP:HQ 0|0:49:3:58,50 0|1:3:5:65,3   0/0:41:3
20     1110696 rs6040355 A      G,T     67   PASS   NS=2;DP=10;AF=0.333,0.667;AA=T;DB GT:GQ:DP:HQ 1|2:21:6:23,27 2|1:2:0:18,2   2/2:35:4
20     1230237 .         T      .       47   PASS   NS=3;DP=13;AA=T                   GT:GQ:DP:HQ 0|0:54:7:56,60 0|0:48:4:51,51 0/0:61:2
20     1234567 microsat1 GTC    G,GTCT  50   PASS   NS=3;DP=9;AA=G                    GT:GQ:DP    0/1:35:4       0/2:17:2       1/1:40:3
```

图 9.4　VCF 格式（版本 4.2）。（来自 http://samtools.github.io/hts-specs/；格式目前由全球联盟数据工作组文件格式任务组管理。）

（例如，QUAL 值为 30 表示 ALT 检测错误的概率为 0.001）。在 FILTER 列中，“PASS”表示此位置已通过所有过滤器，而如图 9.4 所示，“q10”值表示此位点的变异检测质量值低于 10。一个 VCF 文件的正文是包含基因组变异检测位点的列表。

可以使用 VCFtools [214] 或 vcflib [215] 等工具解析和操作 VCF 文件。例如，VCFtools 是一个工具包，其中包含用于 VCF 文件解析、分析和操作的各种实用程序。它由两个模块组成：一个通用的 Perl API 和一个 C++ 二进制可执行文件。Perl 模块可以用于常规任务（如 VCF 文件）的验证、合并、交叉和补充等。二进制可执行程序提供用于生成各种 QC 指标、过滤特定变异、总结变异、估计等位基因频率、计算连锁不平衡（linkage disequilibrium，LD）水平等的工具。

表 9.1 VCF 文件中的必填字段

列数	字段	类型	描述
1	#CHROM	字符	Chromosome number
2	POS	整数	Start position of the variation
3	ID	字符	Database identifier
4	REF	字符	Reference allele
5	ALT	字符	Alternate allele（s）
6	QUAL	数字	Quality score（Phred-style）
7	FILTER	字符	Filter status
8	INFO	字符	User extensible information

9.2.6 评估 VCF 结果

需要对 VCF 文件中报告的 SNV 和 indel 进行评估，以识别假阳性。检测变异的可视化和基因组浏览器中所支持的读取，如 IGV 或 Savant，提供了变异检测结果的初次评估。进一步评估应基于是否偏离哈迪 - 温伯格平衡（Hardy-Weinberg equilibrium），主要和次要等位基因之间的系统检测质量差异，极端覆盖度或 DNA 链偏差等。碱基转换（transition）和颠换（transversion）的比率（Ti/Tv）是变异检测特异性和质量的附加指标。Ti/Tv 的理论值为 0.5，因为纯粹从统计概率的角度来说，产生转换的机会是颠换的一半。然而，由于转换和颠换核苷酸替代过程的生物化学机制不同，转换的频率高于颠换的频率。基于现有的多个物种的 NGS 数据，全基因组和外显子数据集的 Ti/Tv 预期值通常分别为 2.0~2.1 和 3.0~3.5 [216]。

9.3 结构变异检测

9.3.1 基于配对读段的 SV 检测

早期的 SV 检测方法主要基于比较基因组杂交和 SNP 全基因组阵列芯片。NGS 技术的发展，尤其是配对读段（paired-end read）的使用，大大推动了 SV 检测的发展。如图 9.5 所示，定位大型插入 / 缺失、倒位（inversion）和易位（translocation）的基本方法是基于配对读段之间的方向或距离的变化。采用这种一般方法的 SV 检测算法包括 BreakDancer[217]、GASV[218]、HYDRA [219]、PEMer（Paired-End Mapper）[220] 和 SVDetect[221]。图 9.6 显示了使用这种方法进行 SV 检测的一般算法过程。第一步是将读段对分成一致和不一致的组，分组是基于读段间比对到参考基因组的实际距离与预期距离匹配或偏离来确定。然后根据它们覆盖的基因组区域将不一致的读段组合成不同的簇，以产生候选 SV 检测区域。在

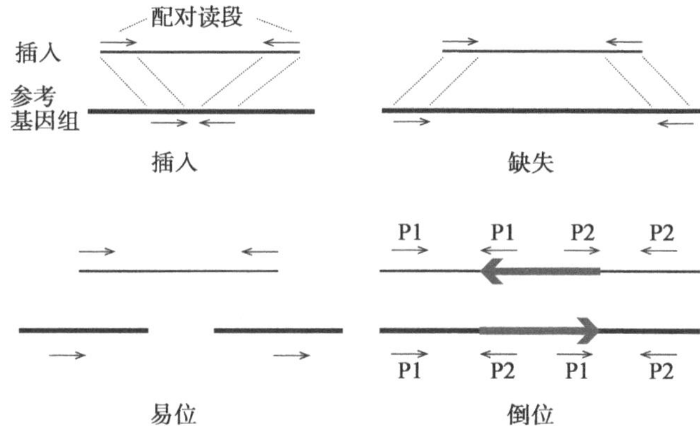

图 9.5 常见的 SV 和使用配对读段对其进行检测的基本方法。

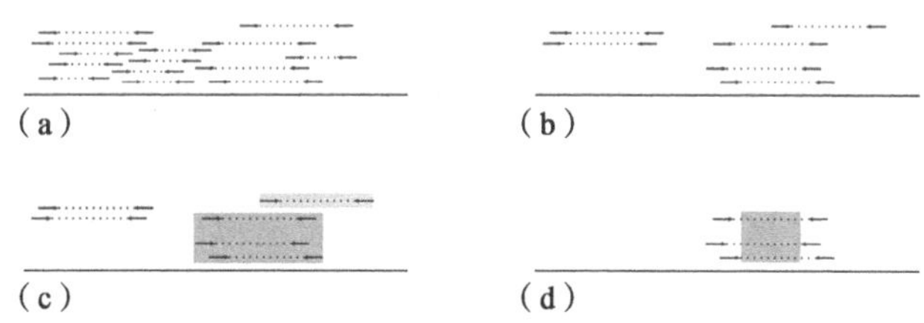

图 9.6 使用配对读段识别 SV 的一般步骤。（a）将配对读段比对到参考基因组；（b）识别出不一致的读段对；（c）不一致的读段对被组合成簇；（d）对不一致读段对的候选簇进行过滤以识别 SV，并对所识别的可能断点（breakpoint）进行界定。（引自 C Whelan，Detecting and analyzing genomic structural variation using distributed computing，2014，*Scholar Archive*，论文号 3482。经许可。）

最后一步中，基于统计评估过滤候选 SV 簇，使得只有被多个读段对覆盖的簇才被报告为 SV。在该步骤 [图 9.6（d）中用阴影区域表示] 中也标识了区域中可能缺口（gap）的界限。

9.3.2 断点的确定

虽然上述基于配对读段的方法可以用于定位大多数 SV 事件（多个拷贝重复区域除外），但是它们不能用于准确地定位断点（breakpoint）在基因组中的位置。这是因为配对读段之间的距离取决于其原始片段的大小，而原始片段的大小即使在最佳实验条件下也难以准确测定。为了找到这些事件中的断点，可以使用基于分割读段的方法，其通过将一些读段分成比对到不同基因组区域的子序列来定位断点。使用这种方法的算法包括 CREST[222]、Pindel[223]、SplazerS[224] 和 SRiC[225]。例如，Pindel 首先搜索读段对，其中一条读段比对到参考基因组，而另一条不进行比对。基于第二条读段包含断点的假设，将比对上的读段作为锚定点来扫描周围区域以进行第二条读段的分割比对。虽然这种方法可以在单碱基分辨率下定位断点，但是由于将读段子序列比对到有缺口的不同基因组区域上是很有挑战的，因此该方法在计算上是十分昂贵的。

9.3.3 基于从头组装的 SV 检测

读段对的定位和分割分析均基于与参考基因组的比对。SV 检测的另一种方法是使用从头组装。这种方法试图从读段中直接组装大部分基因组序列，然后通过比较组装的基因组与参考基因组进行 SV 检测。Cortex[226] 是采用这种从头组装的 SV 检测算法。虽然这种方法具有无偏好性的优点，但它的计算量大，对计算机硬件的要求要比读段对比对方法高。与其他方法相比，由于从头组装过程涉及复杂的计算，因此较少使用该方法。

9.3.4 CNV 检测

通常使用检测区域读段频率异常变化的算法来检测拷贝数的变化。这些算法基于以下假设：从基因组区域获得的读段与其在基因组中的拷贝数成比例。如果基因组片段重复多次，与其他非重复区域相比，该片段将观察到显著增加的读段数量。此外，如果一个区域被删除，那么它将不会有读段覆盖。这些算法的例子包括 CNASEG[227]、CNV-Seq[228]、CNVnator [229]、Event-Wise Testing（EWT）[230]、JointSLM [231]、mrFAST 和 SegSeq [232]。由于其他因素如 GC 含量也可能会影响测序基因组上读段密度，采用这些方法时常常进行均一化处理以消除这些因素的干扰。在涉及具有相同遗传背景样本比较的研究中，这些复合因素通常被抵消，如来自相同患者的病变与健康组织的比较。

9.3.5 综合 SV 分析

前面介绍的不同软件工具通常是为了检测特定类型或特定方面的 SV 而开发的。为了系统检测 SV，研究者已经努力采取综合的方法使用不同但通常互补的工具来进行全面的 SV 检测。SVMerge 就是这些工具中的一种，它集成了来自不同检测工具的 SV 检测结果 [233]。它首先将 BAM 文件输入到如前面介绍过的一些 SV 检测工具并生成 BED 文件，然后合并 BED 文件中的 SV 检测结果。在通过局部重新比对检测的断点进行计算验证之后生成 SV 的综合列表。采取类似整合方法的其他工具还有 GASVPro[234]、SVSeq[235] 和 CNVer[236] 等。

9.4 检测变异的注释

为了从检测的 SNV、indel 或 SV 获得生物学功能等方面的信息，需要进行变异注释。例如，如果 SNV 在基因中被注释为非同义（nonsynonymous）突变，且受影响的氨基酸位于蛋白质的活性位点，则可能影响蛋白质功能。通过检查其注释，可以对检测变异进行过滤和按重要性排序，以进行更深入的分析。由于通常需要从实验中检测大量变异，因此一般优先选择自动化检测流程。为了满足这一需求，人们已经开发了许多变异注释工具。ANNOVAR [237] 是最广泛使用的一种工具，它将 SNV、indel 和 CNV 作为输入和输出，报告其功能影响并提供显著性分数，以帮助过滤和优化。其 TABLE_ANNOVAR 脚本可以快速将变异列表转换为包含许多注释字段的 Excel 兼容文件，可以帮助研究人员评估变异功能的重要性。ANNOVAR 具备很好的灵活性和可扩展性，例如，它可以鉴定位于保守基因组区域中的变异，或发现与来自“千人基因组计划”或 dbSNP 重叠的变异。其他变异注释工具包括 SeattleSeq[238]、SnpEff[239] 和 VEP（Variant Effect Predictor）[240]。为方便访问，SeattleSeq 和 VEP 提供了一个 Web 界面。对于本地用户，ANNOVAR、SnpEff 和 VEP 提供脚本进行下载。

9.5 变异与疾病或性状关联的检验

为了鉴定与感兴趣的疾病或性状显著相关的多态性变异，需要进行关联检验。对于发生频率高于 5% 的常见多态性变异，通常以单个变异水平进行测试，单独检查每个变异与疾病或性状的相关性。通常使用的统计方法包括卡方检验、Fisher 精确检验、Cochran-Armitage 趋势检验，或者疾病发生率和定性性状的逻辑回归。对于数量性状，如血压或体重指数，常常使用线性回归。由于这种分析涉及大量的独立测试，因此需要对多个测试进行调整 [如假阳性率（FDR）]。许多上述的统计方法是在如 PSEQ 等软件工具中实现的 [241]。

为了检测罕见的多态性变异，即发生频率低于 5% 的变异，用单变量水平的关联检验往往检测不到。为了提高检测能力，可以将多个变异 [如位于同一个基因中或位于同一个预先确定大小的滑动窗口（sliding window）中的变异] 组合在一起用于关联测试。在这种方法中，通常先对群体中的不同变异进行单独测试，然后整合个体测试结果来代表整个群体。为了进一步提高稀有变异的检测能力，跨基因组区域的所有变异都可以聚集并折叠成单个单元用于随后的测试。对于这种测试，可以使用多个逻辑或线性回归模型来组合这些变异的效果。对于折叠分析方法，可以使用诸如 CAST（队列等位基因和检验）[242] 或 CMC（组合多变量和折叠）[243] 的统计学检验来确定稀有变异的集聚是否在两个条件之间具有显著差异。

（王　静　译）

10 用新一代测序结果进行基因组从头组装

Sanger 测序被认为是基因组从头组装（*de novo* genome assembly）的金标准。然而，使用这种第一代测序技术来组装基因组是非常昂贵和耗时的，例如，完成人类基因组组装草图就花费了 30 亿美元和 13 年时间。人们对于低成本和快速基因组测序的需求，为新一代测序技术的发展提供了强大推动力。NGS 可以大幅度降低测序成本，使得全基因组鸟枪法（WGS）测序更加经济，并且可以被单个实验室所采用。然而，为 Sanger 序列设计的组装算法工具对于大多数 NGS 平台产生的相对较短且数量庞大的读段（read）的从头组装来说，是非常具有挑战性的。NGS 读段的短读长意味着它们携带的信息较少，从而导致组装过程中增加了更多的不确定性。为了弥补这种缺陷，就需要更高的测序深度，这显然又增加了所需的序列数量，从而增加了计算的复杂程度。例如，利用读长可达 800bp 的 Sanger 测序数据来组装人类基因组，需要约 8× 的测序深度；而如果采用读长为 35~100bp 的 NGS 短序列，完成同样的任务则需要 50~100× 的测序深度[244]。

由于 Sanger 测序组装软件无法有效处理这些问题，因此需要开发新的软件进行 NGS 数据的从头组装。2008 年 Velvet[245] 和 2009 年 ABySS[246] 的开发表明，即使对于庞大的基因组，使用大量超短（短于 30bp）的读段，也可以实现高质量的基因组从头组装。在 2010 年，随着 SOAPdenovo 的开发，人们第一次全部利用短的 NGS 序列完成了人类基因组组装[96]。近年来，随着这方面算法的快速发展和测序读长的逐渐增加，基于 NGS 基因组从头组装软件的功能已经越来越强大了。

10.1 从头组装的基因组因素与测序策略

10.1.1 影响从头组装的基因组因素

目标基因组的大小在很大程度上决定了组装的难度。所有的 NGS 从头组装软件（见第 10.2 节）可以很容易地进行小基因组（＜10Mb，如细菌基因组）的组装。对于中等大小（10Mb~1Gb）的基因组，如低等植物和昆虫的基因组的从头组装，大多数组装软件也没有太大的问题。对于大型的基因组（＞1Gb）来说，尽管一些程序，如上文提到的 SOAPdenovo，已被证明具有组装人类或其他哺乳动物基因组的能力，但总的来说，全部使用短读段进行组装仍然不是一件容易的事（如使用 Illumina 测序仪产生的读段）。此外，从头组装大型基因组在所有

NGS 应用程序中的计算量是最大的。

基因组中重复序列的数量是影响从头组装的另一个主要因素。一些物种的基因组天然含有更多的重复序列，其组装难度远远大于其他物种。因为基因组的重复区域导致测序产生的读段不唯一，这就给基因组组装带来严重挑战。挑战来自于不能将这些区域的读段组装成连续重叠群（contig）或骨架（scaffold），并且无法确定这些读段与相关的非重复区域的读段组成的重叠群或骨架的位置，最终导致这些区域在组装草图上形成缺口（gap）。除重复序列以外，基因组杂合度也是一个可能影响从头组装的因素。基因组杂合度是对基因组中等位基因差异的量度，二倍体或多倍体基因组中的等位基因差异导致序列组装的不确定性。此外，其他基因组特征，如局部 GC 含量，也可能影响基因组的从头组装。

10.1.2 从头组装的测序策略

对于大多数基因组的从头组装项目来说，填补由重复区域引起的缺口至关重要，在设计合适的测序策略时必须优先考虑如何来填补这些缺口。跨越缺口以连接重叠群和骨架的基本方法是采用读段对（read pais）之间的距离大于缺口长度的测序手段。这些读段对必须由双端（paired-end）测序或配对（mate pair）测序产生，并且已知的读段对的间距还可以对跨越缺口的重叠群或骨架的拼接提供指导。配对测序不同于双端测序（参见第 4 章），配对测序方法可以这样描述：对于一个较大 DNA 片段“跳过”中间部分，对其两个末端进行测序。进行配对测序，首先需要将 DNA 大片段进行环化，连接其首尾两端；然后将该环状 DNA 片段化，选择含有 DNA 大片段两个末端的片段，再进行双端测序得到测序结果。为了跨越不同大小的重复区域，通常需要对插入片段大小不同的配对文库进行测序（如 2~40kb），同时也需要用常规的双端测序结果进行组装 [247，248]。

插入片段大小不同的双端文库和配对文库相结合是利用 NGS 数据进行基因组组装的关键策略。双端测序产生的较短读段（如 180bp）用于组装非重复序列及处理短重复序列，而配对测序产生的较长读段用于组装重复区域并填补相应的缺口，超出配对文库覆盖范围的缺口则无法填补。

除了使用双端测序和配对测序之外，读长也是进行基因组从头组装的关键因素。虽然有利用小于 75bp 的读段进行哺乳动物基因组组装的报道 [96，248]，但更长的读段更有利于组装。使用如 Pacific Biosciences 的测序平台（SMRT）可以获取更长的读段。为了平衡测序读长、成本和错误率，像 Illumina 测序系统这样不能产生长读长数据的 NGS 技术，也可以被巧妙地利用来获得更长的读段。例如，Illumina 系统的快速运行模式可以从测序文库的一端读取 250 个核苷酸，如果使用此模式对包含 450bp 的 DNA 插入片段文库进行双端测序，则每个生成的读段对都是重叠的，通过软件工具可将其拼接成覆盖 450bp 全长的单个长读段。结合使用插入片段大小不同的配对文库或不同的测序技术，可以在很大程度上克服短读段的限制。随着长读段 NGS 技术的出现，读段长度对基因组从头组装的影响将会越来越小。

测序深度是从头组装需要考虑的另一个重要因素。虽然它没有明确的标准且依赖于其他各种因素（包括重复序列数量、基因组杂合度、测序读长和错误率），但是测序深度太低会引起组装结果的高度片段化。一般来说，当结合使用插入片段大小不同的双端文库和配对文库时，短插入片段的双端文库和中等插入片段的配对文库（3~10kb）需要 45~50× 的测序深度，长插入片段（10~40kb）的配对文库则需要 1~5× 的测序深度[249，250]。另外，更高的测序深度虽然可提高最终组装的质量，但同时也增加了数据量及计算复杂度和处理时间。有研究表明，超出一定的覆盖范围，测序深度的进一步增加并不一定能够提高基因组组装的质量[96]。

10.2 重叠群的组装

10.2.1 测序数据的预处理、错误修正与基因组特征的评估

NGS 读段的从头组装包括多个步骤（图 10.1）。首先需要检查测序数据的质量。可以参照第 5 章中描述的数据质量控制（QC）步骤来检查每个碱基的错误率、质量值分布、读段大小分布和接头序列污染等。低质量读段、含有低质量碱基（通常为 3′ 端）的读段、不确定的（显示为 N）碱基及接头序列都需要被过滤掉。作为数据预处理的一部分，还需要合并有重叠的双端读段（paired-end reads），将其拼接成更长的读段。在此过程中，如果观察到某些碱基位置的差异，还可以及时修正错误，从而获得更高质量的碱基序列。合并过程可以用相关软件来处理，如 FLASH[251] 或 PANDAseq[252]。

相比于其他的 NGS 应用程序，从头组装过程对测序错误更为敏感，因此纠正测序错误是从头组装的重要步骤。上文提到的数据质量控制不能完全消除测序错误，因为单独的高碱基识别质量值并不能保证读段没有测序错误。如果没有校正，这些错误将导致计算时间延长、重叠群错误和低质量的基因组组装。虽然错误校正比较耗时，但是它可以提高最终的基因组组装质量。执行此步骤有多种软件可选择。例如，Quake 是单独的错误校正软件[253]，还有一些组装软件（见 10.2.2 节）有自己的错误校正模块，如 ALLPATHS-LG[254]。大多数错误校正算法都是基于 *k*-mer 进行的[255]。*k*-mer 是指读段长度为 *k* 的所有可能的子序列，将读段切割为 *k*-mer 使得基因组组装的复杂任务更易于处理。当所有读段都转换为 *k*-mer 时，大多数 *k*-mer 都已经多次出现。只有一次或两次出现的 *k*-mer 意味着测序错误（图 10.2）。一般的修正方法是找到最小数量的碱基变化，使所有读段的 *k*-mer 频率都高于阈值水平。为了确定合适的错误修正阈值水平，可以使用诸如 Jellyfish 等[256]的 *k*-mer 计数软件来绘制 *k*-mer 频率分布图，从分布情

况可以估算待组装的基因组大小及覆盖范围。例如，Kmergenie [257]、SGA [258] 和 VelvetOptimiser[259] 等软件都提供了基于 *k*-mer 分布得出的基因组大小和覆盖度信息。其中 SGA 也可提供基因组的其他特征，如重复度和杂合度等。

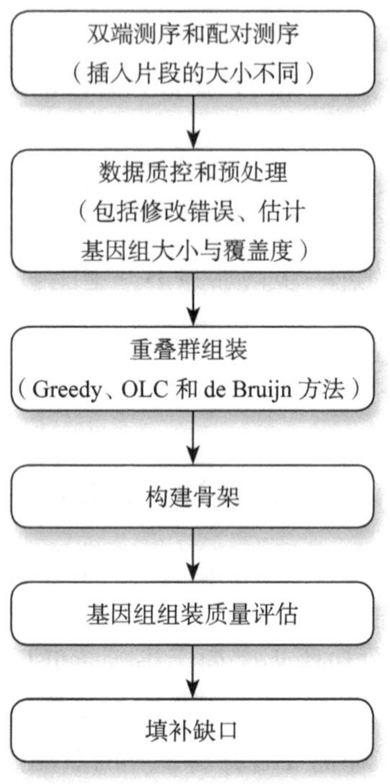

图 10.1　基因组从头组装流程图。

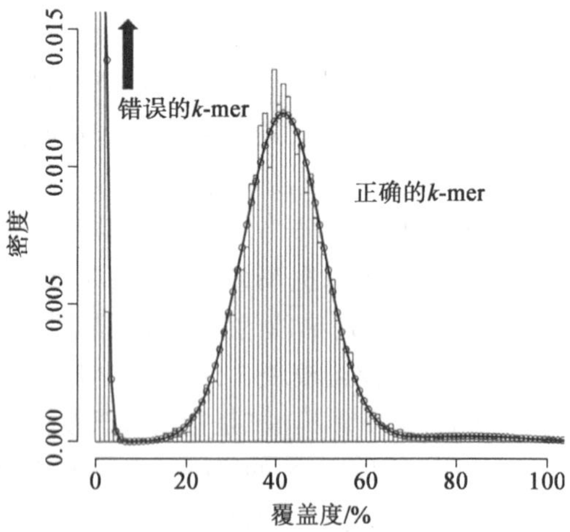

图 10.2　正确和有测序错误的 *k*-mer 覆盖范围［引自 Kelley D R，Schatz M C，Salzberg S L，Quake：quality-aware detection and correction of sequencing errors，*Genome biology* 2010，11（11）：R116. 根据 *Creative Commons Attribution License* 引用。］

10.2.2　重叠群组装的算法

与本书中大多数其他 NGS 应用程序使用的基于参考基因组拼接的过程不同，基因组的从头组装过程是尝试利用测序读段的重叠来构建超长的 DNA 碱基序列。此组装过程先前由 Lander 和 Waterman 用理想的（无错误和无重复）序列数据来建模[260]。在这个模型中，如果两条读段重叠，则这两条读段被合并成一个重叠群，该过程一直重复，直到重叠结构不能被进一步扩展。虽然这个基础模型简单明确，但处理数百万条短读段之间所有可能的重叠，并将其组合成重叠群，是一项具有挑战性的计算密集型工作。另外，测序错误、杂合度和重复序列等都增加了组装的难度。为了应对这些挑战，目前人们已经开发出了一些不同的组装方法。

目前可用的基因组从头组装方法可以分为三大类：① Greedy 方法；② OLC（overlap-layout-census）方法；③ de Bruijn 图形法。虽然这三类方法都是基于图形法，但是 Greedy 方法是基于局部序列相似性最大化的方法。它被应用于 phrap 和 TIGR 等 Sanger 测序组装工具及早期的 NGS 组装工具中，如 SSAKE[261]、SHARCGS[262] 和 VCAKE[263]。由于 Greedy 方法是一种传统的方法，因此它不会考虑读段之间的整体关系。因此，最新的基于 NGS 的组装程序不再使用这种方法，因为它不能利用双端读段和配对读所段提供的整体关系。

OLC 和 de Bruijn 方法都是基于 Lander-Waterman 模型，通过读段重叠信息将其组装成重叠群，但具体的步骤是有区别的（图 10.3）。OLC 方法涉及三个步骤：①检测所有读段间的潜在重叠；②将所有读段重叠以图形形式表示；③构建序列。第一步是计算密集型的，运行时间随着读段总数的增加而以二次方形式增加。在第二步中创建的图形由代表读段的顶点（或节点）组成，它们之间的边界代表着重叠。构建序列相当于在图中找到一个精确访问每个节点的路径，这被称为哈密顿路径（Hamiltonian path）。目前可用的基于 OLC 的短读段组装软件包括 CABOG[264]、Edena[265]、Fermi[266]、Forge[267] 和 Newbler[66]。OLC 方法被广泛用于由 454 和 Sanger 测序仪产生的较长读段的组装，由于需要更高深度的测序及由此引起的计算量复杂度呈指数倍的增加，因此 OLC 方法一般不用于短读段组装（如由 Illumina 测序仪产生的读段）。为了减少这种方法所带来的高计算需求，OLC 方法的简化版本（字符串图）被应用于合并和减少冗余顶点和边缘，同时识别和去除错误顶点和边缘[268]。被称为 FM-index 的字符串索引数据结构的实现提高了 SGA 和 ReadJoiner 等组装软件的性能[269]。

与 OLC 方法相比，de Bruijn 方法拥有在计算上更易处理的路径。这种方法不是通过一步就找到所有可能的重叠，而是首先将读段切割成 *k*-mer。例如，当 *k*=3 时，读段序列 ATTACGTCGA 可以被切割成一系列 *k*-mer：ATT、

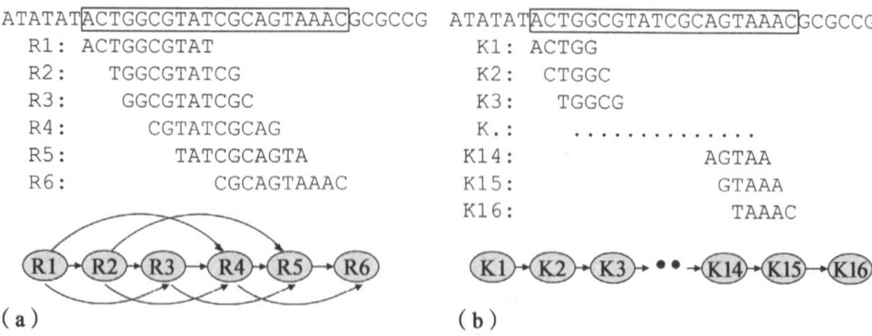

图 10.3 OLC（a）和 de Bruijn（b）方法进行基因组从头组装的比较。在 OLC 的示例中，展示了 6 条测序读段（R1~R6）在基因组中的位置，每条读段长度为 10bp，并且它们之间的重叠部分设置为≥ 5bp。按照重叠情况进行排列。OLC 图显示在底部，许多节点具有多个输入或输出连接。在 de Bruijn 的示例中，读段被切成一系列 *k*-mer（*k*=5）的小片段。总共有 16 个这样的 *k*-mer，按照重叠情况，将 *k*-mer 进行排列。利用该方法构建的 de Bruijn 图在底部展示。与 OLC 图中的节点不同，该图中的大多数节点只有一个输入和一个输出连接［引自 Z Li，Y Chen，D Mu，J Yuan，Y Shi，H Zhang，J Gan，et al.，Comparison of the two major classes of assembly algorithms：Overlap-layout-consensus and de-Bruijn-graph，*Briefings in Functional Genomics* 2012，11（1）：25-37］。

TTA、TAC、ACG、CGT、GTC、TCG 和 CGA。然后使用这些 *k*-mer 作为 de Bruijn 图中的顶点。连接两个节点的边缘表示这两个节点的集合。例如，连接 ATT 和 TTA 的边缘的是 ATTA。使用 de Bruijn 方法，组装过程相当于找到至少访问每个节点的最短路径，这被称为中国邮递员（Chinese postman）问题。欧拉（Eulerian）路径（如果存在）解决了这一问题。在计算上，找到欧拉路径比为 OLC 找到哈密顿路径要容易得多。然而，这种方法的主要缺点是它对测序错误非常敏感。因此，要使用这种组装程序，必须进行测序错误修正。使用这种方法的组装软件包括 ABySS[246]、ALLPATHS-LG[254，270，271]、Euler-SR[255]、IDBA-UD[272]、SOAPdenovo[96，273]、SparseAssembler[274] 和 Velvet[245]。一些组装软件如 MaSuRCA[275]，则是将 de Bruijn 和 OLC 结合使用来提高效率。

10.3 组装骨架

组装成重叠群之后，下一步是将重叠群组装成骨架以提高其连续性，以避免它们脱节。组装骨架过程包括排序和定位重叠群，并估计它们之间的缺口距离长度（图 10.4）。骨架算法使用跨越不同重叠群的配对读段来建立重叠群之间的位置关系。

骨架算法的输入格式采用预先组装的重叠群、配对读段和通过其他测序技术

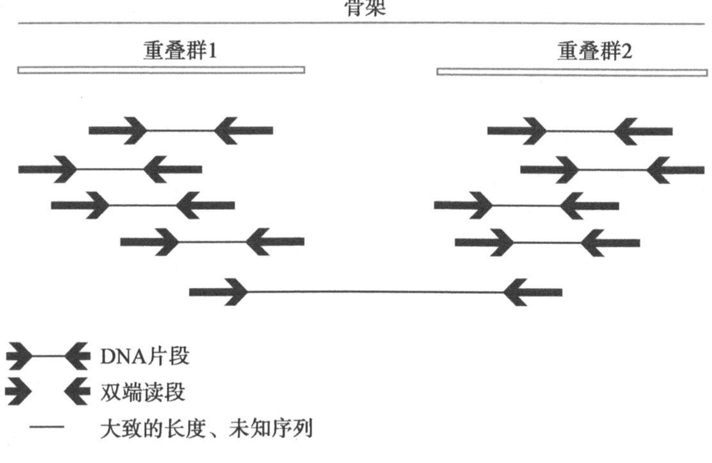

图 10.4　将重叠群组装成骨架。

产生的长读段（如 454 或 PacBio）。骨架组装过程中的第一步很重要，是将输入的配对读段和长读段定位到重叠群上。为了提高定位结果的准确性，在定位之前应该将测序错误及时校正。为了利用配对或长读段中的关键信息将重叠群组装成骨架，通常采用类似于重叠群组装过程中基于图形的方法，将重叠群作为节点并将其与配对读段（或长读段）连接作为边缘。骨架的组装质量取决于输入的重叠群质量、基因组的复杂性及配对或长读段文库的质量。骨架大小受到配对文库插入片段大小或长读段长度的限制，因为骨架不能跨越大于插入片段长度或读段长度的重复区域。

目前可用的骨架组装软件包括 Bambus2[276, 277]、Opera[278]、SOPRA[279] 和 SSPACE[280]。很多重叠群组装软件，包括 AbySS、SGA 和 SOAPdenovo2 也内置了骨架组装模块。不同的骨架组装软件性能随数据和分析参数的变化而变化。因此，决定适当的骨架组装软件之前，先尝试使用不同软件的不同参数，然后对结果进行评估（参见第 10.4 节）。在撰写本书时，SGA、SOAPdenovo2、SOPRA 和 SSPACE 在基准测试中表现良好[281]。

10.4　组装质量评估

连贯性、完整性和准确性是评估组装质量的关键指标。连续性是由组装的重叠群或骨架总数及其大小分布反映的，即组装是否由少量的大片段或大量的小片段组成。它可以通过诸如平均值或中位数长度的统计来评估，但是最常用的统计量是 N50，它是组装的重叠群或骨架的加权平均值。N50 计算方法如下：首先将所有的重叠群或骨架长度相加，获得一个重叠群或骨架总长度；然后将所有的重叠群或骨架按照从长到短进行排序，将重叠群或骨架按照这个顺序依次相加，当相加的长度达到重叠群或骨架总长度的一半时，最后一个加上的重叠群或骨架长度即为N50。

然而，总的组装大小并不能反映组装的完整性。为了确定完整性，需要将原始DNA读段与组装的基因组进行比对，计算出读段比对的百分比。来自相同物种的其他测序数据，如转录组测序数据，也可用于比对和粗略估计组装的完整性。在准确性的评估中，如果有高质量的参考基因组，则可将组装好的基因组与其进行比较。可从碱基准确性和比对准确性两方面来进行比较。碱基准确性决定了组装基因组给定位置的碱基读取是否正确，而比对准确性评估的是将序列比对在正确位置和方向的概率。然而，在许多情况下是没有参考基因组的，获得参考基因组才是组装的目标。对于这些情况，通过将原始读段与组装好的基因组进行比对，并检查整个组装基因组覆盖范围内的均匀度和一致性，这样获得的数据可作为基因组组装质量的指标。对同一物种以其他方式获得的序列（如基因组或cDNA序列）进行比较分析，也可用于基因组组装准确性的评估。关于组装质量评估的软件实现方面，目前可用于进行上述评估并比较不同的重叠群和骨架组装算法及设置的软件数量很有限，如QUAST[282]。

10.5 补齐缺口

完成基因组从头组装的最后阶段是补齐重叠群之间的缺口。实现这一目标的标准方法是采用PCR，首先使用两个相邻重叠群末端的特异引物对缺口区域进行扩增，然后对扩增产物进行测序。如果缺口的数量很大，那么PCR扩增的方法费时费力且成本很高。另一种方法是使用缺口填补软件，如IMAGE[283]、GapFiller[284]或一些组装软件（如SOAPdenovo）中的缺口填充模块，这些软件能够利用缺口区域生成的配对读段来缩小缺口。例如，IMAGE在缺口区域通过目标重组装过程来创建新的重叠群，不断填充整个缺口（图10.5）。首先收集与重叠群末端能比对上的读段来创建延伸到缺口区域的新的重叠群，然后将新的重叠群组装到已有的骨架中。不断重复上述过程，直到整个缺口被补齐。

10.6 局限性与未来的发展

大多数NGS系统产生的短读段限制了基因组的从头组装，加之其他因素（包括测序误差、重复区域和覆盖度不均匀）导致了基因组组装的模糊性、假阳性、分支路径和重叠群延伸提前终止，这都限制了组装序列的完整性。因此，组装出的序列通常是片段化的，并且存在大量不理想的重叠群。由于嵌合连接的影响，

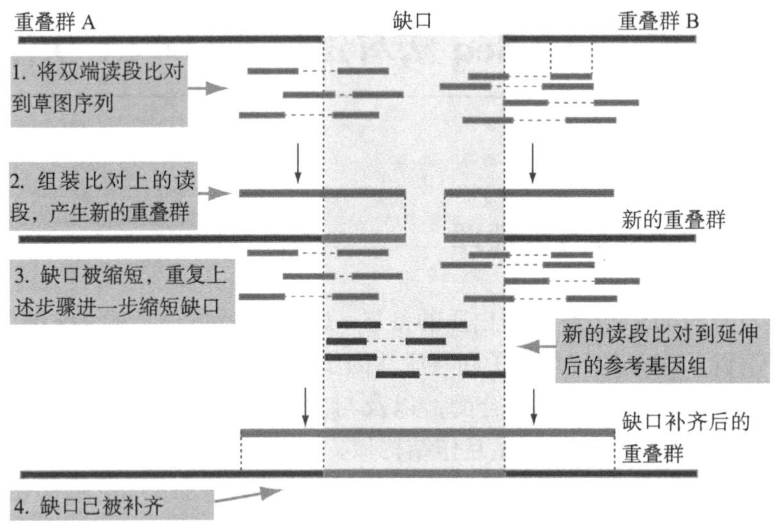

图 10.5 利用 IMAGE 补齐缺口流程。（引自 From IJ Tsai，TD Otto，M Berriman，Improving draft assemblies by iterative mapping and assembly of short reads to eliminate gaps，*Genome Biology* 2010，11：R41. 根据 *The Creative Commons Attribution License* 引用，http://creativecommons.org/licenses/by/2.0，© 2010 Tsai et al.）

某些（有时很多）重叠群组装是错误的。此外，组装的重叠群之间的缺口区域可能也不能被完全补齐。为了克服这些缺陷，提高组装质量，使用参考基因组（甚至亲缘关系比较远的物种的基因组）是非常有帮助的。当双端读段组装成的骨架信息不可用时，参考基因组则可起到有效的辅助作用。随着基因组测序数量的迅速增加，使用参考基因组提高组装质量变得越来越可行。已有一些软件可提供类似的功能，如 AlignGraph[285] 和 RACA[286] 等专门的软件，或者是一些组装软件中的部分组件，包括 ALLPATHS-LG、IDBA-Hybrid 和 Velvet。

随着三代测序技术的发展，产生了越来越长的测序读段，基因组从头组装的前景必将改变。与此同时，为了进一步克服短读段所造成的限制，NGS 业界的研究人员已经设计出了新的解决办法。例如，利用分层次测序方法来提高大型复杂基因组的组装质量。在这种方法中，基因组首先被分成少量大的重叠片段，每个片段构建不同的测序文库，将每个文库的读段组装成重叠群，然后将不同文库组装的重叠群合并，并与骨架连接。这种分层次测序方法可使每个文库内的序列复杂度显著降低，最终明显提高组装质量。基于鸟枪法测序产生的短读段，只有通过巧妙的方法才能克服短读段对后续基因组组装带来的限制。

（韩 瑶 译）

11 用 ChIP-Seq 法对蛋白质 -DNA 互作定位

11.1 ChIP-Seq 的原理

如果没有与 DNA 互作的蛋白质的参与，DNA 编码的信息就无法被访问、转录和维护。除了大量的转录因子和共激活因子之外，关键 DNA 互作蛋白包括组蛋白、DNA 聚合酶与 RNA 聚合酶，以及与 DNA 修复和修饰（如甲基化）有关的各种酶。通过它们的 DNA 互作结构域，如螺旋 - 转角 - 螺旋、锌指和亮氨酸拉链结构域，这些蛋白质通过氢键、疏水互作或碱基堆积与它们的靶向 DNA 互作。鉴于 DNA 与这些蛋白质之间的密切关系对基因组功能意义重大，因此解析蛋白质和 DNA 如何互作及 DNA 与互作蛋白质结合的位置，可以为研究这些蛋白质在基因组功能方面（包括信息暴露、转录和维持）的作用提供关键信息。

ChIP-Seq 是基于新一代测序的技术，用于定位基因组中 DNA 互作蛋白的结合位点。ChIP-Seq 的典型应用就是研究不同条件下（如发育阶段或病理状况）基因组中转录因子的结合模式。为达到此目的，首先将感兴趣的蛋白质在化学试剂（通常为甲醛）的作用下与细胞中的 DNA 共价交联（图 11.1）。然后将细胞破碎，随后进行超声处理或酶消化，染色质被剪切成含有 100~300bp 的 DNA 片段，再用蛋白质特异性抗体进行免疫沉淀，用其结合的 DNA 富集靶蛋白。最后将富集的蛋白质 -DNA 复合物分离，释放出 DNA 片段进行 NGS 测序。ChIP-Seq 方法中的一个关键因素是富集时使用的抗体质量，因为使用质量较差的抗体可能导致 DNA 片段的非特异性沉淀。

基于结合区域大小，DNA 互作蛋白质可以分为以下 3 类。

- 点状结合：这些蛋白质通常是转录因子，结合到几百个碱基对或更小的基因组区域。
- 广泛结合：化学修饰的组蛋白或与染色质结构域相关的其他蛋白质结合到基因组的大部分区域，达到数十万个碱基对。
- 混合或间接结合：这些蛋白质包括 RNA 聚合酶Ⅱ等，其结合到几千个碱基对的基因组区域。

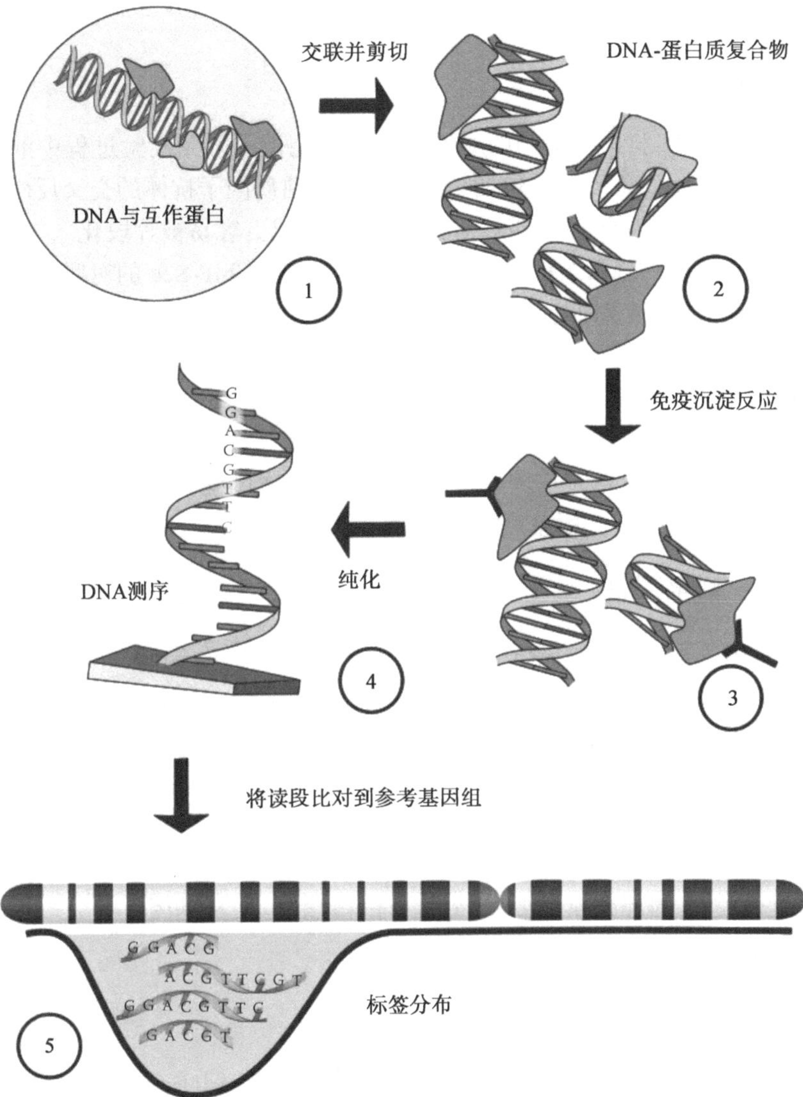

图 11.1　ChIP-Seq 基本步骤。［引自 Szalkowski A M，Schmid C D，Rapid innovation in ChIP-seq peak-calling algorithms is outdistancing benchmarking efforts，*Briefings in bioinformatics* 2010，12（6）：626-633. 经许可。］

11.2 实验设计

11.2.1 实验对照

为 ChIP-Seq 实验选择适当的对照是消除可能被引入到实验过程中的假象或偏差的关键。这些假象和偏差包括与非特异性蛋白质因子抗体的交叉反应、来自开放染色质区域的较高信号（因为它们比封闭区域更容易被片段化）、以及因碱基组成变化而引起的基因组捕获区域的测序不均匀。ChIP-Seq 的对照通常有两种类型：一种是总 DNA 对照，即从细胞或组织中提取的染色质，进行相同的交联和破碎过程，但不进行免疫沉淀反应；另一种是阴性对照，通过相同的程序进行处理（包括免疫沉淀），但使用无关抗体（如 IgG）进行免疫沉淀。后者看起来是更合适的对照，但是这种对照产生的 DNA 比实际的 ChIP 样本少得多。虽然在这种情况下可以将 DNA 扩增后再测序，但是扩增过程会增加另外的假象和偏差，因此在很多情况下使用总 DNA 作为实验对照。

11.2.2 测序深度

ChIP-Seq 实验获得的读段数量取决于基因组的大小及基因组中目标蛋白结合位点的数量。当达到足够的测序深度时，蛋白质结合位点的数量随着读段的增加而达到平稳期。一般来说，对于分析具有成千上万个结合位点的哺乳动物转录因子，2000 万读段可能就足够了。对于小基因组物种，更少的读段就足够了，但以更高的频率或更大的“足迹（footprint）”结合基因组的蛋白质则需要更多的读段。为了定位这些蛋白质的结合区域，对于类似人类基因组规模的物种可能需要 6000 万读段 [287]。对照样本需要较高的测序深度，以便从基因组的大多数区域获得背景信号。

11.2.3 重复

为了检测 ChIP-Seq 实验的可重复性以降低假阳性（false discovery rate），应进行生物学重复。如果感兴趣的蛋白质以高亲和力结合基因组某个区域，则应在重复样本中鉴定该结合区域。如果在重复实验中该现象未被发现，则可能是由实验误差引起的。生物学重复之间的 Pearson 相关系数（Pearson correlation coefficient）作为实验可重复性的检测指标，也可以用不可再现的发现率（irreproducible discovery rate）来表示。PCC 和 IDR 的计算和使用将在本章后面进行详细介绍。

11.3 读段定位、峰值确定与峰值可视化

11.3.1 数据质控与读段定位

ChIP-Seq 数据分析（图 11.2）的第一步是评估读段质量。第 5 章中详细介绍的 QC 指标都需要进行检测。如果需要，低质量的读段和低质量的碱基都需要被过滤和修剪掉。确定 ChIP-Seq 数据质量的其他方面包括评估文库的复杂程度和实验的可重复性。文库复杂程度的评估很重要，因为由有限的起始材料、过度交联、抗体质量低及聚合酶链反应（PCR）过度扩增而引起的低复杂度文库可能导致读段分布偏差。可以用诸如 Preseq [288] 等软件或使用 PCR 瓶颈系数（PCR bottleneck coefficient）来检测文库的复杂性，定义为 N1/Nd 的值，N1 是非冗余唯一比对的读段数量，Nd 是唯一比对读段的数量。PCR 瓶颈系数（PBC）由 ENCODE 软件（http://www.encodeproject.org/software/）的一个组分“phantompeakqualtools”来计算。除了计算 PBC 外，该软件还可以评估其他质量指标，如均一化链互相关（normalized strand cross-correlation，NSC）和相对链互

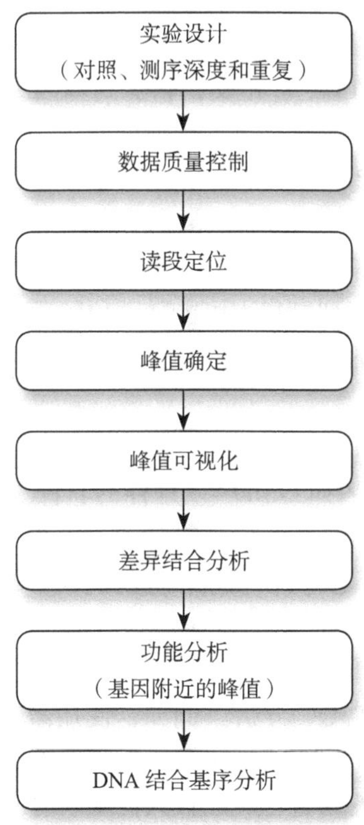

图 11.2 ChIP-Seq 数据基本分析流程。

补相关系数（relative strand cross-correlation coefficient，RSC）（NSC 和 RSC 将在 11.3.2 节中进一步讨论）。实验的可重复性评估通常通过分析 IDR（irreproducible discovery rate）来进行，IDR 可以使用 ENCODE 软件来计算。

通过 ENCODE 软件评估文库的复杂性和实验的可重复性，或使用其他 ChIP-Seq 质控软件，如 CHANCE[289]，都需要将经过过滤（或修剪）的读段比对到参考基因组。此比对过程可以使用第 5 章中所述比对软件，包括 Bowtie、BWA 和 SOAP。在比对过程中是否使用多重读段（multiread），即可以定位到多个基因组区域的读段，直接影响后续结合位点检测的灵敏度和特异性。多重读段可能代表背景噪声，如果属实，应该在后续分析中将其排除，但它也可能代表位于重复序列或重复区域的真实信号。不排除的话，可以提高敏感性，但会产生更高的假阳性。排除的话，可以提高特异性但有丧失真实信号的风险。因此，是否排除取决于研究者优先考虑敏感性还是特异性。不考虑是否使用多读段，比对软件显示出的唯一比对读段百分比可以反映数据质量。如果该值低于 50%，则表明实验过程可能存在潜在问题，在数据解释时应谨慎使用。涉及结合基因组重复区域的蛋白质 ChIP-Seq 产生的唯一比对读段百分比也可能比较低。

关于 ChIP-Seq 读段比对，还值得一提的是，ChIP 是蛋白质结合的 DNA 序列的富集而不是纯化。因此，通常从背景噪声中产生的读段比从结合区域中产生的读段多。利用对照样本可以凭经验确定背景噪声。观察到的背景噪声并不是如预期那样随机分布的（图 11.3）。相反，它受到基因组不同区域中可比对上的读段密度和局部染色质结构的影响（例如，如前所述，开放染色质结构产生更多背景读段）。ChIP-Seq 样本中的真实结合信号通常叠加在背景噪声上。在没有对照样本的情况下，虽然可以通过 ChIP-Seq 本身的数据模型来估计背景噪声，但这种估计不能完全捕获背景噪声的固有复杂性，因此实验对照的设置非常重要。更复杂的情况是蛋白质结合序列富集也可能随着位置而变化。每个位置的富集程度不一定反映其生物学功能的重要性。例如，富集程度较低的区域可能与富集程度最高的区域一样重要。

在比对之后，可以用 PCC 检查重复样本之间的再现性和不同样本之间的总体相似性。PCC 可以使用诸如 GMD [290] 这样的软件工具对每个基因组位置的样本读段进行计算。在这个计算中，应该排除两个样本中没有信号的区域，因为它们会导致对 PCC 的估算过高。对于重现性高的实验中的重复样本，PCC 的水平应为 > 0.9。对于不相关的样本，通常为 0.3~0.4。对于运算成功的程序，重复样本之间的 PCC 应该远高于 ChIP 和其对照样本之间的 PCC。除了 PCC 和其他上述 QC 检测，还可以进行其他 QC 分析。例如，使用第 5 章中介绍的可视化工具，对基因组中比对读段的分布运行可视化可以提供有关数据质量的进一步线索。当感兴趣蛋白质的一些特异的结合区域已被人们知晓时，更是如此。与对照样本相比，ChIP 样本的测序读段应在这些区域显示强聚类。

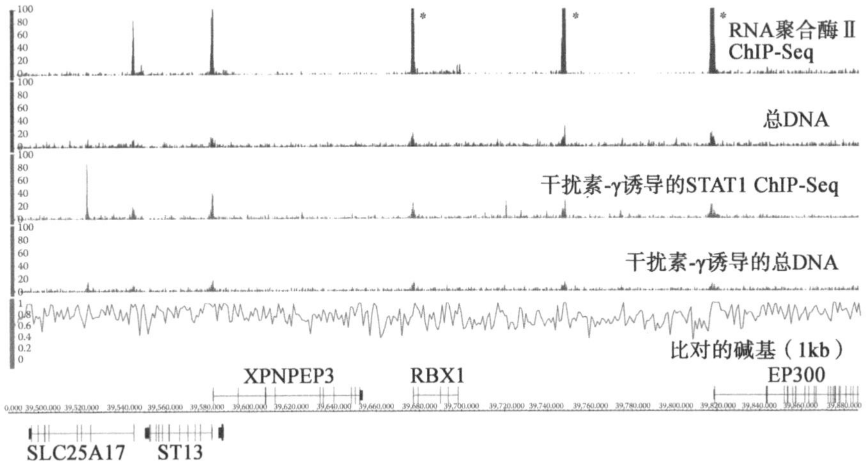

图 11.3　背景噪声和 ChIP-Seq 实验中的信号图谱。图中显示了 RNA 聚合酶Ⅱ和转录因子 STAT1（由上往下 1 和 3 图）在人类 22 号染色体的一个区域中比对读段的密度。在该区域有两个基因显示在底部。由上往下 2 和 4 图显示了两种蛋白质相应的总 DNA 对照的比对读段分布。应当注意的是，蛋白质图中的一些峰值也存在于其对应的总 DNA 对照中。5 图显示唯一比对碱基的分布。[引自 Rozowsky J，Euskirchen G，Auerbach R K，et al.，PeakSeq enables systematic scoring of ChIP-seq experiments relative to controls. *Nature biotechnology* 2009，27（1）：66-75. 经许可。]

11.3.2　峰值确定

峰值确定，即查找感兴趣蛋白质所在基因组区域的过程，是 ChIP-Seq 数据分析的关键步骤。它通过定位显著高于背景水平的比对读段区域来获得。峰值确定的最简单的方法是计算基因组比对读段的总数，并将每个位置超过阈值的比对读段作为峰值。由于 ChIP-Seq 信号产生的固有复杂性，包括不均匀的背景噪声和其他复杂的实验因素，上述方法过于简单。在实验因素中，免疫沉淀的 DNA 片段在大多数平台上测序的方式对峰值的确定有直接的影响。由于读段通常很短，因此只有片段的一端或两端而不是整个片段被测序。为了定位由免疫沉淀的 DNA 片段与靶蛋白的结合区域，峰值确定算法需要进行读段的扩展或移位以覆盖实际的结合区域。例如，PeakSeq 扩展了 3′ 方向的每个比对读段，以达到 DNA 片段的平均长度[292]。Kharchenko 等[300]使用一种策略来使读段偏移后，再比对到两条互补的链上（图 11.4）。

图 11.4 所示的读段移位方法和链互补相关模型也可用于评估 ChIP-Seq 数据质量。当使用短读长（通常少于 100 个碱基）来分析大的目标基因组时，通常会导致大量读段被比对到多个基因组位置，所以在等于读段长度的移位处也存在“幻影”峰值[301]（图 11.5）。如果测序是成功的，则片段长度 ChIP 峰值应显著高于读段长度“幻影”峰值及背景信号。上述 ENCODE 软件的模块

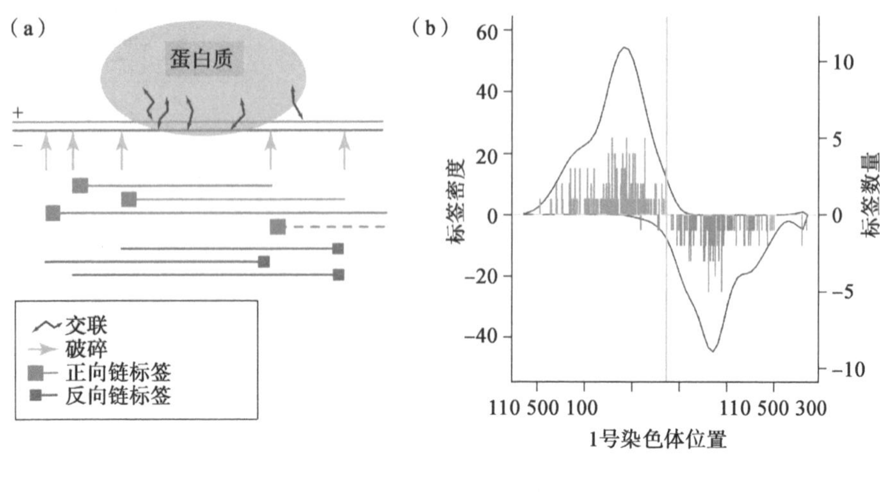

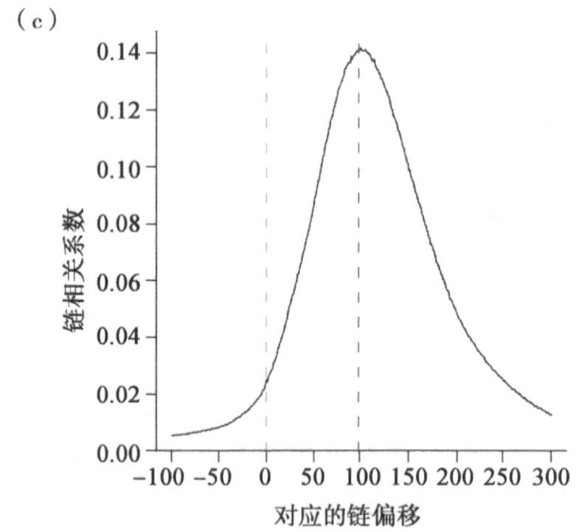

图 11.4 实际结合区域周围 ChIP-Seq 读段分布和它们在两条 DNA 链上的位置偏移。(a) ChIP-Seq 如何从交联和片段化的 DNA 中产生。蛋白质和结合 DNA 之间的交联可以发生在不同的位点，DNA 的断裂也是如此。每个片段在其 5′ 端的读段由正方形表示。作为每个片段的序列标签，这些读段根据它们来自哪个链，在这条链两侧的实际结合区周围聚集。虚线表示来自长交叉链接的片段。(b) 序列标签信号在结合区域周围的分布。垂直线段表示序列标签的计数，其 5′ 端读段正向链和反向链上的每个核苷酸位置（分别显示为正向和反向）。实曲线表示沿着每条链的标签密度。由于两条曲线从两侧接近结合位点，它们的峰值之间存在间隙。(c) 链相关系数与链偏移的关联。在链偏移之前，计算两条链标签密度之间的 Pearson 相关系数。当比对到两条链的序列标签相对彼此移位（在 x 轴上显示）时，Pearson 相关系数逐渐变化（y 轴）。x=0 处的虚线对应于移位之前的链相关系数，而峰值处的虚线对应于 DNA 片段平均长度的链偏移处的最高相关系数。[引自 Kharchenko P V，Tolstorukov M Y，Park P J，Design and analysis of ChIP-seq experiments for DNA-binding proteins，*Nature biotechnology* 2008，26（12）：1351-1359. 经许可。]

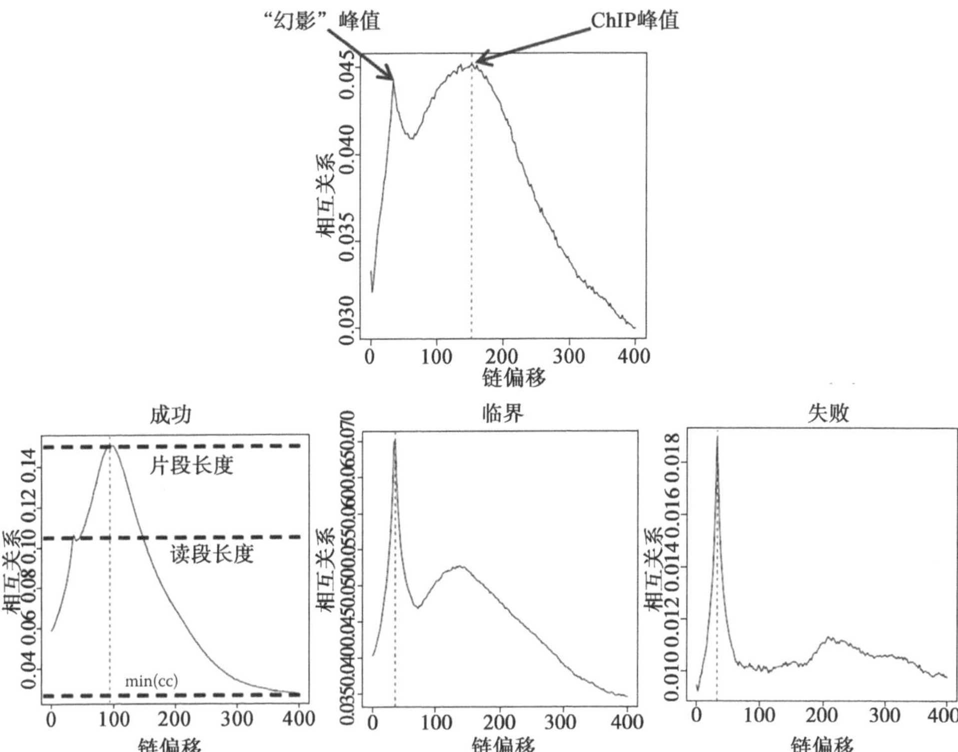

图 11.5　"幻影"峰值及其在确定 ChIP-Seq 数据质量方面的应用。"幻影"峰值对应于读段长度的链偏移处的相关系数，而 ChIP 峰值对应于平均 DNA 片段长度偏移处的相关系数。一个成功的运算存在一个主要的 ChIP 峰值和一个非常弱的"幻影"峰值。在临界或失败的运算中，ChIP 峰值减弱，而"幻影"峰值相对变强。[引自 Landt S G，Marinov G K，Kundaje A，et al.，ChIP-seq guidelines and practices of the ENCODE and modENCODE consortia，*Genome research* 2012，22（9）：1813-1831. 略有改动，经许可。]

"phantompeakqualtools"提供了两个标签链互补相关的指标：① NSC，片段长度峰值相对于背景的相关系数比值；② RSC，片段长度峰值上背景校正的相关系数与幻影峰值的比值。

将偏移读段比对到正中心的正负线，或扩展读段以达到平均片段长度，以便统计聚合读段在每个碱基对的位置，这是峰值确定的第一步。如图 11.6 所示，峰值确定涉及多个步骤。首先，通过调整每个染色体上的聚合读段计数来创建信号轮廓。随后，需要定义背景噪声，并且需要调整基因组的信号。一个简单的方法是从基因组信号中减去对照样本中的读段数（如果存在），或者使用信噪比。在没有对照样本的情况下，背景噪声可以使用泊松或负二项式分布来进行建模。即使有对照数据可用，有些峰值确定也可使用建模来模拟初始步骤背景。例如，PeakSeq 利用第一步的背景建模来识别潜在的结合区域。在第二步中，为了使用对照数据更准确地调整背景，需排除最初识别的潜在结合区域中的读段，并将 ChIP-Seq 样本中基因组剩余部分的读段数据通过线性回归归一化为对照[292]。一些其他峰值确定软件，如 MACS[293] 和 CisGenome[294]，使用类似的方法利用对照数据进行背景调整。

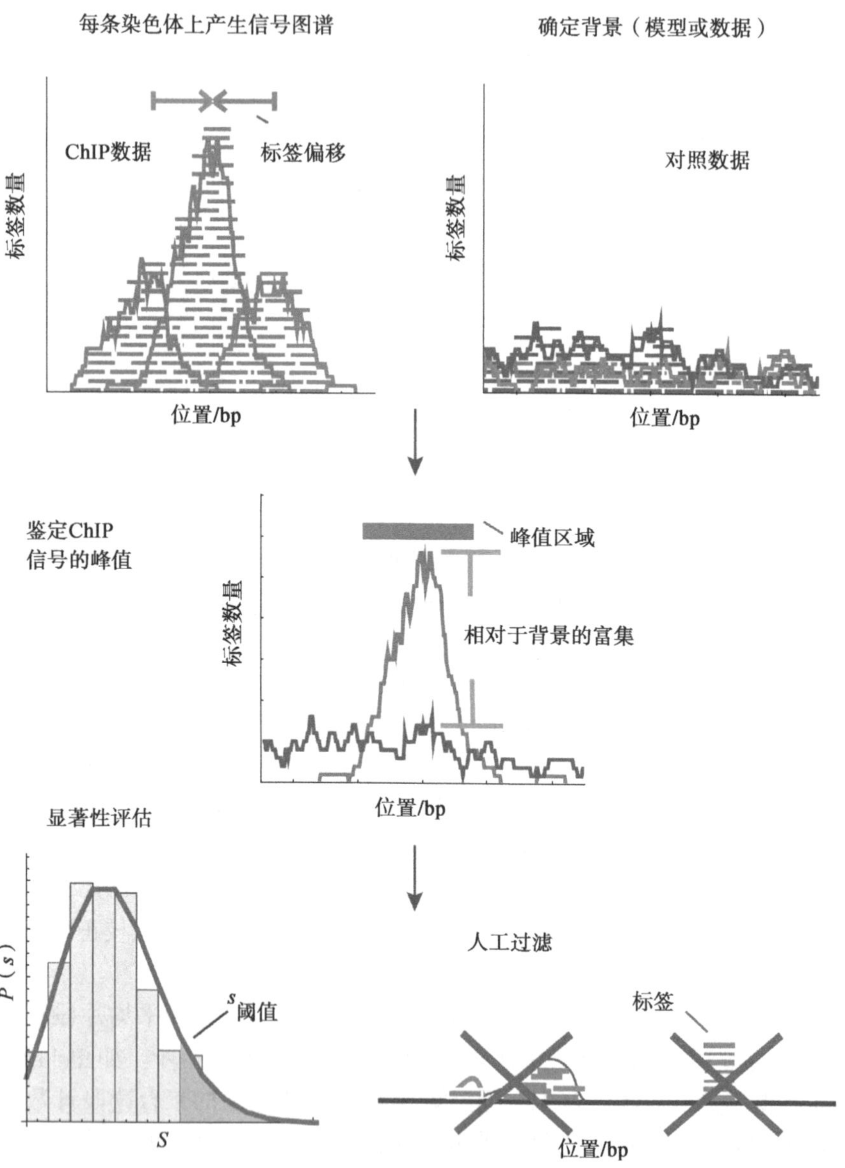

图 11.6　从 ChIP-Seq 数据确定峰值的基本步骤。左下角的 $P(s)$ 表示观察到的某个位置被 S 比对读段覆盖的概率，s_{thresh} 标记用于确定峰值显著性阈值。右下方显示两种类型可能的人为造成的峰值：单链峰值和基于大多数复制读段（duplicate read）的峰值。（引自 Pepke S，Wold B，Mortazavi A，Computation for ChIP-seq and RNA-seq studies，*Nature methods* 2009，6：S22-S32.）

从背景调整后的 ChIP-Seq 信号中确定峰值的方法一般包括绝对信号强度和背景噪声相关的信号富集（如图 11.6 所示），或将这两种方法相结合。为了便于确定信号富集，通常使用泊松或负二项式分布来计算统计学上的显著性。可通过对照数据（即假阳性）首先确定峰值，然后计算对照确定的峰值与 ChIP 样本中确定的峰值之间的比率来进行 FDR 经验估计。峰值确定之后，需要过滤掉人为因素造成的峰值，包括可能由 PCR 扩增偏好性引起的只包含一个或几个的读段，或者两条链上读段数量不平衡的峰值（图 11.6）。

有很多不同的方法可实现峰值确定，这可能导致最终结果的差异。表 11.1 列出了一些目前可用的峰值确定方法。比较常用的有 PeakSeq、MACS/MACS2、HOMER（findPeaks 模块）[302] 和 SPP[300]。如前所述，利用 PeakSeq 进行峰值确定有两个过程。基于 ChIP-Seq 样本中富集倍数的计算与对照相比，通过对读段富集的结合区进行评估来确定峰值，并且通过二项分布来计算与每个富集目标区相关联的统计学显著性。MACS/MACS2 方法是最早开发的方法之一。它通过使用对照数据和局部统计数据来减少分析偏差，并生成经验性 FDR。HOMER 中的 findPeaks 模块基于在某些区域发现更多的测序读段比预期概率更高的原则。SPP 是用于分析 Illumina 生成的 ChIP-Seq 数据的 R 包。它计算基因组读段富集曲线，并识别与输入对照相比显著富集的位点。

表 11.1　ChIP-Seq 峰值确定计算程序

名称	描述	参考文献
CCAT	旨在识别弱的 ChIP 信号	303
CisGenome	具有多方面的交互式分析和定制批量模式计算	294
E-RANGE	一个用于 ChIP-Seq 和转录组测序数据分析的 Python 包	304
F-Seq	生成连续的基因组序列密度数据，以便易于可视化和注释	305
GLITR	使用分类来识别具有峰值高度和倍数化的区域	306
HOMER（findPeaks 模块）	根据某些区域中发现的测序读段比预期的概率高的原则来确定峰值	302
MACS/MACS2	经验性地模拟 ChIP-Seq 读段长度以改善峰值预测，使用动态泊松分布	293
PeakSeq	基于双向策略来弥补开放染色质信号	292
PeakRanger	使用分阶段的算法来发现富集地区和其中的峰值	307
QuEST	基于核密度估计的统计框架	308
RSEG	特别开发用于定位与组蛋白标记相关的基因组区域	309
SICER	使用聚类方法从组蛋白修饰 ChIP-Seq 数据中鉴定富集的结构域	310

续表

名称	描述	参考文献
SiSSRs	使用读段方向和密度及平均 DNA 片段长度来鉴定结合位点	311
SPP	包括结合模式归一化、峰值检测和对读段深度的估计以实现峰值饱和	300
Useq	以经验算法减少假阳性并估计 ChIP-Seq 峰值的置信度	312
ZINBA	与背景或真实信号有关的因素模型和报告	313

为了确保分析结果的稳定性，建议使用多种方法进行峰值确定。IDR 通常用于测量不可重复的发生率，即在一个样本中可确定，在另一个重复样本检测不到的发生率。尽管如此，IDR 也可用于比较不同方法产生的峰值确定结果。使用原始 IDR 评估重复性是基于高显著性峰值是否在重复中一致出现，因此具有比低显著性更好的再现性。如图 11.7 所示，利用 IDR 比较在两个重复中确定的峰值。由于 IDR 计算依赖于高显著性（更高的可重复性）和低显著性（更低的可重复性）峰值，因此需要放宽峰值确定的严格性以允许生成高和低置信度的峰值。图中由可靠信号逐渐转变为噪声信号是整体实验可重复性的指标。由于 IDR 独立于任何特定的峰值确定方法，因此可以应用于比较不同峰值确定方法对特定数据集的性能，有助于选择最合适的方法（图 11.8）。IDR 也可用于评估实验及实验环境的可重复性。

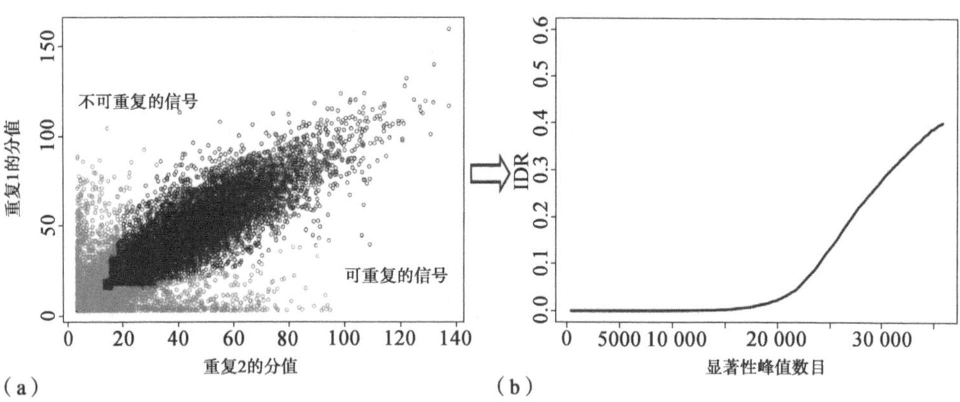

图 11.7　使用 IDR 来评估可重复性。（a）在两个重复实验中确定峰值的显著性分布。IDR 方法计算每个峰值不可重复的概率，并将其分类为可重复（黑色）或不可重复（灰色）。（b）当峰值按最初的显著性排序时，IDR 处于不同的等级阈值。[引自 Bailey T，Krajewski P，Ladunga I，et al.，Practical guidelines for the comprehensive analysis of ChIP-seq data，*PLoS Comput Biol* 2013，9（11）：e1003326.]

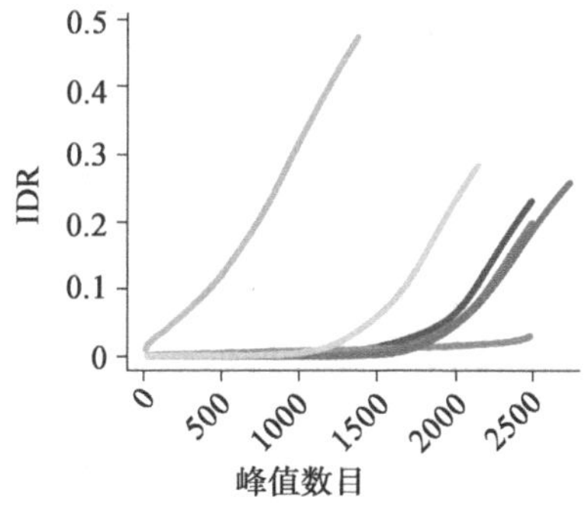

图 11.8　使用 IDR 评估 6 个高峰确定的表现。[引自 Chen Y，Negre N，Li Q，et al.，Systematic evaluation of factors influencing ChIP-seq fidelity，*Nature methods* 2012，9(6)：609-614. 经许可。]

对于特定基因组结合位点的蛋白质，峰值读段（或 FRiP）分数是免疫增强和 ChIP-Seq 数据质量的指标。通常只有一小部分读段可比对到峰值区域，大多数读段仅代表背景。ENCODE 将峰值确定的可接受 FRiP 的最小值设置为 1%，作为 MACS 的默认参数。由于它们可能随不同峰值确定和参数的使用而变化，FRiP 值必须使用相同的参数并由相同的算法导出，以使它们在样本或实验之间具有可比性。

11.3.3　峰值可视化

基因组背景中的可视化峰值可以识别重叠或附近的功能元素，从而促进峰值注释和数据解释。许多峰值确定软件可生成包含峰值染色体位置的 BED 文件、WIG 和 bedGraph 文件，所有这些文件可以上传到基因组浏览器以进行峰值可视化。检查基因组浏览器中的峰值区域，并与其他数据 / 注释进行比较，可以识别相关的基因组特征，如启动子、增强子和其他调节区。BEDTools 也可以应用于探索峰值和其他基因组标记（如附近的蛋白质编码或非编码基因）之间的关系。

11.4　不同的结合点分析

DNA 互作蛋白与其靶基因区域的结合是一个定量过程，也就是说，它们在不同条件下以不同的速率占据这些区域，这与区域的可结合性、是否存在其他蛋白伴侣及其他调控结合的因素有关。差异结合分析解决了目标蛋白如何在不同条件下改变其 DNA 结合模式的问题。这种分析有两种不同的方法，一种是定性的，另一种是定量的。定性方法比较了不同条件下的峰值，并将其分为“共享的”和“独特的”[316]。这种方法很简单，但无法对峰值确定过程中生成的信息进行定量，因此可用于差异结合的粗略初始估计。定量方法是基于对峰值区域读段数或读段密度的分析。这类似于转录组测序的差异表达分析，需要将数据均一化来调整与生物因子无关的系统偏差。比较两种或更多种的 ChIP-Seq 样本时，这种偏差包括免疫沉淀效率和测序深度。

类似于转录组测序的均一化数据，调整测序深度是最简单的方法。在这种方法中，通过将每个样本的比例因子乘以相同的目标水平，如利用样本中的中位数或最低总读数，来调整不同采样中的总读数。该方法的前提是假设在不同的实验条件下，目标蛋白的结合位点的总数保持不变。虽然这种方法简单直观，但并未考虑在不同样本中经常观察到的信噪比差异。如果一个样本中噪声较大并且包含更多的背景读段，则这些读段在不表示真实信号的情况下仍然被计入总读取数。这种情况将导致均一化数据的偏差。

目前有几种可用的均一化方法考虑了样本之间的信噪比变化问题。例如，diffReps 中使用的均一化过程首先识别和去除低读段数（主要是背景噪声）的区域[295]。随后的均一化基于剩余区域，利用与 DESeq 类似的线性过程。另一种类似的方法只使用比对到峰值的读段。在这种经过修改的基于测序深度的均一化方法中，以比对到峰值区域的总读段数作为计算每个样本比例因子的基础[296]。使用这种方法，均一化的峰值信号被计算为原始峰值序列读段数，即：

$$Z_{i,\ j}=\frac{X_{i,\ j}}{\sum_{j=1}^{N} X_{i,\ j}}$$

式中，$Z_{i,\ j}$ 和 $X_{i,\ j}$ 是样本 i 和峰值 j 的均一化和原始峰值信号，N 是峰值的总数。

之前针对芯片数据开发的均一化方法也适用于 ChIP-Seq 数据。MAnorm 利用与之前针对芯片数据的 MA 绘图方法类似的非线性均一化过程[297]。ChIPnorm 使用分位数均一化的改良版本[298]。ChIP-Seq 数据的局部加权回归（LOESS）均一化方法[299]与应用于 cDNA 芯片数据均一化的 LOESS 程序相似。所有这些方法都认为靶蛋白的整体结合特征在不同条件下没有差异。

除了之前介绍的所有均一化方法，合理的实验设计和稳定的实验流程可以最大限度地减少不同样本和组间的数据变异，从而降低后期均一化的难度。例如，使用相同的实验程序和参数（如相同的抗体、同一个操作者），并一次性处理所有样本，使样本与样本的变异性最小化。这样的简单均一化方法已经足够了。

由于基于 ChIP-Seq 差异结合的定量分析与基于转录组测序的差异表达分析相似，因此可以应用 edgeR 和 DESeq 等软件进行 ChIP-Seq 差异结合分析。表 11.2 列出了为 ChIP-Seq 差异结合分析而设计的一些软件包。转录组测序的差异表达分析软件包是在某些假设下设计的，因此用户需要了解这些假设，并确保在使用这些软件之前实现这些假设。例如，DIME 软件的假设是大部分峰值是常见的。

表 11.2　用于 ChIP-Seq 差异结合分析的软件包

名称	描述	参考文献
ChIPComp	差异结合分析考虑了对照、信噪比、重复和多因素实验设计	317
ChIPDIff	基于隐马尔可夫模型的组蛋白差异标记分析	318
ChIPnorm	进行差异结合位点识别的分位数均一化	298
ChromaSig	执行无监督学习，以确定多个实验中染色质修饰的显著模式	319
DBChIP	使用转录组测序差异表达方法在多个条件下鉴定差异结合的位点	320
DiffBind	使用转录组测序软件包 edgeR 和 DESeq 中的统计检测来处理峰值集并识别差异区域	321
diffReps	检测和注释染色质差异修饰热点	295
DIME	使用有限指数正态混合模型的差异结合分析	322
Manorm	在定量比较之前，进行基于 MA 的均一化	297
MMDiff	采用多变量非参数方法来检测差异结合	323

11.5　功能分析

通常，利用 ChIP-Seq 收集的数据是为了了解基因表达调控和相关生物学功能。为了进行功能分析，首先将峰值分配到附近的基因。虽然有关哪些基因应该分配给哪些峰值是有争议的，但直接的方法是将其分配给最接近的基因。一旦将峰值分配给靶基因，就可以进行 ChIP-Seq 和基因表达数据的综合分析（稍后再进行具体叙述）。此外，基因本体（GO）、生物学途径、基因网络或基因富集分析可以使用第 7 章所述的类似方法进行。在进行这些基因功能分析之前，还应该考虑由于峰值存在与基因长度呈正相关，因此峰值与基因分配过程受基因组大小的影响。此外，基因大小在不同功能注释（如 GO 类别）中的分布是不均匀的。为了解决由不同基因组大小引起的问题，应使用调整基因大小影响的方法，如 ChIP-Enrich [324]。

11.6　基序分析

ChIP-Seq 数据分析的目标之一是鉴定感兴趣蛋白的 DNA 结合基序。DNA 结合基序通常由共有序列表示，或更准确地表示位置特异性频率矩阵。图 11.9（a）显示了这样的 DNA 结合基序的实例，该基序（motif）由之前介绍的转录因子 NRF2 结合（参见第 2 章）。为了识别来自 ChIP-Seq 数据的基序，所有峰值序列都需要组装并进入多个基序搜寻软件。一些常用的基序搜寻软件有 Cistrome [325]、Gibbs 基序取样器（CisGenome 的一部分）、HOMER（findMotifs

模块）、EME-ChIP [326]、QuEST [308]、RSAT 峰图案 [327] 和 ChIPMunk [328]。基序搜寻阶段通常以一个或多个基序结束，其中一个是靶蛋白的结合位点，另一个是其伴侣的结合位点。可以将所发现的基序与当前已知的基序进行比较以检测相似性，找到与其他基序的关系。用于基序比较的工具包括 STAMP [329] 和 Tomtom [330]。CentriMo [331] 等工具还可以进行基序富集分析，检测在峰值区域中是否富集其他已知基序。最后，通过 FIMO [332] 等工具进行基序扫描和比对，可以显示 ChIP-Seq 峰值区域中发现的基序。有一些软件具有基序分析的功能，如 MEME 中的 MEME-Chip、Tomtom、CentriMo 和 FIMO（http://meme-suite.org）。

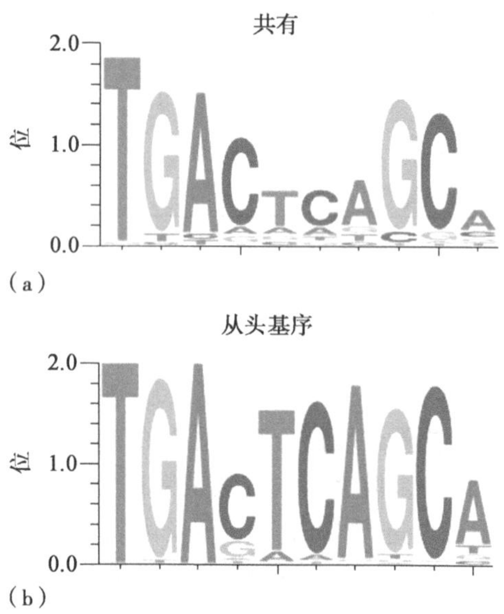

图 11.9　转录因子 NRF2 的共有 DNA 结合基序。（a）目前已知的 NRF2 结合基序。（b）使用 NRF2 ChIP-Seq 数据的从头基序分析结果。（引自 Chorley B N，Campbell M R，Wang X，et al.，Identification of novel NRF2-regulated genes by ChIP-Seq：influence on retinoid X receptor alpha，*Nucleic acids research* 2012：gks409. 经许可。）

11.7　整合 ChIP-Seq 数据分析

由于基因组功能在很大程度上受到一系列 DNA 互作蛋白的协调控制，这为蛋白质生成大量 ChIP-Seq 数据集的综合分析提供了新的机会，有利于全面了解基因组和宿主细胞功能状态。这种综合分析导致了大量的染色质状态的发现，每种染色质状态都显示不同的测序基序和功能特征 [333]。这些染色质的发现是通过对大量 ChIP-Seq 数据集使用多变量隐马尔可夫模型来实现的，该数据生成了 38 种不同的组蛋白甲基化和乙酰化标记、H2AZ（组蛋白 H2A 的变体）、RNA 聚合酶 Ⅱ 及 CTCF（转录阻遏物）。除了多个 ChIP-Seq 数据集的 Meta 分析之外，

ChIP-Seq 与其他基因组学数据（如转录组测序数据）的综合分析还提供了有关基因组功能和调控的进一步信息。在各种 ChIP-Seq 研究中使用的大多数蛋白质因子是携带大量修饰标记的转录因子和组蛋白，所有这些都是基因组转录的关键调节因子。匹配 ChIP-Seq 和转录组测序数据的耦合分析增加了两种数据类型的效用，并提供了单独分析数据类型无法获得的新见解。应用贝叶斯混合模型可进行 ChIP-Seq 和转录组测序数据的综合分析 [334]。此外，还可以使用诸如 CEAS[314] 和 ChIPpeakAnno [315] 软件来研究 DNA 结合图谱和附近基因转录调控之间的相关性。

（韩　瑶　译）

12 用新一代测序进行表观基因组学和 DNA 甲基化分析

在 DNA 的核苷酸一级序列中蕴含的基因组信息，受到由 DNA 碱基的化学修饰所产生的表观基因组编码，以及诸如组蛋白等关键 DNA 互作蛋白的调节。例如，导致形成 5- 甲基胞嘧啶（5mC）的胞嘧啶甲基化是初级 DNA 代码修饰的主要手段。如第 2 章所述，DNA 甲基化通过调节基因表达和染色质重构（chromatin remodeling），在许多生物学功能，如胚胎发育、细胞分化和干细胞全能性中起着重要作用。此外，DNA 甲基化的异常模式导致了癌症等疾病的发生。DNA 甲基化分析作为表观遗传学的关键组成部分，多年来一直使用微阵列芯片（如 Illumina Infinium 450K BeadChips）进行。虽然微阵列芯片成本低并且使用方便，但由于它们的固有局限性限制了其用途，如使用预筛选的探针对基因组覆盖很有限，仅可用于少数模式生物。相比之下，新一代测序为研究多种物种的 DNA 甲基化状态提供了更为无偏好性的、系统的和便于定量的方法。本章重点介绍 DNA 甲基化测序数据的生成与分析。对于涉及组蛋白修饰的表观遗传学研究，请参阅有关 ChIP-Seq 的部分（见第 11 章）。

12.1 DNA 甲基化测序策略

由于在常规 NGS 文库构建过程中使用的 DNA 聚合酶不能区分甲基化和非甲基化胞嘧啶，因此在 DNA 文库构建过程中 DNA 甲基化形式通常不会被保留。为便于使用 NGS 技术研究 DNA 甲基化状态，通常采用两种策略，一种是基于亚硫酸氢盐转化，另一种是甲基化 DNA 富集。第一种策略采用化学转化过程，使用亚硫酸氢钠去除未甲基化的胞嘧啶。转化完成后，DNA 分子中的未甲基化胞嘧啶转化为尿嘧啶，而同一 DNA 分子中的 5mCs 因为不发生转化反应而被保留。因此，在随后进行测序时，转化后 DNA 中未甲基化胞嘧啶的测序结果为胸腺嘧啶，甲基化胞嘧啶的测序结果仍然为胞嘧啶。可以通过使用某些甲基化和非甲基化 DNA 作为对照来监测和优化该过程的效率和特异性。甲基化测序可分为不同的类型，不同类型的划分主要是根据基因组覆盖度、是否用亚硫酸氢盐转化，以及甲基化 DNA 的富集方法。

12.1.1　全基因组亚硫酸氢盐测序

顾名思义，全基因组亚硫酸氢盐测序（WGBS）分析整个基因组中的胞嘧啶甲基化水平，即进行甲基化组研究。从全基因组 DNA 中制备 WGBS 文库时，需要修改常规的 DNA 文库构建方案。例如，如果在亚硫酸氢盐转化步骤之前加入接头，则它们不能含有未甲基化的胞嘧啶，即接头序列中所有胞嘧啶都必须甲基化。在聚合酶链反应（PCR）步骤中，需要使用可以耐受尿嘧啶残基的聚合酶。由于亚硫酸氢盐转化和随后的 PCR 扩增，最初互补的两条 DNA 链不再互补，而是生成与原始互补链不同的 4 条链（图 12.1）。此外，由于转化后生成的读段（read）中胞嘧啶含量的降低，转化导致了序列复杂度降低。如果不使用外部测序文库使碱基比例达到平衡，序列复杂度的降低将导致较高的碱基错误率。因此，对于亚硫酸氢盐处理后文库的测序，需要使用如 Illumina 测序时的对照文库 phiX174 来使其碱基比例达到平衡。

在不同实验条件下（如疾病与正常情况），DNA 甲基化水平和差异甲基化位点或区域的检测能力取决于测序深度和生物学重复数目。美国国立卫生研究院（NIH）的“Roadmap 表观基因组学”项目建议每个条件至少重复两次，测序深度至少为 30×[335]。虽然这可以作为许多项目的一般标准，但许多情况下，实际的检测能力主要取决于同一条件下生物变异和条件间的差异等关键的统计学问

沃森　>>AC^{m}GTTCGCTTGAG>>　　甲基化的胞嘧啶
克里克　<<TGC^{m}AAGCGAACTC<<　　未甲基化的胞嘧啶

（1）变性

沃森　>>AC^{m}GTTCGCTTGAG>>　　克里克　<<TGC^{m}AAGCGAACTC<<

（2）亚硫酸氢盐处理

BSW　>>AC^{m}GTTUGUTTGAG>>　　BSC　<<TGC^{m}AAGUGAAUTU<<

（3）PCR扩增

BSW　>>AC^{m}GTTTGTTTGAG>>　　BSC　<<TGC^{m}AAGTGAATTT<<
BSWR　<<TG CAAACAAACTC<<　　BSCR　>>ACG TTCACTTAAA>>

图 12.1　亚硫酸氢盐测序的主要步骤。在进行亚硫酸氢盐处理之前，首先通过变性分离出两条 DNA 链。进行亚硫酸氢盐处理，然后将非甲基化的胞嘧啶转化为尿嘧啶，而甲基化的胞嘧啶不转化。处理后的 BSW 和 BSC 两条链进行 PCR 扩增。这导致生成 4 条链（BSW、BSWR、BSC 和 BSCR），所有这些都与原始的沃森和克里克双螺旋不同。（引自 Y Xi，W Li，BSMAP：Whole genome bisulfite sequence MAPping program，*BMC Bioinformatics* 2009，10：232。根据 *Creative Commons Attribution License*，引用 http:// creative commons.org/licenses/by/2.0，©2009 Xi and Li。）

题。与上述建议一致，目前已有数据表明每个样本的测序深度为 5~15 × [336]。超过该测序深度后，为了达到更高的检测效率，继续加大测序深度可能不如增加更多的生物学重复效果更明显。

12.1.2 简化的亚硫酸氢盐测序

尽管 WGBS 能够检测到整个基因组中的甲基化，但在 NGS 的早期，与这种分析相关的成本很高。为了降低成本，人们采用了简化的亚硫酸氢盐测序（RRBS）[337] 等策略。为了进行 RRBS，首先将基因组 DNA 用识别含 CpG 限制性位点的甲基化不敏感性限制酶（如 *Msp* I）消化。然后将消化的 DNA 产物分离并进行片段选择，挑选一定大小范围的亚硫酸氢盐转化片段进行测序。虽然 RRBS 只检测了基因组的一部分，但它提供了基因组 DNA 甲基化水平的粗略检测。如果我们对基因组的某些特定区域特别感兴趣，则可以使用诸如连接捕获 [338，339]、亚硫酸氢盐锁式探针 [340] 或液体杂交捕获 [341] 的方法捕获序列，然后对捕获片段进行测序。

12.1.3 基于甲基化 DNA 富集的甲基化测序

与上述基于亚硫酸氢盐转化的方法不同，甲基化 DNA 富集策略捕获甲基化 DNA 用于目标区域的测序。该方法使用结合甲基化胞嘧啶的 5mC 抗体或蛋白质实现靶 DNA 捕获。基于该策略的方法有 MeDIP-Seq 或与 NGS 偶联的甲基化 DNA 免疫沉淀，在这两种方法中，首先使用针对 5mC 的抗体沉淀甲基化的单链 DNA 片段，然后进行测序。另一个常用的方法是 MBD-Seq 或甲基 CpG 结合域捕获（MBDCap），然后进行 NGS。MBD-Seq 利用含有结合甲基 CpG 结构域的蛋白质如 MBD2 或 MECP2 来富集甲基化的双链 DNA 片段。在一种称为 MIRA（甲基化 CpG 岛恢复测定）的 MBDCap 方法中，使用 MBD2 和 MBD3L1 的蛋白质复合物（methyl-CpG-binding domain protein 3-like-1）来增强对甲基化 CpG 区域的亲和力。虽然 MeDIP-Seq 和 MBD-Seq 通常产生高度一致的结果，但是这两种方法之间仍然存在一些差异：MeDIP-Seq 可以检测到 CpG 和非 CpG 甲基化，而 MBD-Seq（由于 MBD 的结合亲和力）仅可以检测甲基化的 CpG 位点。在甲基化 CpG 位点，MeDIP 趋向于富集低 CpG 密度的区域，而 MBD-Seq 更倾向于富集 CpG 含量相对较高的区域 [342，343]。

从原理上看，这些基于甲基化区域富集的方法与 ChIP-Seq（第 11 章）非常相似，它们都是利用特定蛋白质将靶 DNA 捕获，蛋白质 -DNA 复合物进行紧密结合和靶 DNA 洗脱的方法。它们测序数据的生成和随后的分析也与 ChIP-Seq 相似。因此，第 11 章所述的数据分析方法同样适用于由 MeDIP-Seq、MBD-Seq 或其他基于甲基化 DNA 富集方法产生的 NGS 数据的分析。因此，本章主要侧重于亚硫酸氢盐测序数据的分析。

12.1.4 区分胞嘧啶甲基化与亚硫酸氢盐测序中去甲基化产物

在 5mC 脱甲基三种中间产物 [5hmC、5fC 和 5caC（参见第 2 章）] 中，5hmC 不与亚硫酸氢钠反应，而 5fC 和 5caC 与亚硫酸氢钠反应后转化成尿嘧啶。在随后的测序中，5mC 与 5hmC 无法区分，而 5fC/5caC 无法与未甲基化的胞嘧啶区分开。然而，由于这些去甲基化产物在细胞中的水平通常低于 5mC 或未甲基化的胞嘧啶，因此它们的干扰可以忽略。对于从 5hmC 相对较高的脑或胚胎干细胞制备的样本，可以使用诸如 oxBS-Seq [344] 的策略来区分 5mC 与 5hmC。已有研究表明，第三代单分子测序技术，如 Pacific Biosciences 公司的 SMRT 测序技术和纳米孔测序技术，能够在不依赖亚硫酸氢盐转化的情况下检测这些修饰 [345-347]。

12.2 DNA 甲基化测序数据分析

12.2.1 数据质量控制和预处理

在原始数据生成之后，质量控制（QC）步骤消除了低质量的读段或碱基，因为它们直接影响参考基因组和 DNA 甲基化位点识别的后续比对。应参照第 5 章中详细介绍的一般数据 QC 步骤进行质控。因为测序反应有可能在测完 DNA 插入片段后接着测接头序列，所以额外的 QC 步骤包括接头的序列过滤。此外，对于 *Msp* I 消化的 RRBS 文库来说，在其文库构建进行 DNA 片段末端修复步骤时，将两个碱基（非甲基化胞嘧啶和鸟嘌呤）人为引入两端，这两个碱基都应该被剪切掉。Trim Galore（使用 Cutadapt 和 FastQC 的包装工具）[348] 等工具可以用于这些剪切步骤，特别是从 *Msp* I 消化得到的 RRBS 读段中去除两个人为引入的碱基。除了这些通用的 QC 工具，一些专用于亚硫酸氢盐测序读段处理的软件包，如 BSmooth [349] 和 WBSA [350]，也包含 QC 模块。

12.2.2 读段定位

为了鉴定甲基化 DNA 位点，首先需要将从亚硫酸氢盐转化或甲基化 DNA 富集得到的测序读段定位到参考基因组。对基于富集的方法产生的读段定位比较简单，像比对 ChIP-Seq 读段一样，通常使用普通的比对工具（如 Bowtie、BWA 或 SOAP）进行。然而，亚硫酸氢盐测序读段的定位却不那么简单。这是因为通过亚硫酸氢盐转化和随后的测序，将转化的未甲基化胞嘧啶作为胸腺嘧啶（T）或互补链上的腺嘌呤（A），而甲基化胞嘧啶保留为胞嘧啶（C）或互补链上的鸟嘌呤（G）（见图 12.1）。因此，转化对于读段定位过程有若干影响，如下。

- 模糊定位：测序读段中的 T 可以比对到参考序列中的 C 或 T，从而使搜索过程复杂化。
- 增加了搜索范围：部分原因是一对一的定位，更重要的是通过生成与参考链不同的 4 个亚硫酸氢盐转化的链（也如图 12.1 所示），导致搜索范围大大增加。
- 降低了序列复杂度：亚硫酸氢盐处理后读段中碱基 C 的含量显著减少，并且序列的复杂度降低了定位的准确性。因此，将亚硫酸氢盐测序读段与参考基因组进行比对，没有 ChIP-Seq 或其他 DNA 深度测序数据那么直接。

亚硫酸氢盐测序读段的比对一般有两种策略：①用参考基因组中的所有 C 替换通配符 Y，以同时读取 C 和 T；②将参考序列中的所有 C 转换为 T，然后用种子扩展方法进行比对。使用通配符方法的比对工具包括 BSMAP [351]、Pash [352] 和 RRBSMAP（针对 RRBS 读段专用的 BSMAP 版本）[353]。例如，BSMAP 软件使用 SOAP 进行读段比对，为了提高比对的速度和准确性，它使用了基因组散列（genome hashing）和按位掩码（bitwise masking）的方法。BSMAP 软件使用包含原始参考种子序列和通过 T 替换 C 产生的所有可能的亚硫酸氢盐转化产物的散列表来索引参考基因组。在通过查找散列表确定每条读段在基因组上的潜在位置之后，每个亚硫酸氢盐读段中的“T”被定位到参考基因组（其中原始参考碱基为“C”），BSMAP 掩蔽为 C。然后将掩蔽的亚硫酸氢盐读段再次定位到参考基因组。

诸如 BatMeth [354]、Bismark [355]、BRAT-BW [356]、BS-Seeker/BS-Seeker2[357, 358] 和 MethylCoder [359] 的比对工具使用另外的 3 个字母的方法。在这些比对工具中，Bismark 是最常用的。在比对时（如图 12.2 所示），Bismark 首先将读段中的 C 转换为 T，将 G 转换为 A（相当于互补链上的 C → T 转换）。该转换过程也在参考基因组上进行。然后使用 Bowtie 或 Bowtie2 将转换的读段与 4 个平行进程（也参见图 12.1）进行比较，其中确定了特异的最佳比对 [图 12.2 中的比对（1）]。一些对比研究 [360] 发现，与其他比对工具相比，Bismark 很好地兼顾了速度、准确度和基因组区域覆盖率。

在比对后，应检查基因组中定位读段的分布。这是对结果的初步检查，同时也可以作为额外的 QC 步骤。例如，定位到相同位置的重复读段很可能是 PCR 导致的，应该从后续的分析中去除。应该检查读段分布中是否存在其他异常情况，例如，定位到基因组区域中两条 DNA 链的显著不平衡读段数量，经过谨慎检查以后，可能会发现有些读段需要滤除。一些工具，如 BSeQC [361]，也可进行输入 SAM/BAM 比对文件进行定位后的 QC 处理。

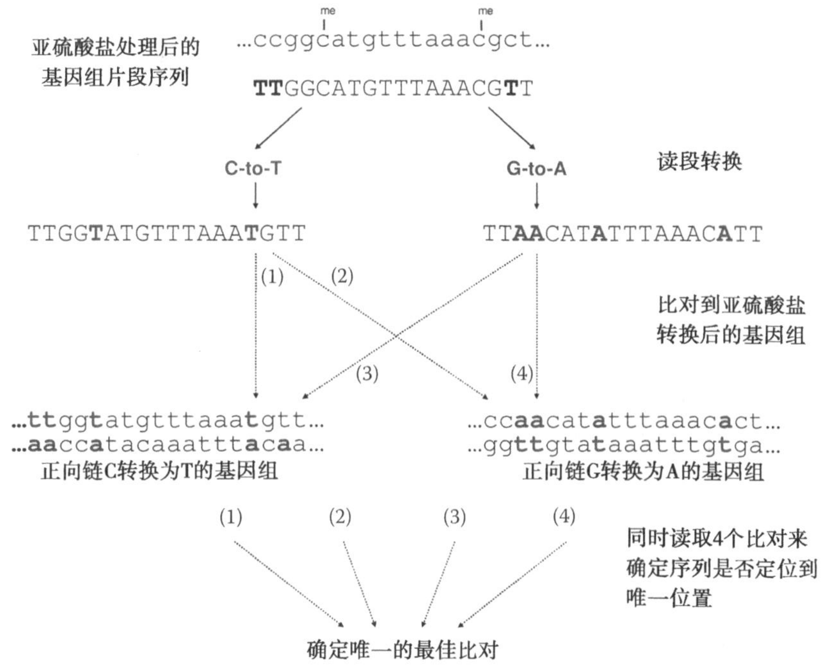

图 12.2 Bismark 使用的"三字母"亚硫酸氢盐测序读段定位方法。（改编自 F Krueger，SR Andrews，Bismark：A flexible alignmenter and methylation caller for Bisulfite-Seq applications，*Bioinformatics* 2011，27：1571-1572. 经许可。）

12.2.3 DNA 甲基化的定量

在亚硫酸氢盐读段比对之后，基于读段比对到每个位点 C（甲基化胞嘧啶）和 T（未甲基化胞嘧啶）的频率，需要聚集唯一比对的读段以量化参考基因组中各个胞嘧啶位点的甲基化水平（也称为 β 值）。可以通过将 C 总数除以比对到每个位点的 C 和 T 的总和来执行该定量步骤。上一节中介绍的所有亚硫酸氢盐序列比对工具都会生成此信息。诸如 GBSA [362] 和 methylkit [363] 等后置比对工具也可用于甲基化定量。对于该量化步骤，应当注意的是，所涉及的计算通常需要限定各个位点的最小测序深度（如至少 3 条读段），以避免由于读段太少得到不可靠的甲基化水平。

除了定量单个胞嘧啶位点的甲基化水平之外，DNA 甲基化定量也经常在一定基因组区段的基础上计算，通常用于方便多个样本之间的比较。目前有不同的方法可用于 DNA 区段的甲基化定量。其中一种方法是将基因组分成多个 bin，用每个 bin 内单个胞嘧啶位点甲基化水平的平均值表示 bin 的面积。或者，每个 bin 的甲基化水平可以计算为 bin 内所有胞嘧啶中甲基化胞嘧啶的总比例。其他方法还使用滑动窗口代替单个 bin 进行 DNA 区段的甲基化定量。

然而，这些算法没有考虑到可能存在从 C 到 T 变化的 SNP。一些算法，如 Bis-SNP，通过区分亚硫酸氢盐转化与真正遗传变异位点来消除这种潜在的混杂因素。使用来自互补链的读段序列可以区分亚硫酸氢盐转换与真正的遗传变异位点，因为由亚硫酸氢盐转换产生的 T 在反义链上具有 G，而 C → T 变异的 SNP 在另一条链上将具有 A。

与基于亚硫酸氢盐转换的测序方法不同，甲基化 DNA 富集测序方法如 MeDIP-Seq 和 MBD-Seq 不能在单核苷酸分辨率下量化甲基化水平。此外，不能从基于富集的方法获得 DNA 甲基化的绝对水平，因为这些方法的读段数是绝对 DNA 甲基化水平和区域 CpG 含量的函数。由于这些方法是基于亲和力免疫沉淀，更类似于 ChIP-Seq，为 ChIP-Seq 数据分析开发的背景测定，均一化和峰值检测的分析方法可用于定量富集 DNA 的甲基化。甲基化 DNA 富集测序法中，DNA 甲基化的水平可以概括为在预定区域（如每个基因、启动子或特定大小的 bin）上的覆盖度。

12.2.4 DNA 甲基化数据的可视化

DNA 甲基化数据的可视化至少有两个目的。首先，通过可视化可以看出 DNA 甲基化的分布模式。其次，已知 DNA 甲基化区域和其他随机选择区域的直观检查可以提供数据验证和数据质量的快速评估。可视化亚硫酸氢盐测序数据和相关信息（如覆盖深度）的一种方法是通过使用 bedGraph 文件。许多甲基化定量工具（如 Bismark、GBSA 和 methylKit）可以直接产生标准格式，这些标准格式可以与多数基因组浏览器和工具（包括华盛顿大学 EpiGenome 浏览器[364]）兼容（图 12.3）。图 12.4 为在基因组中显示甲基化水平及读段深度的示例。

```
track  type=bedGraph
chr19  45408804  45408805  1.0
chr19  45408806  45408807  0.75
chr19  45408854  45408855  0.3
chr19  45408855  45408856  0.5
```

图 12.3　bedGraph 文件格式的一个示例。它包括染色体位置（第一行），随后是 4 列格式（即染色体、染色体起始位置、染色体末端位置和数据值）。

或者，DNA 甲基化定量结果也可以保存在制表符分隔的文件中，然后转换为 bigBed 或 bigWig 格式[365]。这两种格式与基于网络的基因组浏览器（如 UCSC 基因组浏览器）或基于桌面的 IGV 和 IGB 的甲基化结果兼容并使其可视化。另外一个选择是使用诸如 GobyWeb[366] 等工具将 DNA 甲基化数据输出为 VCF 格式，然后使用基因组浏览器（如 IGV 和 Savant）将结果可视化。

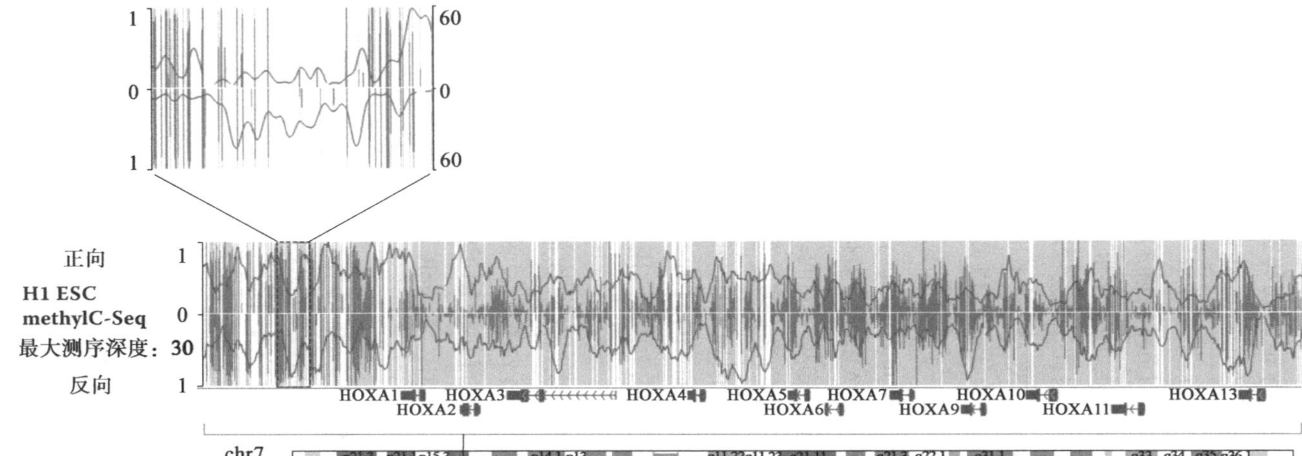

图 12.4 基因组浏览器中 DNA 甲基化数据的可视化。这里显示的是华盛顿大学 EpiGenome 浏览器中 *HOXA* 基因簇所在的人类 7 号染色体区段的甲基化水平。从 H1 人胚胎干细胞收集原始的 WGBS 数据。DNA 甲基化水平（由垂直线表示）和读段深度（平滑曲线）以链特异性方式显示。顶部显示方框标记区域的放大图，左侧轴标记 DNA 甲基化水平，右侧标记读段深度。（修改自 X Zhou，D Li，RF Lowdon，JF Costello，T Wang，methylC Track：Visual integration of single-base resolution DNA methylation data on the WashU EpiGenome Browser，*Bioinformatics* 2014，30：2206-2207. 经许可。）

12.3 甲基化胞嘧啶位点及差异区域的检测

DNA 甲基化分析的一个常见目标是比较和鉴定在不同条件下特异性胞嘧啶或基因组区域的甲基化差异。为了鉴定差异甲基化的胞嘧啶或区域（DMC 或 DMR），人们采用了不同的统计学方法。这些统计学方法包括参数检验，如 *t* 检验或 ANOVA；非参数检验，如 Fisher 精确检验、Wilcoxon 检验、卡方检验或 Kruskal-Wallis 检验。参数测试假定正态分布，这可能与 DNA 甲基化数据不符，因为它倾向于遵循双峰分布。因此，大多数当前可用的工具使用非参数测试。例如，WBSA 使用 Wilcoxon 测试。甲基 Kit 软件包使用 Fisher 精确检验来确定 DMC/DMR，用于没有重复组的比较，以及用于每组多个样本比较的逻辑回归。BSmooth 使用修改后的 *t* 检验与局部数据拟合来提高检测能力。另一个名为 Methy-Pipe [367] 的软件包使用 Mann-Whitney U 测试，使用滑动窗口方法检测 DMR。更复杂的方法包括在 MOABS [368] 中使用 β 二项式分层模型，并在 QDMR 中使用 Shannon 熵 [369]。除了这些不同的统计测试或模型，这些软件包之间的另一个显著差异在于如何处理生物学重复。早期的方法往往会将 DMC/DMR 检测的生物学重复数据进行汇总，从而导致样本间变异信息的丢失。较新的方法则更注重生物学重复，如 BSmooth 和 MOABS，并提供生物变异的估计，从而提高了检测能力。在多次测试校正中，主要使用 FDR，同时还报告了其他方法，如滑动线性模型（SLIM）方法。

从基于甲基化 DNA 富集的方法获得的数据遵循负二项式分布，如 ChIP-Seq 和转录组测序数据。因此，可以使用为基于转录组测序差异表达开发的算法来对其进行分析以识别 DMR，如可以直接使用 EdgeR 和 DESeq 等工具。在一些 DNA 甲基化分析工具如 Repitools [370] 中，EdgeR 被直接调用。

12.4 数据检验、核实和解析

上一步确定的 DMC/DMR 需要被检查并进一步验证。检查通常在与 DNA 甲基化测序数据生成的样本相同的样本集上进行。此外，进一步验证是对一组新的样本进行的。对于 DNA 甲基化测序数据的检查和验证常常使用以下技术：甲基化特异性 PCR（如 MethyLight），或与焦磷酸测序和质谱联用或与亚硫酸氢盐结合限制性分析（COBRA）联用的甲基化独立 PCR。

数据解释是将 DMC/DMR 列表解析为对所研究生物过程机制功能的关键步骤。DMC/DMR 的最大潜在影响只能通过在基因组背景下进行检查来揭示。诸如 EpiExplorer [371]、GBSA、methylKit 或 WBSA 等工具，可以通过将 DMC/DMR 放置在其他特定基因组区域（如 CpG 岛、转录起始位点、组蛋白修饰标记或重复区域）的背景中，非常有帮助。DMC/DMR 也可以比对到附近的基因，然后可以进行基因集的富集、生物学途径和基因网络分析。在这方面，基于基因组区富集网络的注释工具（或 GREAT）[372] 可用于将 DMC/DMR 比对到附近的基因，同时控制基因大小差异和距离，用于功能注释和解释。

（王　静　译）

13 用新一代测序进行宏基因组学研究

像一把土壤这样的少量环境样本里都富含着微生物等生命，然而样本中微生物种类的数量并不为人们所知。在我们人类自身体表或内部都存在着至少数万种微生物种类，包括细菌、真菌和古细菌。除了具有巨大的物种多样性，这些微生物群落的组成及功能也并不是静态的，而是根据环境状况不断变化的。我们目前对这些多样化和动态的微生物群落的了解仍然非常有限，原因是我们大多数的知识来自于可以培养的物种，而对于那些仍然不能在实验室里培养的物种，包括地球上绝大多数的微生物种类所知甚少。宏基因组学（metagenomics）提供了一个重要方法来研究这些环境群落中的微生物多样性，而不依赖于人工培养。宏基因组学也被称为环境或群落基因组学，它考查整个微生物群落中存在的所有基因组，并不需要捕获或扩增单个个体的基因组。通过同时分析微生物群落中存在的所有 DNA 分子，宏基因组学研究可以提供生物群落及其环境的分类学组成和功能状况的特征。

在新一代测序技术出现之前，人们通常用 DNA 克隆并结合 Sanger 测序法来进行宏基因组学研究。在这种方法中，首先将从微生物群落中提取的 DNA 片段化，然后将 DNA 片段克隆到质粒载体中进行扩增，以便产生足够的 Sanger 测序样本。随着 NGS 技术的不断发展和测序成本的显著下降，大规模并行宏基因组测序已经迅速取代了传统的低通量方法，成为研究各种微生物群落的主要手段。NGS 方法所具有的高灵敏度，为研究者提供了直接分析以前“隐形”的不可培养物种的方法[373]。“人类微生物组计划”（the Human Microbiome Project）项目就是一个运用 NGS 技术研究复杂宏基因组学问题的例子，该项目研究人体的不同部位中，包括胃肠道中的微生物组成。NGS 技术在大量其他微生物群落宏基因组分析中的应用，如在土壤、叶际、海洋及与生物修复和生物燃料生产等相关的微生物群落宏基因组分析中的应用，使被研究的宏基因组数目呈指数形式增长。

与单一物种产生的 NGS 数据相比（本书其他大部分章节只研究单一物种问题），微生物群落测序产生的宏基因组数据要复杂得多。每个宏基因组都含有大量的但数量未知的物种的 DNA 序列，包括病毒、细菌、古细菌、真菌和微小的真核生物等。这些物种的相对丰度差异很大，又使情况进一步复杂化。因为每个微生物群落都具有巨大的基因组多样性，所以与从单个物种中得到的测序数据相比，它的宏基因组测序序列具有更高的异质性。此外，由于宏基因组中包含的 DNA 序列极端复杂，大多数宏基因组测序工作只可能对其总体 DNA“池”（DNA pool）中的部分样本进行取样。这样，在高度多样化的 DNA“空间”中进行的有限取样，导致宏基因组的 NGS 数据高度分散并且冗余度低。由于缺乏冗余读段（即部分重叠，非复制读段），与单基因组序列数据相比，宏基因组的 NGS 数据具有更高的固有错误率。由于宏基因组和单基因组的 NGS 数据之间所有的这些差异，需要人们开发完全不同的分析工具，用于基于宏基因组 NGS 数据的微生物群落结构与功能特性分析。

13.1 实验设计与样本制备

宏基因组学研究旨在确定微生物群落中不同组成成员（或者分类群）的种类及其相对丰度，以及环境因素如何影响这些群落的组成与功能。如果要运用测序手段来实现这个目的，通常有两种常用方法：全基因组鸟枪法（WGS）宏基因组测序和靶向宏基因组测序。WGS 测序法采用从环境微生物或者宿主相关微生物样本中所含有的所有基因组中随机抽样的方法。为了进行 WGS 测序，需要将从样本中提取的总 DNA 首先打断为小片段，然后进行测序。

在靶向测序方法中，首先利用聚合酶链反应（PCR）扩增不同物种之间共有的基因组成分，然后再对扩增子进行测序。这种方法中最常用的扩增目标是 16S rRNA 基因，同时也有采用编码特定功能蛋白质的其他基因（如对特定抗生素的抗性基因）或者非编码基因的做法。16S rRNA 基因被认为是“通用生命时钟”[374]，通常用作衡量不同操作分类单位（operational taxomomic unit，OTU，宏基因组术语，用来描述只存在 DNA 序列信息的一个或一组物种）丰度的替代标记物。通过集中研究 16S rRNA 基因或者其他特定的基因组目标位点，这种方法大大地降低了生成数据的复杂程度，从而实现了更高的覆盖度，并涵盖了更多的样本。值得注意的是，基于 16S rRNA 的方法仅能得出相对分类学丰度的近似估计值，原因是某些物种的 16S rRNA 拷贝数发生变异，以及标准 16S rRNA 的 PCR 引物可能存在随机突变，并不能在所有的情况下都与其预定的目标位点结合。相比而言，全基因组鸟枪测序方法虽然在测序深度和可负担程度上有所欠缺，但它可以无偏好地提供对群落中基因组成分的综合评价，从而提供有关群落的组成和功能的深层信息。本章重点介绍 WGS 宏基因组的测序数据分析。

13.1.1 宏基因组样本采集

宏基因组学项目的成功与否，在某种程度上取决于与基因组学无关的因素。一个因素是对将要收集样本的栖息地的了解有多少。对于栖息地的物理的、化学的和生态的特征了解得越多，从宏基因组 NGS 数据中所获取的信息就越多。对于采样环境特征的深入而细致的描述是成功进行宏基因组实验的基础之一。详细记录栖息地的宏数据和采样的具体过程（如一般环境特点、地理位置、采样地点的具体特征和采样方法），对下游数据的分析解释是非常重要的。

由于宏基因组样本的组成和复杂性取决于其栖息地和采样地点，因此采样环境的独有的特征，连同研究需要回答的问题及需要检验的特定假说，最终决定了研究项目需要多少序列数据。需要强调的是，由于在哪里采集样本直接影响结果，因此采样的地点必须真实地代表所研究的栖息地。为了收集有代表性的样本，在采样之前必须了解栖息地的时间和空间变化的信息。如果缺少这些信息，先用少量样本进行一个小规模的鸟枪测序预实验可能会有帮助。或者，用 16S rRNA 扩增子目标测序也可以进行微生物群落多样性的调查。

13.1.2 宏基因组样本制备

DNA 的提取是宏基因组测序样本制备的第一个也是关键的步骤。从这一步提取的 DNA 应该代表采样群落中所有的，至少是大多数的物种及其相对丰度，并应保证 DNA 样本的高纯度和无污染，否则将会干扰随后的测序文库制备过程。虽然这一步对传统的单个物种基因组测序来说可能只是一个常规的过程，但是对从各种各样的生境收集来的微生物群落样本来说，如何从中提取出高质量的 DNA 是一个挑战。例如，腐殖酸、多糖、单宁及其他化合物是来自土壤环境样本中的主要污染物，如果不能被除去，可能会抑制文库构建过程中所使用的酶的活性。在与宿主有关的生境，如在人类肠道中，宿主 DNA 是主要的潜在污染物。

除了纯度问题之外，能否从群落中不同成员样本中以相同的效率提取 DNA 则是另一个挑战，因为从一组微生物中释放 DNA 的细胞裂解的最佳条件可能并不适合另一组微生物。例如，机械破裂通常是宏基因组学研究中用来裂解细胞的手段，但是如果使用这种方法，当更坚韧的细胞最终破裂时，易于裂解的细胞所释放的 DNA 可能已经被剪切成碎片了。但这些困难并不是无法解决的，目前已经有了针对各种不同生境的可靠的 DNA 提取方法。

测序文库制备方法的进步，已经将建库所需 DNA 的用量降到了纳克级水平（例如，用 Nextera XT 建库方法仅需要 1ng DNA 起始量）。这应该适用于从绝大多数生境提取的 DNA。在只有非常有限的 DNA 可用的情况下，可能需要对 DNA 进行扩增以产生足够的材料用于测序文库制备。为了维持群落物种成员之间的相对丰度不变，可以使用多点取代扩增（multiple displacement amplification）等策略。这样的扩增方法可以从飞克级（femtogram，10^{-15}g）的起始 DNA 中产生足够的 DNA 样本用于文库制备。

13.2 测序方法

在测序过程开始之前，有几个关键因素需要考虑，包括测序深度、测序读长和测序平台的选择。测序深度取决于要达到的研究目的，试图找到微生物群落中的稀有物种的研究比只关注丰度高的物种的研究需要更深的测序深度。从读长方面来看，宏基因组学研究中长的读长总是比短的读长有优势，因为它可以按照序列中固有的复杂程度排序。使用目前常用的 Illumina 测序系统的高通量模式产生的序列读长可以达到单端 125bp，如果在 Illumina 的快速运行模式下使用部分重叠的双端测序，则可以产生长度约为 450bp 的序列（见第 10 章）。如第 4 章所述，其他测序技术，如 Pacific Biosciences 公司的 SMRT 测序平台及 454 焦磷酸测序平台，可以产生更长（但是数量更少）的序列。通常人们采用混合测序的方法以利用这些技术不同的长处，用较短的读段来对群落进行深度测序，用更长的读段提供骨架用于组装重叠群（contig）。测序技术的未来发展无疑将导致测序读长的增加及成本的下降，从而使宏基因组学的研究目标更加易于实现。

13.3 全基因组鸟枪法宏基因组测序数据分析

对于微生物群落的特征分析，全宏基因组鸟枪法测序具有能够检出微生物基因的优点，而不需要先组装出群落中所含有的全部基因组。当微生物群落很复杂，并且大多数物种的测序覆盖度都很低时，可以直接在序列结果中寻找目前已知的基因序列，以鉴定基因标记，并分析其分类组成和功能状态。对于复杂程度较低的群落，可以把读段在进一步分析之前就组装成为重叠群，而且序列读长的增加通常可以在后续的分类和功能分析（如代谢途径的重建）中得到更好的结果，当然组装过程本身并不容易。

图 13.1 是一个有关 WGS 宏基因组数据分析的流程概述，包括直接使用短读段做基因定位，以及另一种基于宏基因组组装的方法。对这两种方法来说，关键步骤是从目前各种公共数据库的编目基因中搜寻序列同源性和其他特性。虽然这些关键步骤得出的结果仅限于目前已知的序列，但随着被测序微生物基因组数量的迅速增加，这种局限性将逐渐减少。除了在一个条件或生境下的分类鉴别和功能分析以外，通常也需要进行环境条件与生境之间的比较宏基因组学分析，以达到研究环境因素对微生物群落的影响的最终目的。以下章节将对宏基因组数据分析的各个方面作详细介绍。由于生物样本的生境与生长条件的多样性，以及每个研究项目提出的具体问题不同，宏基因组数据分析并没有固定的工作流程。图 13.1 和下文列出的步骤对某一个特定的研究项目来说，并不一定是最合适的顺序排列，而且这些步骤可以有不同的组合方式，或者某些步骤可以被省略。与其他

的 NGS 应用相比，宏基因组学分析仍然缺少相关工具。目前可以用的一些工具，如那些需要针对多个数据库进行重叠群（contig）组装和序列搜索等操作的工具，都需要相当大的计算资源和能力。

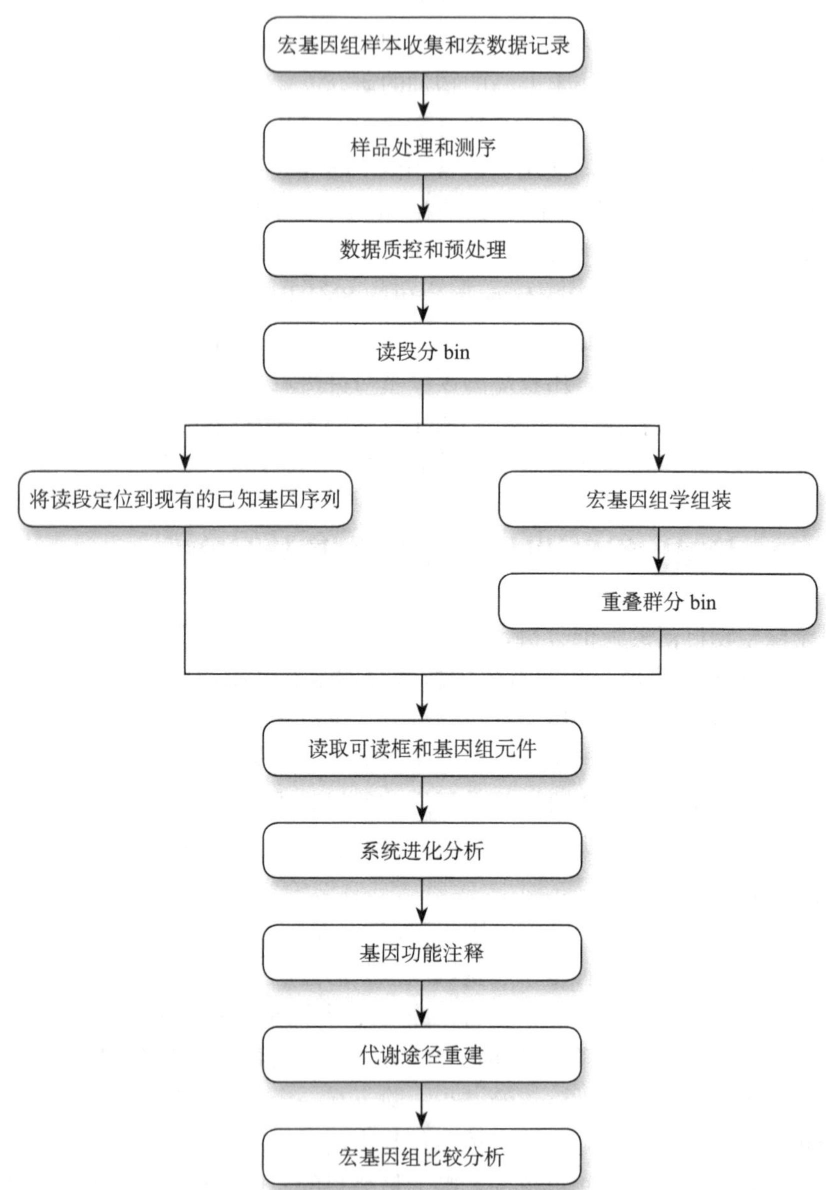

图 13.1　宏基因组分析的主要步骤。

13.4 测序数据的质控和预处理

为了确保数据质量，避免得出错误的分析结果，在进行下游分析之前，应该仔细检查宏基因组鸟枪测序的结果。可以采用本书第 5 章所介绍的工具过滤掉低质量的读段，并且修剪掉低质量碱基和接头序列。此外，对于来自与宿主有关生境的样本，需要标记宿主序列污染情况，并在进一步的分析中去除这些污染。目前用于标记和去除 DNA 污染序列的工具包括 BMTagger [376] 和 DeconSeq [377]。另外的数据预处理过程还包括去除复制读段（duplicated reads）。这一步可以使用名为“EstimateLibraryComplexity”的 Picard 模块工具进行，该模块可以识别和删除复制读段，而不需要将其比对到参考基因组上。

13.5 微生物群落的分类学特征

13.5.1 宏基因组的组装

虽然宏基因组学研究的最终目的是组装微生物群落中的每一个基因组，但由于一些客观原因，目前该目的还不能实现。宏基因组中的物种数量是未知的，物种之间的相对丰度变化很大，因而各个物种之间的测序深度存在很大差异。对从高度复杂的微生物群落中采集的样本来说更是如此。这些样本中存在的大量物种和伴随而来的大多数种类的低测序深度，给宏基因组的组装造成了极大困难。密切相关的种类之间序列的相似性又给组装工具提出了进一步的挑战，导致组装结果包含来自不同 OUT（操作分类单位）的读段，造成歧义组装结果。尽管面临诸多困难，但宏基因组序列的组装仍然是重要的一步，特别是对复杂程度低的样本来说更是这样。宏基因组组装能够发现新的基因组 [例如，在美国黄石湖（Yellowstone lake）中发现三种新型病毒基因组 [378]]、发现新的基因（例如，用宏基因组学方法发现第一种细菌视紫红质 [379]），以及确定长的复杂基因组元素的特征（如规律成簇的间隔短回文重复，即 CRISPR [380]）。

关于宏基因组的从头组装，人们最初使用的是在第 10 章中介绍过的单基因组从头组装工具，如 SOAPdenovo 和 Velvet，但结果并不理想。因此，已经有为宏基因组序列量身定做的组装工具出现了。如果要组装从 Sanger 测序或 454 测序平台产生的数据，可以采用 MAP [381]、Genovo[382] 和 Xgenovo [383] 等组装工具。对于较短的 Illumina 测序序列，目前可采用的组装工具很多，包括 MetaVelvet/MetaVelvet-SL[384, 385]、meta-IDBA/IDBA-UD[386, 387]、GeneStitch [388]、Ray Meta [389] 和 Omega [390] 等。许多这一类短序列宏基因组组装工具采用的是与单基因组组装工具类似的 de Bruijn 图形方法（参见第 10 章），与单基因组组装工具不同的是，它们试图在混合的 de Bruijn 图中识别子图，其中每个子图都预期代表一个个体基因组。例如，MetaVelvet 首先利用宏基因组读段构建了一个大型混合 de Bruijn 图，然后将其分解成单独的子图。

组装过程完成之后，一个宏基因组通常包括很大一部分小重叠群（small contigs）。要评价其组装质量，传统的评估指标如 N50 相比其评价单基因组组装来说，并不能提供足够的信息和代表性。所以，通常人们采用一些总体的统计数据如重叠群的总数，以及重叠群的最大长度、中值长度和平均长度等。进一步检查组装质量的步骤包括寻找嵌合组装（chimeric assembly）。虽然目前没有可以用于检查嵌合组装的工具，但仍然需要通过检查来寻找嵌合组装，如覆盖率、G/C 含量和密码子使用等的突然变化（不同的物种有不同的密码子使用模式）。使用双端读段（paired-end reads）数据与更高的序列匹配阈值有助于降低嵌合组装的频率。

在重叠群组装完成后，如果有配对读段（paired reads）可以采用，就可以从重叠群开始构建宏基因组骨架（scaffold）。多数宏基因组的组装工具都有一个构建骨架的模块。除了这些模块之外，还可以使用专门的宏基因组骨架构建工具，如用 Bambus 2[277] 来确定是否需要构建另外的骨架。Bambus 2 可以接受大多数组装工具利用所有的测序平台的数据组装而成的重叠群。在利用重叠群构建骨架的过程中，还需要识别出不明确和不一致的重叠群。

13.5.2 序列的分 bin

宏基因组序列分 bin 是指将混合的序列片段分组，并将序列按照它们各自的分类学起源分配到各自对应的 bin 中的过程。这个过程可以在组装完毕或未经组装的读段上进行。如果使用较长的读段或重叠群，可以在科或属的水平上实现高分辨率的分 bin。而采用短序列时，由于序列中所携带的信息有限，有可能只能分到门的水平。由于它降低了宏基因组学数据固有的复杂性，每一个 bin 中的数据也可以在其他步骤中进行独立分析。例如，可以在分 bin 后对每个 bin 的序列进行单独组装以提高组装的效果。

通常有三种分 bin 的方法：根据其序列组成、同源性和片段招募（fragment recruitment）。以序列组成为根据的分 bin 可以基于诸如 G/C 含量、寡核苷酸序列频率和密码子使用特征将序列分配到不同的分类群中。这种分 bin 的方法是基于这样的假设：即在上述这些特征上，来自紧密相关物种的序列相似度要高于来自亲缘关系远的或非相关物种的序列。使用这种方法分 bin 的工具有 PhyloPythia [391] 及其后续的 PhyloPythiaS [392]、TETRA [393]、TACOA [394]、Phymm [395]、S-GSOM [396] 和 PCAHIER [397]。这种方法与另外两种方法的不同之处在于，这些工具并不将读段与参考序列的数据库进行比较，尽管有时候会使用来自不同分类群的参考序列来训练其算法。例如，PhyloPythia 根据用分类学注释参考序列训练的支持向量机

（SVM）模型，使用不同长度的寡核苷酸序列的频率把宏基因组序列分配到各个分类进化群。根据组成的分 bin 方法对于长序列和已组装完毕的序列来说更加可靠，因为短序列长度有限，携带的信息较少。虽然根据组成的分 bin 方法具有速度快的优点，但因为它不依赖于基因组序列与参考序列的比对，其组成特征分布的变化可能导致分 bin 不准确。对于那些使用参考序列训练其分类模型的方法，训练序列的选择也会影响结果。

基于同源性的分 bin 方法是根据序列的相似性，并且假设来自密切相关物种的序列之间的相似性高于彼此不相关的物种。该方法通过搜索分类学注释的微生物序列数据库，将宏基因组序列分配到其分类学来源种。目前基于这种方法的软件工具包括 MEGAN4/5[398, 399]、CARMA 和 WebCARMA[400, 401]、SOtt-ITEMS[402] 和 MetaPhyler [403]。例如，MEGAN 使用已知分类学起源的美国国家生物技术信息中心（National Center for Biotechnology Information，NCBI）序列的数据库对宏基因组序列进行 BLAST 搜索。由于涉及大量的 BLAST 搜索，这个过程的计算量很大，对计算资源的要求很高。这种方法是基于迄今为止已编目序列的注释，所以并不适用于寻找目前未知的物种或分类单元。另外一些方法，如 MetaCluster [404]、PhymmBL [395] 和 SPHINX [405]，采用的是组成方法和同源性方法的混合策略。

第三种方法是根据片段招募，将宏基因组读段定位到已有的微生物基因组中以鉴定其来源。这种方法首先被“全球海洋取样考察”（Global Ocean Sampling Expedition）所采用，用于研究海洋浮游生物群 [406]。虽然可以用诸如 Bowtie 或 BWA 之类的通用定位工具进行序列定位，但是除了 Genometa [407] 和 FR-HIT [408] 之外，很少有专门为这种方法设计的算法出现。由于仅限于将基因组序列分配给具有参考基因组的物种，因此该方法不太适用于研究含有许多未知物种的微生物群落。

13.5.3 在宏基因组序列中识别可读框和其他基因组元素

要回答微生物群落中存在着什么分类群，以及它们在做什么的问题，从组装的重叠群或者未经组装的读段中鉴定出基因和其他基因组元件（如非编码 RNA）是一个关键的步骤。对于基因编码区的鉴定来说，由于含有可读框（ORF）的宏基因组序列可能并不携带全长可读框，因此宏基因组的 ORF 识别算法不会在算法上对其不完整性进行扣分。许多宏基因组 ORF 的识别软件采用机器学习策略，如采用隐马尔可夫模型（HMM）或人工神经网络（artificial neural networks，ANN）等方法。这些识别软件的例子包括 GeneGark 系列中的 FragGeneScan（FGS）[409]、MetaGeneMark 及其他程序，如 GeneMark.hmm [410]、MetaGeneAnnator（MGA）[411] 和 Orphelia [412]。其他基因组元件的识别工具，如 ncRNA 和 CRISPR 的鉴定，可能需要长的读段或重叠群，以及更多的计算资源。

目前只有有限的识别工具，如 tRNA-SE [413] 和 CRISPRFinder [414] 用于识别这些元素。除了可以回答有关微生物群落的组成和功能的问题以外，识别 ORF 和其他基因组元件还有助于识别被错误组装的读段，或定位尚未放入同一组装骨架（scaffold）的相邻重叠群。

13.5.4 系统遗传学标记分析

系统遗传学的基因标记（gene marker）是由于系统遗传差异所产生的普遍存在的基因位点，因此可用于确定微生物群落的结构和成分。这些基因标记的例子有 rRNA 基因（如 16S rRNA）、*recA*（DNA 重组酶 A）、*rpoB*（RNA 聚合酶 β 亚基）、*fusA*（蛋白质链延长因子）和 *gyrB*（DNA 回旋酶亚基 B）。有两种一般性方法可以将这些基因标记应用于群落中分类群的确认：一种方法是根据序列相似性搜索，使用这种方法的软件工具有 MetaPhlAn [415] 和 MetaPhyler。MetaPhlAn 可以针对大量进化枝特异性的基因标记进行宏基因组序列的相似性检索，以确定其分类学成分。另一种方法使用嵌入在基因标记序列中的系统发育信息，通过多重序列比对从宏基因组读段中推断出系统发育树。AMPHORA（也称为 AMPHORA2 和 AmphoraNet）[416-418]、PhylOTU [419] 和 PhyloSift [420] 等软件工具是这种方法应用的一些例子。AMPHORA 利用隐马尔可夫模型（HMM）将宏基因组读段与多个标记序列进行比对，然后从多重比对结果中推断出系统发育树。

13.6 微生物群落的功能性特征

13.6.1 基因功能注释

从宏基因组序列中识别出可读框，为微生物群落的功能分析提供了基础，即回答它们在做什么的问题。对已识别 ORF 的功能注释可以揭示生境中基因（或其蛋白质产物）的整体特性，通常这些基因行使各种不同的功能，如代谢、信号转导、抗逆及毒力等。出现不常见的功能则可能表明群落中具有不寻常的生活方式和活动。不同类型基因的相对丰度还揭示了群落的特异性，以及群落中的生物体应对生境中环境因素的方式。

为了进行功能注释，首先需要在蛋白质序列数据库，或者在描述蛋白质家族的 HMM 数据库中搜索从已识别的 ORF 中预测的蛋白质序列。蛋白质序列数据库（如 COG/KOG、eggNOG、FIGFAM 和 UniRef）及 HMM 数据库（如 Pfam 和 TIGRFAM）是目前最常用的数据库。搜索数据库的目的是识别由宏基因组编码的所有可能的多肽，这个过程计算量很大。如果本地计算资源允许，则可以使用本地安装的独立工具，如 RAAMCAP[421]、SmashCommunity[422] 和 MetAMOS [423]。另外，也可以把任务提交到基于网络的系统，如 MG-RAST

SEED 系统[424]或 IMG/M。

在可读框或者基因水平上的数据库搜索过程可以了解群落功能的概况，揭示哪些功能可能是最活跃的。虽然此项功能的注释是基于对宏基因组 DNA 的分析，而非宏转录组 RNA 分析，但通过对宏基因组和宏转录组数据的比较发现，基因和它们的转录本的相对丰度水平通常在相同的群落中具有很好的相关性[425]。因此，宏基因组学数据揭示的功能概况可以作为群落基因活动的近似值。

13.6.2 代谢途径的重建

为了在代谢途径水平上进行功能分析，以便于在不同层次上了解群落的活动，可以把相同宏基因组预测的多肽序列在 KEGG Orthology 和 MetaCyc 数据库中进行搜索。两个数据库都可以将多肽序列定位到不同的生物学途径上。现有的一种代谢途径分析工具是 HUMAnN[426]，它使用 MBLASTX 来搜索针对 KEGG Orthology 的突变体读段，以确定各个直系同源蛋白家族的丰度。HUMAnN 使用 MinPath 重建代谢途径[427]，它采用极大简约方法（maximum parsimony），用最少的路径来解释观察到的蛋白家族及其丰度。在进一步的降噪和平滑处理之后，HUMAnN 的输出显示每个代谢途径的存在与否，以及宏基因组样本中每个代谢途径的相对丰度。另一个目前可用的工具 MetaPath[428]，可识别宏基因组样本之间差异丰富的代谢亚网络。

13.7 比较宏基因组分析

对不同生境或条件之间微生物群落进行比较宏基因组分析，可以进一步了解群落的组成及其动态。然而，宏基因组之间的统计学比较并不像其他基于 NGS 的比较分析（如转录组测序）那么直接，这主要是因为比较宏基因组分析涉及巨大的可变性。这种可变性的一个原因是生物学的，因为微生物组成在不同样本之间的变化可能很大。另一个来源是技术性的，由于测序深度不足，因此导致对低丰度物种的取样不足。这些物种在序列取样过程中产生较少的读段并受到更多的随机因素的影响，因为一般来说，一个物种的读段数目取决于许多因素，包括物种的相对丰度、基因组大小、基因组拷贝数、物种内异质性和 DNA 提取效率等。由于这些生物的和技术的因素，在一个样本或条件下可以检测到的许多物种或操作分类单位（OUT），在另一个样本或条件下常常检测不到。如果在宏基因组学研究中需要研究罕见的物种，更经济的方法是使用细胞富集技术（如流动细胞分选），人为增加罕见物种的丰度，而不是单纯增加测序深度。如果没有采用人为增加丰度的方法，那么罕见物种的取样不足将可能导致后续数据均一化中的显著偏差，并可能造成检测样本之间的显著差异。与宏基因组数据分析管道中的其他步骤相比，对于比较宏基因组分析方法的开发相对较少。

13.7.1 宏基因组测序数据均一化

和转录组测序数据类似，宏基因组的丰度数据也需要在比较分析之前进行均一化。但是目前仍然缺少通用的宏基因组学数据均一化方法。在已经报道的均一化方法中，总计数方法的总和缩放（total-sum scaling，TSS），相当于转录组测序（第 7 章）中通过将分配给某种或 OTU 的原始计数除以同一样本中的总读数。另一种方法是累积和缩放（cumulative-sum scaling，CSS），类似于转录组测序中的上四分位方法，通过将分配给物种或 OTU 的读段的原始计数除以累积到达某个百分位数的读段计数来计算。在目前已有的研究报道 [429] 中，CSS 比其他均一化方法（包括 TSS）的效果要好。

13.7.2 识别不同丰度的物种或操作分类单位

为了识别不同生境或条件之间不同丰度的物种或操作分类单位（OTU），目前可用的工具包括 metagenomeSeq、LEfSe [430]、METASTATS [431]、STAMP [432]、Xipe [433]、MEGAN4/5 和 MG-RAST，这些工具使用不同的方法和统计来检测宏基因组之间的差异丰度。例如，metagenomeSeq 实现了 CSS 规范化，以及利用一个分布混合统计模型，以处理比较宏基因组分析的采样不足问题所引起的偏差。LEfSe 使用 Kruskal-Wallis rank-sum 检验来检测在不同条件之间显示显著差异丰度的特征。除了比较丰度分析，其中一些工具，如 MEGAN4/5 和 MG-RAST，也可用于比较基因本体（GO）与 KEGG 通路之间的对比条件下的功能特征。还可以使用专门用于比较生境或条件之间功能特征的工具，如 ShotgunFunctionalizeR [425]。

13.8 整合宏基因组数据分析管道

除了针对上述各个步骤开发的工具之外，研究者们还开发了用于对宏基因组数据进行综合分析的管道。这些管道，包括 IMG/M、MEGAN4/5、MetAMOS 和 MG-RAST，都包含大量的工具集合，涵盖了宏基因组数据挖掘的诸多方面，包括预处理、分 bin、特征识别、功能注释和交叉条件比较等。例如，MG-RAST 直接将序列和宏数据文件作为输入，进行读段的质量检查和预处理、基因识别、蛋白质鉴定、注释定位、丰度分析、比较分析和代谢重建。目前这些管道需要不同的输入文件。IMG/M 更适合预组装的重叠群，MEGAN4/5 则需要读段在参考序列数据库的 BLAST 搜索结果，MetAMOS 可以同时采用序列读段和预组装的重叠群。

13.9 宏基因组数据库

在美国，像其他 NGS 数据一样，NCBI 的 SRA 数据库为用 NGS 技术收集到的所有宏基因组数据提供了正规的官方存储库。在欧洲，EBI 的 Metagenomics 服务也提供了宏基因组数据的归档和分析。EBI Metagenomics 服务归档的数据也可通过 ENA-SRA 访问。除了这些官方宏基因组数据存储库以外，MG-RAST 和 IMG/M 是两个事实上的宏基因组数据存储库，它还可以在协作环境中和整个研究团体中进行数据共享。当越来越多的宏基因组数据出现时，这些存储库的价值将会更加明显。例如，它们可以通过提供比较目前存在于多个宏基因组中的未知序列来加速新基因和新物种的发现。在典型的宏基因组 WGS 研究中，许多序列以前是未知的，并且可以代表来自目前未被编目的物种的新基因或序列。为发现新的基因和新物种，需要对数据进行宏分析（包括宏数据），而这只能依靠这些数据库进行。

（陈浩峰　译）

第四部分

发展中的新一代测序技术与数据分析

14 新一代测序将走向何方？

14.1 发展中的新一代测序

大规模平行测序是基因组学中一个高速发展变化的领域。在目前的测序技术仍然在不断改进、以进一步提高性能的同时，新的测序技术的出现也层出不穷。随着越来越多的研究人员采用新一代测序方法进行转录组学、基因型分析、基因组从头组装、蛋白质-DNA互作分析、表观基因组学和宏基因组学等研究，人们对于成本更低、速度更快、灵敏度和准确度更高、同时可以产生更长读长的测序技术的需求也越来越强烈。随着NGS在研究型实验室中的作用越来越重要，它也逐渐被应用于临床医学，用以改善对患者的疾病诊断、预后与治疗。2013年11月19日，美国食品药品监督管理局（FDA）首次批准使用NGS平台（Illumina MiSeqDx系统）进入临床应用。NGS技术在科学研究和临床环境中的广泛应用，进一步加速了第三代和“未来一代”测序技术的发展，包括基于单个核苷酸差异诱导的电信号检测技术。

举例来说，Oxford生物纳米孔测序技术在单链DNA（或RNA）穿过生物纳米孔（biological nanopore）时读取核苷酸序列数据。单链DNA（或RNA）通过纳米孔的速度对于测序信号的测量非常关键，它是由位于纳米孔最窄入口处一个过程酶控制的。从每个纳米孔中产生的原始测序信号是由5个核苷酸DNA（或RNA）*k*-mer（不是单个核苷酸）发出的离子电流的变化痕迹[434]产生的。该公司的以云计算为基础的软件工具“Metrichor”运用隐马尔可夫模型（HMM），实现了根据电信号追踪推断碱基的过程。另一个由一家日本公司Quantum Biosystems开发的测序平台也是基于电信号的检测，它与Oxford纳米孔技术不同，该平台通过测量隧道通过电流来进行随机DNA或RNA单碱基测序（图14.1）。在这项技术中，一个纳米电极对被纳米级的间隙隔开[435]，当DNA（或RNA）分子通过纳米电极对之间时产生电流。与Oxford技术相似的是，该技术为进行碱基识别而产生的高质量电信号的关键是控制DNA（或RNA）分子移动通过间隙的速度，同时在分子移动的过程中保持分子的形态。根据产生的隧道电流进行碱基识别，这个过程需要特别的统计方法和碱基识别算法。

虽然像Oxford系统和Quantum系统这些新出现的测序技术在得到广泛应用之前必须克服包括计算能力障碍在内的技术困难，但在不远的将来即将出

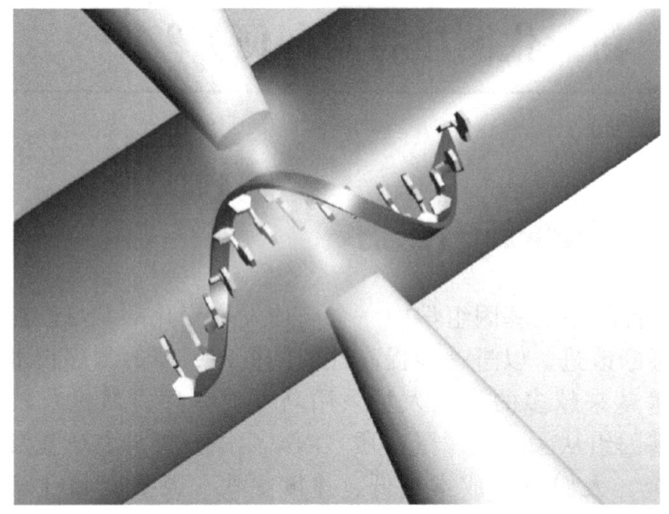

图 14.1 Quantum 第三代单分子 DNA/RNA 测序技术，通过测量一个 DNA 或 RNA 分子通过一对相距纳米级间隙的纳米电极时产生的隧道电流进行测序。（引自 T Ohshiro，K Matsubara，M Tsutsui，M Furuhashi，M Taniguchi，T Kawai，Single-molecule electrical random resequencing of DNA and RNA，*Scientific Reports* 2012，2：501. 经许可。）

现的新的 DNA（或 RNA）测序技术的一些特征却应该是明确的。这些特征包括：

- 单分子测序（DNA 或 RNA），即在不依赖聚合酶链反应（PCR）扩增或转换成 cDNA 的情况下直接测序单个目标 DNA 分子的能力；
- 测序读长大大提高；
- 测序设备占地面积更小，便携性更高。例如，Oxford MinION 测序系统是通过计算机的 USB 端口直接连接即可工作的小型化设备；
- 测序成本进一步下降。

实现 DNA（或 RNA）的单分子测序可以增加测序的灵敏度，使研究者可以在不使用任何扩增步骤的情况下直接对单细胞基因组或转录组进行测序。体积更小、价格更低的测序设备使高通量测序技术更容易被单个研究实验室或临床实验室所采用，而不仅仅局限于大型基因组中心或测序服务中心。测序读长及测序数据生成过程的其他方面，如测序错误模式的变化，都推动了生物信息学工具的进一步发展。

14.2 高通量测序数据分析的生物信息学工具的快速涌现与变化

测序读长的增加无疑将提高序列比对和组装的生物信息学工具的效率。自从 NGS 技术出现以来，随着化学试剂工艺的提高，我们已经看到，在目前已有的测序平台基础上测序读长正在逐渐增加。第三代或者“未来一代”测序技术所具有的读长显著增加的特点，与在现有测序技术基础上发展的新技术（如 Illumina 收购的 Moleculo 长读长技术）相结合，不仅将提高基因组从头组装的效率，也将提高其他依赖于参考基因组进行比对的分析工具的效率。例如，随着转录组测序读长的增加，可以识别从相同的基因中产生的不同转录产物，因而有利于对可变剪接的研究。由于更长的读长增加了序列的信息量和序列的唯一性，这又导致了序列的“可组装性”和“可定位性”。这些读长的增加将进一步促进新的比对算法或者现有工具的更新版本的开发工作。目前，长读长的基因组从头组装工具，如 HGAP [436] 和 FALCON [437] 已经被开发出来，用于组装从 PacBio 等测序系统中产生的长读长数据。BWA-MEM 分析工具最近也被添加到已经被广泛应用的 BWA 比对工具包，以适应于更长的序列读长，与之前为短序列设计的工具版本相比，它们能更好地应用于长读段，得到更好的分析结果。

算法工具对测序读长增加的适应，只是测序技术进步对生物信息学工具发展产生影响的一个例子。除了组装和比对之外，其他分析步骤或者其他应用的算法和工具，包括碱基识别、变异识别、转录组分析、ChIP-Seq 峰值鉴定、DNA 甲基化测序和宏基因组特征分析等也在不断发展之中。在新的算法不断涌现的同时，许多现有的算法和工具也在不断改进与更新。由于碱基识别过程与测序平台的技术发展高度相关，因此碱基识别工具通常是作为测序平台发展过程的一部分进行开发的。虽然也有第三方碱基识别工具的发展以期进一步提高碱基识别性能，但一般来说第三方算法和软件工具的开发工作还是更多集中在下游数据分析方面。

自从 2010 年以来，转录组测序分析算法的开发和利用一直在持续增长，印证了这方面工作快速发展的特征。图 14.2 展示了 2010~2014 年每年发表的有关转录组测序数据分析算法相关研究报告的总数。虽然这些数字并不直接反映新的或者改进的转录组测序算法的总数，但它们在很大程度上反映了这方面算法开发工作的活跃程度，以及人们对这方面工具的迫切需求。在其他步骤和应用方面的算法开发和应用也显示出相同的趋势。由于生物信息学工具的不断涌现和改进，研究人员可能会发现有必要使用新的工具对先前的分析工作进行重新分析。

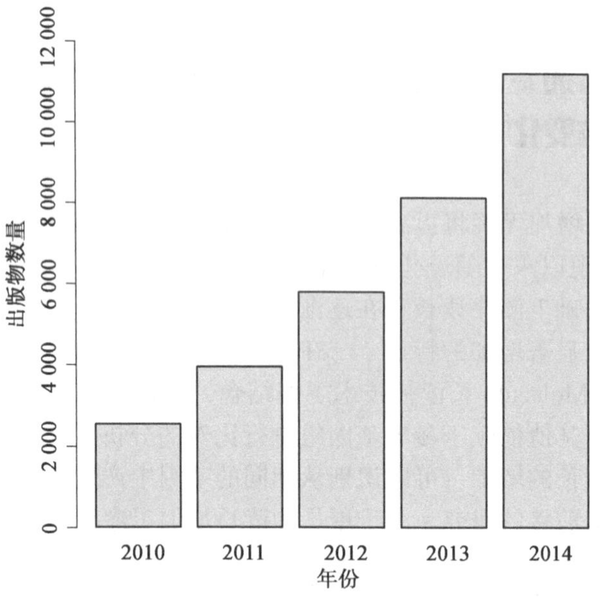

图 14.2　2010~2014 年与转录组测序算法的开发和应用有关的出版物数量的增加。（来自 Google 学术搜索。）

14.3　NGS 分析管道的规范化与流程化

虽然各种算法的开发非常活跃，以及生物信息学工具应用越来越广泛，使人们在选择和使用合适的生物信息学工具上遇到了困难，但同时还有更多的研究者在努力将不同的 NGS 应用程序进行标准化和对生物信息学流程进行简化。一些商业化软件包，如 CLC Genomics Workbench 和 GeneSpring NGS 等，将不同的模块集成到软件包中，涵盖了最常用的 NGS 应用程序。虽然从学术研究角度开发的软件包往往更加专业化，因而存在系统性不佳的问题，但人们还是努力尝试将不同工具组件整合到统一的框架中，如用于变异鉴定的 GATK[438]。NGS 技术在临床上的应用，如疾病诊断、遗传病风险评估和病患管理等应用，进一步要求对 NGS 数据分析工作流程进行标准化和流程化，从而导致了像 Mercury [439] 和 Rainbow [440] 等分析管道的产生和应用。为了有效处理大量的 NGS 数据，许多这样的分析管道中都采用了高性能并行计算技术，并且越来越多地使用了云技术。

14.4　并行计算

并行计算是一个计算科学术语，它将一项任务分解成为多个独立的子任务进行并行处理，可以显著提高任务的处理速度，NGS 数据分析步骤就采用了并行计算技术。例如，尽管一次测序运行可以产生数百万个读段，但是将这些读段定位到参考基因组上是一个“令人尴尬的”并行计算过程，因为每个读段都需要独立地定位到参考基因组上。由于在计算机屏幕上显示每个像素也是一个高度并行的过程，因此并行运算可以由图像处理单元（GPU）有效地执行，GPU 与 CPU 在异构计算系统中的集成可以将通量提高数十至数百倍，可以将个人计算机变成小型超级计算机。虽然这些系统可以用于 NGS 数据分析的各个方面，但许多 NGS 分析工具尚未充分利用这些系统中的并行计算功能。

并行计算也是决定 CPU（或 GPU）内核数量增加影响实际的 NGS 数据处理性能的一个重要因素。如果一个计算步骤是高度并行化的，并且为它设计的算法也采用了并行化方法，则内核数量的增加将有可能改进整体计算性能。与之相反，如果计算步骤不容易实现并行化，或者即使任务是可以并行的，但相应的算法不采用并行化，那么只简单增加内核的数量并不能提高整体计算性能。

14.5 云计算

由于 NGS 技术进步和测序成本下降的速度比计算机硬件行业的发展及相应计算能力增加的速度更快（即 NGS 进步速度高于摩尔定律），NGS 数据产生的速度与其计算分析能力之间的差距只会越来越大。为了缩小这个差距，加快 NGS 数据处理，NGS 业界已经开始接受新的计算资源的分配模式，即从长期存在的本地计算模式到云计算的计算模式。像 Amazon、微软和谷歌这样一些大互联网公司一直在建设巨型云计算集群和数据存储系统，以便于最终用户在互联网上的使用。与本地计算模式相比，云计算模式使用户可以使用超级计算系统和大容量数据存储功能，而无须构建和维护本地工作站、服务器或高性能计算集群。

云计算的核心是虚拟化技术，它允许最终用户根据需要创建一个虚拟计算机系统，具有特定任务所需的 CPU 内核数目、内存大小、磁盘空间和操作系统的灵活性选择。利用这种技术，可以在同一个实体云服务器上同时运行多个虚拟计算机系统。云计算在 NGS 数据处理中的应用已经证明了这种“按需模式的超级计算”系统的优点，包括其灵活性、可扩展性及经常性的低成本。云计算所提供的灵活性和可扩展性，使研究人员可以利用从前只有大型基因组中心才能提供的超级计算能力进行 NGS 数据分析。用户只需要支付自己计算能力配置所使用的时间费用，从而实现了成本的节约。

使用云系统的另一个优点是研究人员和研究项目之间可以实现数据共享。通过提供唯一的、集中式的数据存储，云系统可以使位于不同地理位置的不同研究组可以访问相同的数据集，并共享分析结果。此外，利用云计算，可以使将软件工具引入“大型”NGS数据的任务更容易实现。与处理大规模的NGS数据文件相比，为对其进行处理而设计的软件工具和运行脚本要小得多。因此，把这些软件下载并安装到数据文件存储的地方，要比把大量的NGS数据移动或复制到安装了软件工具的地方要更加容易和更加有效。通过将NGS产生的数据直接储存在云端，可以大大降低数据传输的负担，通过在同一地点耦合测序数据和计算工具，可以实现系统的最佳功能。

虽然云计算可以使用户省去了维护本地计算系统的麻烦和成本，但它仍然存在着值得注意的缺陷。实际使用的障碍之一是传输数据进出云端的速度问题。使用低速互联网连接，将100GB的数据上传到云端可能需要一个星期。分析过程是否要在云端进行，在很大程度上取决于要传输的数据量和分析步骤的计算复杂性。作为一般规则，只有当分析任务每个字节数据需要超过 10^5 个CPU周期时，将数据上传到云端进行处理才是值得的[441]。所以对于需要处理大量数据，但不涉及大量高强度计算步骤的项目来说，将数据传输到云端的过程，比数据处理过程可能要花费更多的时间。其他潜在负面因素包括数据的安全性、在某些情况下费用过高、云环境中的分析工具是否可用，以及网络停机问题等。虽然用户可以在任何地方通过互联网访问他们的数据，但在方便的同时也就意味着数据的安全性被破坏，或者存在数据被盗用的可能性。一些使用量很大的用户可能会发现，云计算并不像本地服务器那样具有成本效益。尽管云端有更多软件工具可用，但用户仍然需要经常调查，以保证他们需要的分析工具可用。对于遭受频繁网络中断的地方的用户，因为所有基于云端的操作都取决于互联网的链接质量和速度，所以云计算可能会导致问题。

尽管存在着这样或那样的潜在缺点，云计算已被证明是NGS数据分析的可行方法。表14.1是一些可以提供NGS应用的云计算供应商的列表。为了说明如何部署云计算来分析NGS数据，下面提供了一个实例来说明使用Amazon Elastic Compute Cloud（Amazon EC2）进行读段比对。第一步，输入的数据文件（FASTQ文件和参考基因组文件）从本地计算机上传到Amazon S3云存储中的一个“bucket”中。这个“bucket”也可以通过使用AWS（Amazon Web Services）管理控制台（用于访问所有Amazon云资源的统一接口）来创建，是用来存放程序脚本和输出文件的。要启动比对过程，必须首先使用控制台的“创建工作流”功能来定义工作流程。要定义工作流程，必须指定输入序列结果文件，比对过程脚本和比对输出文件的保存位置。同时，还必须配置确定内存和处理器分配的作业所需的Amazon EC2实例数量。配置完成后，通过管理控制台提交任务。实例完成后，比对输出文件将存入S3云存储中预先指定的文件位置。

表 14.1 可用于 NGS 数据分析的云计算供应商

供应商	URL
Amazon Elastic Compute Cloud	http://aws.amazon.com/ec2/
Rackspace	http://www.racksapce.com
Bionimbus	http://bioimbus.opensciencedatacloud.org
Open Cloud Consortium（非营利机构）	http://opencloudconsortium.org
Microsoft Azure	http://azure.micorsoft.com
Google Cloud	https://cloud.google.com

（陈浩峰 译）

参考文献

1. Vale RD. The molecular motor toolbox for intracellular transport. *Cell* 2003, 112:467–480.
2. Cavalier-Smith T. The simultaneous symbiotic origin of mitochondria, chloroplasts, and microbodies. *Ann NY Acad Sci* 1987, 503:55–71.
3. Lopez de Heredia M, Jansen RP. mRNA localization and the cytoskeleton. *Curr Opin Cell Biol* 2004, 16:80–85.
4. Hirokawa N. mRNA transport in dendrites: RNA granules, motors, and tracks. *J Neurosci* 2006, 26:7139–7142.
5. Mayer F. Cytoskeletons in prokaryotes. *Cell Biol Int* 2003, 27:429–438.
6. Bender A, Krishnan KJ, Morris CM, Taylor GA, Reeve AK, Perry RH, Jaros E et al. High levels of mitochondrial DNA deletions in substantia nigra neurons in aging and Parkinson disease. *Nat Genet* 2006, 38:515–517.
7. Corral-Debrinski M, Shoffner JM, Lott MT, Wallace DC. Association of mitochondrial DNA damage with aging and coronary atherosclerotic heart disease. *Mutat Res* 1992, 275:169–180.
8. Santos RX, Correia SC, Zhu X, Smith MA, Moreira PI, Castellani RJ, Nunomura A, Perry G. Mitochondrial DNA oxidative damage and repair in aging and Alzheimer's disease. *Antioxid Redox Signal* 2013, 18:2444–2457.
9. Greaves LC, Reeve AK, Taylor RW, Turnbull DM. Mitochondrial DNA and disease. *J Pathol* 2012, 226:274–286.
10. Green BR. Chloroplast genomes of photosynthetic eukaryotes. *Plant J* 2011, 66:34–44.
11. Harris SA, Ingram R. Chloroplast DNA and biosystematics: The effects of intraspecific diversity and plastid transmission. *Taxon* 1991:393–412.
12. Roy U, Grewal RK, Roy S. Complex networks and systems biology. In *Systems and Synthetic Biology*. Springer; 2015:129–150.
13. Fraser CM, Gocayne JD, White O, Adams MD, Clayton RA, Fleischmann RD, Bult CJ et al. The minimal gene complement of Mycoplasma genitalium. *Science* 1995, 270:397–403.
14. Glass JI, Assad-Garcia N, Alperovich N, Yooseph S, Lewis MR, Maruf M, Hutchison CA, 3rd, Smith HO, Venter JC. Essential genes of a minimal bacterium. *Proc Natl Acad Sci USA* 2006, 103:425–430.
15. Nakabachi A, Yamashita A, Toh H, Ishikawa H, Dunbar HE, Moran NA, Hattori M. The 160-kilobase genome of the bacterial endosymbiont Carsonella. *Science* 2006, 314:267.
16. Colbourne JK, Pfrender ME, Gilbert D, Thomas WK, Tucker A, Oakley TH, Tokishita S et al. The ecoresponsive genome of Daphnia pulex. *Science* 2011, 331:555–561.
17. Shapiro JA, von Sternberg R. Why repetitive DNA is essential to genome function. *Biol Rev Camb Philos Soc* 2005, 80:227–250.
18. Roach JC, Glusman G, Smit AF, Huff CD, Hubley R, Shannon PT, Rowen L et al. Analysis of genetic inheritance in a family quartet by whole-genome sequencing. *Science* 2010, 328:636–639.

19. Alkan C, Coe BP, Eichler EE. Genome structural variation discovery and genotyping. *Nat Rev Genet* 2011, 12:363–376.
20. Malnic B, Godfrey PA, Buck LB. The human olfactory receptor gene family. *Proc Natl Acad Sci USA* 2004, 101:2584–2589.
21. Inai Y, Ohta Y, Nishikimi M. The whole structure of the human nonfunctional L-gulono-gamma-lactone oxidase gene—the gene responsible for scurvy—and the evolution of repetitive sequences thereon. *J Nutr Sci Vitaminol (Tokyo)* 2003, 49:315–319.
22. Law JA, Jacobsen SE. Establishing, maintaining and modifying DNA methylation patterns in plants and animals. *Nat Rev Genet* 2010, 11:204–220.
23. Cedar H, Bergman Y. Linking DNA methylation and histone modification: Patterns and paradigms. *Nat Rev Genet* 2009, 10:295–304.
24. Guo W, Chung WY, Qian M, Pellegrini M, Zhang MQ. Characterizing the strand-specific distribution of non-CpG methylation in human pluripotent cells. *Nucleic Acids Res* 2014, 42:3009–3016.
25. Wu H, Zhang Y. Reversing DNA methylation: Mechanisms, genomics, and biological functions. *Cell* 2014, 156:45–68.
26. Bertram L, McQueen MB, Mullin K, Blacker D, Tanzi RE. Systematic meta-analyses of Alzheimer disease genetic association studies: The AlzGene database. *Nat Genet* 2007, 39:17–23.
27. Baylin SB, Jones PA. A decade of exploring the cancer epigenome—Biological and translational implications. *Nat Rev Cancer* 2011, 11:726–734.
28. Ehrlich M. DNA hypomethylation in cancer cells. *Epigenomics* 2009, 1:239–259.
29. Serganov A, Nudler E. A decade of riboswitches. *Cell* 2013, 152:17–24.
30. Ray PS, Jia J, Yao P, Majumder M, Hatzoglou M, Fox PL. A stress-responsive RNA switch regulates VEGFA expression. *Nature* 2009, 457:915–919.
31. Wan Y, Kertesz M, Spitale RC, Segal E, Chang HY. Understanding the transcriptome through RNA structure. *Nat Rev Genet* 2011, 12:641–655.
32. Imashimizu M, Oshima T, Lubkowska L, Kashlev M. Direct assessment of transcription fidelity by high-resolution RNA sequencing. *Nucleic Acids Res* 2013, 41:9090–9104.
33. Wang ET, Sandberg R, Luo S, Khrebtukova I, Zhang L, Mayr C, Kingsmore SF, Schroth GP, Burge CB. Alternative isoform regulation in human tissue transcriptomes. *Nature* 2008, 456:470–476.
34. Pan Q, Shai O, Lee LJ, Frey BJ, Blencowe BJ. Deep surveying of alternative splicing complexity in the human transcriptome by high-throughput sequencing. *Nat Genet* 2008, 40:1413–1415.
35. Keegan LP, Gallo A, O'Connell MA. The many roles of an RNA editor. *Nat Rev Genet* 2001, 2:869–878.
36. Bratt E, Ohman M. Coordination of editing and splicing of glutamate receptor pre-mRNA. *RNA* 2003, 9:309–318.
37. Pfeiffer BE, Huber KM. Current advances in local protein synthesis and synaptic plasticity. *J Neurosci* 2006, 26:7147–7150.
38. Rustad TR, Minch KJ, Brabant W, Winkler JK, Reiss DJ, Baliga NS, Sherman DR. Global analysis of mRNA stability in Mycobacterium tuberculosis. *Nucleic Acids Res* 2013, 41:509–517.
39. Sharova LV, Sharov AA, Nedorezov T, Piao Y, Shaik N, Ko MS. Database for mRNA half-life of 19 977 genes obtained by DNA microarray analysis of pluripotent and differentiating mouse embryonic stem cells. *DNA Res* 2009, 16:45–58.

40. Yang E, van Nimwegen E, Zavolan M, Rajewsky N, Schroeder M, Magnasco M, Darnell JE, Jr. Decay rates of human mRNAs: Correlation with functional characteristics and sequence attributes. *Genome Res* 2003, 13:1863–1872.
41. Figueroa A, Cuadrado A, Fan J, Atasoy U, Muscat GE, Munoz-Canoves P, Gorospe M, Munoz A. Role of HuR in skeletal myogenesis through coordinate regulation of muscle differentiation genes. *Mol Cell Biol* 2003, 23:4991–5004.
42. Kulkarni M, Ozgur S, Stoecklin G. On track with P-bodies. *Biochem Soc Trans* 2010, 38:242–251.
43. Garneau NL, Wilusz J, Wilusz CJ. The highways and byways of mRNA decay. *Nat Rev Mol Cell Biol* 2007, 8:113–126.
44. Willis DE, Twiss JL. Regulation of protein levels in subcellular domains through mRNA transport and localized translation. *Mol Cell Proteomics* 2010, 9:952–962.
45. Jeffares DC, Poole AM, Penny D. Relics from the RNA world. *J Mol Evol* 1998, 46:18–36.
46. Cech TR. Structural biology. The ribosome is a ribozyme. *Science* 2000, 289:878–879.
47. Wilson RC, Doudna JA. Molecular mechanisms of RNA interference. *Annu Rev Biophys* 2013, 42:217–239.
48. Friedman RC, Farh KK, Burge CB, Bartel DP. Most mammalian mRNAs are conserved targets of microRNAs. *Genome Res* 2009, 19:92–105.
49. Kawamata T, Tomari Y. Making RISC. *Trends Biochem Sci* 2010, 35:368–376.
50. Carthew RW, Sontheimer EJ. Origins and Mechanisms of miRNAs and siRNAs. *Cell* 2009, 136:642–655.
51. Guttman M, Amit I, Garber M, French C, Lin MF, Feldser D, Huarte M et al. Chromatin signature reveals over a thousand highly conserved large non-coding RNAs in mammals. *Nature* 2009, 458:223–227.
52. Ponjavic J, Ponting CP, Lunter G. Functionality or transcriptional noise? Evidence for selection within long noncoding RNAs. *Genome Res* 2007, 17:556–565.
53. Liu X, Hao L, Li D, Zhu L, Hu S. Long non-coding RNAs and their biological roles in plants. *Genomics Proteomics Bioinformatics* 2015, 13:137–147.
54. Derrien T, Johnson R, Bussotti G, Tanzer A, Djebali S, Tilgner H, Guernec G et al. The GENCODE v7 catalog of human long noncoding RNAs: Analysis of their gene structure, evolution, and expression. *Genome Res* 2012, 22:1775–1789.
55. Gupta RA, Shah N, Wang KC, Kim J, Horlings HM, Wong DJ, Tsai MC et al. Long non-coding RNA HOTAIR reprograms chromatin state to promote cancer metastasis. *Nature* 2010, 464:1071–1076.
56. Zhao J, Sun BK, Erwin JA, Song JJ, Lee JT. Polycomb proteins targeted by a short repeat RNA to the mouse X chromosome. *Science* 2008, 322:750–756.
57. Li W, Notani D, Ma Q, Tanasa B, Nunez E, Chen AY, Merkurjev D et al. Functional roles of enhancer RNAs for oestrogen-dependent transcriptional activation. *Nature* 2013, 498:516–520.
58. Yoon JH, Abdelmohsen K, Srikantan S, Yang X, Martindale JL, De S, Huarte M, Zhan M, Becker KG, Gorospe M. LincRNA-p21 suppresses target mRNA translation. *Mol Cell* 2012, 47:648–655.
59. Gong C, Maquat LE. lncRNAs transactivate STAU1-mediated mRNA decay by duplexing with 3′ UTRs via Alu elements. *Nature* 2011, 470:284–288.
60. Yarmishyn AA, Kurochkin IV. Long noncoding RNAs: A potential novel class of cancer biomarkers. *Front Genet* 2015, 6:145.

61. Memczak S, Jens M, Elefsinioti A, Torti F, Krueger J, Rybak A, Maier L et al. Circular RNAs are a large class of animal RNAs with regulatory potency. *Nature* 2013, 495:333–338.
62. Hansen TB, Jensen TI, Clausen BH, Bramsen JB, Finsen B, Damgaard CK, Kjems J. Natural RNA circles function as efficient microRNA sponges. *Nature* 2013, 495:384–388.
63. Cech TR, Steitz JA. The noncoding RNA revolution-trashing old rules to forge new ones. *Cell* 2014, 157:77–94.
64. Carninci P, Kasukawa T, Katayama S, Gough J, Frith MC, Maeda N, Oyama R et al. The transcriptional landscape of the mammalian genome. *Science* 2005, 309:1559–1563.
65. Djebali S, Davis CA, Merkel A, Dobin A, Lassmann T, Mortazavi A, Tanzer A et al. Landscape of transcription in human cells. *Nature* 2012, 489:101–108.
66. Margulies M, Egholm M, Altman WE, Attiya S, Bader JS, Bemben LA, Berka J et al. Genome sequencing in microfabricated high-density picolitre reactors. *Nature* 2005, 437:376–380.
67. Bentley DR, Balasubramanian S, Swerdlow HP, Smith GP, Milton J, Brown CG, Hall KP et al. Accurate whole human genome sequencing using reversible terminator chemistry. *Nature* 2008, 456:53–59.
68. Eid J, Fehr A, Gray J, Luong K, Lyle J, Otto G, Peluso P et al. Real-time DNA sequencing from single polymerase molecules. *Science* 2009, 323:133–138.
69. Poptsova MS, Il'icheva IA, Nechipurenko DY, Panchenko LA, Khodikov MV, Oparina NY, Polozov RV, Nechipurenko YD, Grokhovsky SL. Non-random DNA fragmentation in next-generation sequencing. *Sci Rep* 2014, 4:4532.
70. Seguin-Orlando A, Schubert M, Clary J, Stagegaard J, Alberdi MT, Prado JL, Prieto A, Willerslev E, Orlando L. Ligation bias in illumina next-generation DNA libraries: Implications for sequencing ancient genomes. *PLoS One* 2013, 8:e78575.
71. Hafner M, Renwick N, Brown M, Mihailovic A, Holoch D, Lin C, Pena JT et al. RNA-ligase-dependent biases in miRNA representation in deep-sequenced small RNA cDNA libraries. *RNA* 2011, 17:1697–1712.
72. Aird D, Ross MG, Chen WS, Danielsson M, Fennell T, Russ C, Jaffe DB, Nusbaum C, Gnirke A. Analyzing and minimizing PCR amplification bias in Illumina sequencing libraries. *Genome Biol* 2011, 12:R18.
73. FastQC, http://www.bioinformatics.babraham.ac.uk/projects/fastqc/.
74. FASTX-Toolkit, http://hannonlab.cshl.edu/fastx_toolkit/.
75. Patel RK, Jain M. NGS QC Toolkit: A toolkit for quality control of next generation sequencing data. *PLoS One* 2012, 7:e30619.
76. Chen C, Khaleel SS, Huang H, Wu CH. Software for pre-processing Illumina next-generation sequencing short read sequences. *Source Code Biol Med* 2014, 9:8.
77. Sickle: A sliding-window, adaptive, quality-based trimming tool for FastQ files (version 1.33) [software], https://github.com/najoshi/sickle.
78. Bolger AM, Lohse M, Usadel B. Trimmomatic: A flexible trimmer for Illumina sequence data. *Bioinformatics* 2014, 30:2114–2120.
79. Li R, Li Y, Kristiansen K, Wang J. SOAP: Short oligonucleotide alignment program. *Bioinformatics* 2008, 24:713–714.
80. Li H, Ruan J, Durbin R. Mapping short DNA sequencing reads and calling variants using mapping quality scores. *Genome Res* 2008, 18:1851–1858.
81. Burrows M, Wheeler DJ. *A block-sorting lossless data compression algorithm*. Digital Systems Research Center: Palo Alto, CA, Research Report 124, 1994.

82. Li H, Durbin R. Fast and accurate long-read alignment with Burrows-Wheeler transform. *Bioinformatics* 2010, 26:589–595.
83. Langmead B, Salzberg SL. Fast gapped-read alignment with Bowtie 2. *Nat Methods* 2012, 9:357–359.
84. Li R, Yu C, Li Y, Lam TW, Yiu SM, Kristiansen K, Wang J. SOAP2: An improved ultrafast tool for short read alignment. *Bioinformatics* 2009, 25:1966–1967.
85. Lunter G, Goodson M. Stampy: A statistical algorithm for sensitive and fast mapping of Illumina sequence reads. *Genome Res* 2011, 21:936–939.
86. David M, Dzamba M, Lister D, Ilie L, Brudno M. SHRiMP2: Sensitive yet practical Short Read Mapping. *Bioinformatics* 2011, 27:1011–1012.
87. Li H. Aligning sequence reads, clone sequences and assembly contigs with BWA-MEM. arXiv preprint arXiv:13033997 2013.
88. Chaisson MJ, Tesler G. Mapping single molecule sequencing reads using basic local alignment with successive refinement (BLASR): Application and theory. *BMC Bioinformatics* 2012, 13:238.
89. Kielbasa SM, Wan R, Sato K, Horton P, Frith MC. Adaptive seeds tame genomic sequence comparison. *Genome Res* 2011, 21:487–493.
90. Harris RS. Improved pairwise alignment of genomic DNA. PhD dissertation, Pennslyvania State University, 2007. ProQuest.
91. Schneeberger K, Hagmann J, Ossowski S, Warthmann N, Gesing S, Kohlbacher O, Weigel D. Simultaneous alignment of short reads against multiple genomes. *Genome Biol* 2009, 10:R98.
92. Yuan Y, Norris C, Xu Y, Tsui KW, Ji Y, Liang H. BM-Map: An efficient software package for accurately allocating multireads of RNA-sequencing data. *BMC Genomics* 2012, 13 Suppl 8:S9.
93. Thorvaldsdottir H, Robinson JT, Mesirov JP. Integrative Genomics Viewer (IGV): High-performance genomics data visualization and exploration. *Brief Bioinform* 2013, 14:178–192.
94. Huang W, Marth G. EagleView: A genome assembly viewer for next-generation sequencing technologies. *Genome Res* 2008, 18:1538–1543.
95. Milne I, Bayer M, Cardle L, Shaw P, Stephen G, Wright F, Marshall D. Tablet—Next generation sequence assembly visualization. *Bioinformatics* 2010, 26: 401–402.
96. Li R, Zhu H, Ruan J, Qian W, Fang X, Shi Z, Li Y, Li S, Shan G, Kristiansen K et al. De novo assembly of human genomes with massively parallel short read sequencing. *Genome Res* 2010, 20:265–272.
97. Lampa S, Dahlo M, Olason PI, Hagberg J, Spjuth O. Lessons learned from implementing a national infrastructure in Sweden for storage and analysis of next-generation sequencing data. *Gigascience* 2013, 2:9.
98. Rasche A, Lienhard M, Yaspo ML, Lehrach H, Herwig R. ARH-seq: Identification of differential splicing in RNA-seq data. *Nucleic Acids Res* 2014. doi: 10.1093/nar/gku495.
99. Farazi TA, Brown M, Morozov P, Ten Hoeve JJ, Ben-Dov IZ, Hovestadt V, Hafner M et al. Bioinformatic analysis of barcoded cDNA libraries for small RNA profiling by next-generation sequencing. *Methods* 2012, 58:171–187.
100. Galaxy, https://usegalaxy.org.
101. Afgan E, Baker D, Coraor N, Chapman B, Nekrutenko A, Taylor J. Galaxy CloudMan: Delivering cloud compute clusters. *BMC Bioinformatics* 2010, 11 Suppl 12:S4.

102. Zhulidov PA, Bogdanova EA, Shcheglov AS, Vagner LL, Khaspekov GL, Kozhemyako VB, Matz MV et al. Simple cDNA normalization using kamchatka crab duplex-specific nuclease. *Nucleic Acids Res* 2004, 32:e37.
103. Gallego Romero I, Pai AA, Tung J, Gilad Y. RNA-seq: Impact of RNA degradation on transcript quantification. *BMC Biol* 2014, 12:42.
104. Yang L, Duff MO, Graveley BR, Carmichael GG, Chen LL. Genomewide characterization of non-polyadenylated RNAs. *Genome Biol* 2011, 12:R16.
105. Auer PL, Doerge RW. Statistical design and analysis of RNA sequencing data. *Genetics* 2010, 185:405–416.
106. Busby MA, Stewart C, Miller CA, Grzeda KR, Marth GT. Scotty: A web tool for designing RNA-Seq experiments to measure differential gene expression. *Bioinformatics* 2013, 29:656–657.
107. Wang Y, Ghaffari N, Johnson CD, Braga-Neto UM, Wang H, Chen R, Zhou H. Evaluation of the coverage and depth of transcriptome by RNA-Seq in chickens. *BMC Bioinformatics* 2011, 12 Suppl 10:S5.
108. Vijay N, Poelstra JW, Kunstner A, Wolf JB. Challenges and strategies in transcriptome assembly and differential gene expression quantification. A comprehensive in silico assessment of RNA-seq experiments. *Mol Ecol* 2013, 22:620–634.
109. Liu Y, Ferguson JF, Xue C, Silverman IM, Gregory B, Reilly MP, Li M. Evaluating the impact of sequencing depth on transcriptome profiling in human adipose. *PLoS One* 2013, 8:e66883.
110. Ching T, Huang S, Garmire LX. Power analysis and sample size estimation for RNA-Seq differential expression. *RNA* 2014, 20:1684–1696.
111. DeLuca DS, Levin JZ, Sivachenko A, Fennell T, Nazaire MD, Williams C, Reich M, Winckler W, Getz G. RNA-SeQC: RNA-seq metrics for quality control and process optimization. *Bioinformatics* 2012, 28:1530–1532.
112. Wang L, Wang S, Li W. RSeQC: Quality control of RNA-seq experiments. *Bioinformatics* 2012, 28:2184–2185.
113. Tang S, Riva A. PASTA: Splice junction identification from RNA-sequencing data. *BMC Bioinformatics* 2013, 14:116.
114. Chen LY, Wei KC, Huang AC, Wang K, Huang CY, Yi D, Tang CY, Galas DJ, Hood LE. RNASEQR—A streamlined and accurate RNA-seq sequence analysis program. *Nucleic Acids Res* 2012, 40:e42.
115. Grant GR, Farkas MH, Pizarro AD, Lahens NF, Schug J, Brunk BP, Stoeckert CJ, Hogenesch JB, Pierce EA. Comparative analysis of RNA-Seq alignment algorithms and the RNA-Seq unified mapper (RUM). *Bioinformatics* 2011, 27:2518–2528.
116. Xu G, Deng N, Zhao Z, Judeh T, Flemington E, Zhu D. SAMMate: A GUI tool for processing short read alignments in SAM/BAM format. *Source Code Biol Med* 2011, 6:2.
117. Ryan MC, Cleland J, Kim R, Wong WC, Weinstein JN. SpliceSeq: A resource for analysis and visualization of RNA-Seq data on alternative splicing and its functional impacts. *Bioinformatics* 2012, 28:2385–2387.
118. Trapnell C, Pachter L, Salzberg SL. TopHat: Discovering splice junctions with RNA-Seq. *Bioinformatics* 2009, 25:1105–1111.
119. Kim D, Pertea G, Trapnell C, Pimentel H, Kelley R, Salzberg SL. TopHat2: Accurate alignment of transcriptomes in the presence of insertions, deletions and gene fusions. *Genome Biol* 2013, 14:R36.

120. Wang K, Singh D, Zeng Z, Coleman SJ, Huang Y, Savich GL, He X et al. MapSplice: Accurate mapping of RNA-seq reads for splice junction discovery. *Nucleic Acids Res* 2010, 38:e178.
121. Au KF, Jiang H, Lin L, Xing Y, Wong WH. Detection of splice junctions from paired-end RNA-seq data by SpliceMap. *Nucleic Acids Res* 2010, 38:4570–4578.
122. Dimon MT, Sorber K, DeRisi JL. HMMSplicer: A tool for efficient and sensitive discovery of known and novel splice junctions in RNA-Seq data. *PLoS One* 2010, 5:e13875.
123. Marco-Sola S, Sammeth M, Guigo R, Ribeca P. The GEM mapper: Fast, accurate and versatile alignment by filtration. *Nat Methods* 2012, 9:1185–1188.
124. Wu TD, Nacu S. Fast and SNP-tolerant detection of complex variants and splicing in short reads. *Bioinformatics* 2010, 26:873–881.
125. Bao H, Xiong Y, Guo H, Zhou R, Lu X, Yang Z, Zhong Y, Shi S. MapNext: A software tool for spliced and unspliced alignments and SNP detection of short sequence reads. *BMC Genomics* 2009, 10 Suppl 3:S13.
126. Ameur A, Wetterbom A, Feuk L, Gyllensten U. Global and unbiased detection of splice junctions from RNA-seq data. *Genome Biol* 2010, 11:R34.
127. Dobin A, Davis CA, Schlesinger F, Drenkow J, Zaleski C, Jha S, Batut P, Chaisson M, Gingeras TR. *STAR*: Ultrafast universal RNA-seq aligner. *Bioinformatics* 2013, 29:15–21.
128. Schulz MH, Zerbino DR, Vingron M, Birney E. Oases: Robust de novo RNA-seq assembly across the dynamic range of expression levels. *Bioinformatics* 2012, 28:1086–1092.
129. Xie Y, Wu G, Tang J, Luo R, Patterson J, Liu S, Huang W et al. SOAPdenovo-Trans: De novo transcriptome assembly with short RNA-Seq reads. *Bioinformatics* 2014, 30:1660–1666.
130. Robertson G, Schein J, Chiu R, Corbett R, Field M, Jackman SD, Mungall K et al. De novo assembly and analysis of RNA-seq data. *Nat Methods* 2010, 7:909–912.
131. Grabherr MG, Haas BJ, Yassour M, Levin JZ, Thompson DA, Amit I, Adiconis X et al. Full-length transcriptome assembly from RNA-Seq data without a reference genome. *Nat Biotechnol* 2011, 29:644–652.
132. Bullard JH, Purdom E, Hansen KD, Dudoit S. Evaluation of statistical methods for normalization and differential expression in mRNA-Seq experiments. *BMC Bioinformatics* 2010, 11:94.
133. Law CW, Chen Y, Shi W, Smyth GK. Voom: Precision weights unlock linear model analysis tools for RNA-seq read counts. *Genome Biol* 2014, 15:R29.
134. Risso D, Schwartz K, Sherlock G, Dudoit S. GC-content normalization for RNA-Seq data. *BMC Bioinformatics* 2011, 12:480.
135. Marioni JC, Mason CE, Mane SM, Stephens M, Gilad Y. RNA-seq: An assessment of technical reproducibility and comparison with gene expression arrays. *Genome Res* 2008, 18:1509–1517.
136. Anders S, Huber W. Differential expression analysis for sequence count data. *Genome Biol* 2010, 11:R106.
137. Li J, Witten DM, Johnstone IM, Tibshirani R. Normalization, testing, and false discovery rate estimation for RNA-sequencing data. *Biostatistics* 2012, 13:523–538.
138. Hardcastle TJ, Kelly KA. baySeq: Empirical Bayesian methods for identifying differential expression in sequence count data. *BMC Bioinformatics* 2010, 11:422.

139. Trapnell C, Williams BA, Pertea G, Mortazavi A, Kwan G, van Baren MJ, Salzberg SL, Wold BJ, Pachter L. Transcript assembly and quantification by RNA-Seq reveals unannotated transcripts and isoform switching during cell differentiation. *Nat Biotechnol* 2010, 28:511–515.
140. Trapnell C, Hendrickson DG, Sauvageau M, Goff L, Rinn JL, Pachter L. Differential analysis of gene regulation at transcript resolution with RNA-seq. *Nat Biotechnol* 2013, 31:46–53.
141. Wang L, Feng Z, Wang X, Wang X, Zhang X. DEGseq: An R package for identifying differentially expressed genes from RNA-seq data. *Bioinformatics* 2010, 26:136–138.
142. Love MI, Huber W, Anders S. Moderated estimation of fold change and dispersion for RNA-Seq data with DESeq2. bioRxiv 2014.
143. Robinson MD, McCarthy DJ, Smyth GK. edgeR: A Bioconductor package for differential expression analysis of digital gene expression data. *Bioinformatics* 2010, 26:139–140.
144. Li J, Tibshirani R. Finding consistent patterns: A nonparametric approach for identifying differential expression in RNA-Seq data. *Stat Methods Med Res* 2013, 22:519–536.
145. Audic S, Claverie JM. The significance of digital gene expression profiles. *Genome Res* 1997, 7:986–995.
146. Katz Y, Wang ET, Airoldi EM, Burge CB. Analysis and design of RNA sequencing experiments for identifying isoform regulation. *Nat Methods* 2010, 7:1009–1015.
147. Wu J, Akerman M, Sun S, McCombie WR, Krainer AR, Zhang MQ. SpliceTrap: A method to quantify alternative splicing under single cellular conditions. *Bioinformatics* 2011, 27:3010–3016.
148. Roberts A, Pimentel H, Trapnell C, Pachter L. Identification of novel transcripts in annotated genomes using RNA-Seq. *Bioinformatics* 2011, 27:2325–2329.
149. Li JJ, Jiang CR, Brown JB, Huang H, Bickel PJ. Sparse linear modeling of next-generation mRNA sequencing (RNA-Seq) data for isoform discovery and abundance estimation. *Proc Natl Acad Sci USA* 2011, 108:19867–19872.
150. Mangul S, Caciula A, Glebova O, Mandoiu I, Zelikovsky A. Improved transcriptome quantification and reconstruction from RNA-Seq reads using partial annotations. *In Silico Biol* 2011, 11:251–261.
151. Griffith M, Griffith OL, Mwenifumbo J, Goya R, Morrissy AS, Morin RD, Corbett R et al.: Alternative expression analysis by RNA sequencing. *Nat Methods* 2010, 7:843–847.
152. Singh D, Orellana CF, Hu Y, Jones CD, Liu Y, Chiang DY, Liu J, Prins JF. FDM: A graph-based statistical method to detect differential transcription using RNA-seq data. *Bioinformatics* 2011, 27:2633–2640.
153. Drewe P, Stegle O, Hartmann L, Kahles A, Bohnert R, Wachter A, Borgwardt K, Ratsch G. Accurate detection of differential RNA processing. *Nucleic Acids Res* 2013, 41:5189–5198.
154. Shi Y, Jiang H. rSeqDiff: Detecting differential isoform expression from RNA-Seq data using hierarchical likelihood ratio test. *PLoS One* 2013, 8:e79448.
155. Zheng S, Chen L. A hierarchical Bayesian model for comparing transcriptomes at the individual transcript isoform level. *Nucleic Acids Res* 2009, 37:e75.
156. Glaus P, Honkela A, Rattray M. Identifying differentially expressed transcripts from RNA-seq data with biological variation. *Bioinformatics* 2012, 28: 1721–1728.

157. Leng N, Dawson JA, Thomson JA, Ruotti V, Rissman AI, Smits BM, Haag JD, Gould MN, Stewart RM, Kendziorski C. EBSeq: An empirical Bayes hierarchical model for inference in RNA-seq experiments. *Bioinformatics* 2013, 29:1035–1043.
158. Li B, Dewey CN. RSEM: Accurate transcript quantification from RNA-Seq data with or without a reference genome. *BMC Bioinformatics* 2011, 12:323.
159. Nicolae M, Mangul S, Mandoiu, II, Zelikovsky A. Estimation of alternative splicing isoform frequencies from RNA-Seq data. *Algorithms Mol Biol* 2011, 6:9.
160. Martin J, Bruno VM, Fang Z, Meng X, Blow M, Zhang T, Sherlock G, Snyder M, Wang Z. Rnnotator: An automated de novo transcriptome assembly pipeline from stranded RNA-Seq reads. *BMC Genomics* 2010, 11:663.
161. Sacomoto GA, Kielbassa J, Chikhi R, Uricaru R, Antoniou P, Sagot MF, Peterlongo P, Lacroix V. KISSPLICE: De-novo calling alternative splicing events from RNA-seq data. *BMC Bioinformatics* 2012, 13 Suppl 6:S5.
162. Huang da W, Sherman BT, Lempicki RA. Systematic and integrative analysis of large gene lists using DAVID bioinformatics resources. *Nat Protoc* 2009, 4:44–57.
163. Subramanian A, Tamayo P, Mootha VK, Mukherjee S, Ebert BL, Gillette MA, Paulovich A et al. Gene set enrichment analysis: A knowledge-based approach for interpreting genome-wide expression profiles. *Proc Natl Acad Sci USA* 2005, 102:15545–15550.
164. Salzman J, Gawad C, Wang PL, Lacayo N, Brown PO. Circular RNAs are the predominant transcript isoform from hundreds of human genes in diverse cell types. *PLoS One* 2012, 7:e30733.
165. Davare MA, Tognon CE. Detecting and targeting oncogenic fusion proteins in the genomic era. *Biol Cell* 2015, 107(5):111–129.
166. Huang V, Qin Y, Wang J, Wang X, Place RF, Lin G, Lue TF, Li LC. RNAa is conserved in mammalian cells. *PLoS One* 2010, 5:e8848.
167. Alon S, Vigneault F, Eminaga S, Christodoulou DC, Seidman JG, Church GM, Eisenberg E. Barcoding bias in high-throughput multiplex sequencing of miRNA. *Genome Res* 2011, 21:1506–1511.
168. Hafner M, Renwick N, Brown M, Mihailovic A, Holoch D, Lin C, Pena JT et al. RNA-ligase-dependent biases in miRNA representation in deep-sequenced small RNA cDNA libraries. *RNA* 2011, 17:1697–1712.
169. Linsen SE, de Wit E, Janssens G, Heater S, Chapman L, Parkin RK, Fritz B et al. Limitations and possibilities of small RNA digital gene expression profiling. *Nat Methods* 2009, 6:474–476.
170. Tian G, Yin X, Luo H, Xu X, Bolund L, Zhang X, Gan SQ, Li N. Sequencing bias: Comparison of different protocols of microRNA library construction. *BMC Biotechnol* 2010, 10:64.
171. Metpally RP, Nasser S, Malenica I, Courtright A, Carlson E, Ghaffari L, Villa S, Tembe W, Van Keuren-Jensen K. Comparison of analysis tools for miRNA high throughput sequencing using nerve crush as a model. *Front Genet* 2013, 4:20.
172. Huang PJ, Liu YC, Lee CC, Lin WC, Gan RR, Lyu PC, Tang P. DSAP: Deep-sequencing small RNA analysis pipeline. *Nucleic Acids Res* 2010, 38:W385–391.
173. Hackenberg M, Sturm M, Langenberger D, Falcon-Perez JM, Aransay AM. miRanalyzer: A microRNA detection and analysis tool for next-generation sequencing experiments. *Nucleic Acids Res* 2009, 37:W68–76.
174. Friedlander MR, Mackowiak SD, Li N, Chen W, Rajewsky N. miRDeep2 accurately identifies known and hundreds of novel microRNA genes in seven animal clades. *Nucleic Acids Res* 2012, 40:37–52.

175. Wang WC, Lin FM, Chang WC, Lin KY, Huang HD, Lin NS. miRExpress: Analyzing high-throughput sequencing data for profiling microRNA expression. *BMC Bioinformatics* 2009, 10:328.
176. Ronen R, Gan I, Modai S, Sukacheov A, Dror G, Halperin E, Shomron N. miRNAkey: A software for microRNA deep sequencing analysis. *Bioinformatics* 2010, 26:2615–2616.
177. Zhu E, Zhao F, Xu G, Hou H, Zhou L, Li X, Sun Z, Wu J. mirTools: microRNA profiling and discovery based on high-throughput sequencing. *Nucleic Acids Res* 2010, 38:W392–397.
178. Burge SW, Daub J, Eberhardt R, Tate J, Barquist L, Nawrocki EP, Eddy SR, Gardner PP, Bateman A. Rfam 11.0: 10 years of RNA families. *Nucleic Acids Res* 2013, 41:D226–232.
179. Axtell MJ. Butter: High-precision genomic alignment of small RNA-seq data. bioRxiv 2014:007427.
180. Morin RD, O'Connor MD, Griffith M, Kuchenbauer F, Delaney A, Prabhu AL, Zhao Y et al. Application of massively parallel sequencing to microRNA profiling and discovery in human embryonic stem cells. *Genome Res* 2008, 18:610–621.
181. Fernandez-Valverde SL, Taft RJ, Mattick JS. Dynamic isomiR regulation in Drosophila development. *RNA* 2010, 16:1881–1888.
182. Li SC, Tsai KW, Pan HW, Jeng YM, Ho MR, Li WH. MicroRNA 3' end nucleotide modification patterns and arm selection preference in liver tissues. *BMC Syst Biol* 2012, 6 Suppl 2:S14.
183. Pan CT, Tsai KW, Hung TM, Lin WC, Pan CY, Yu HR, Li SC. miRSeq: A user-friendly standalone toolkit for sequencing quality evaluation and miRNA profiling. *Biomed Res Int* 2014, 2014:462135.
184. Pantano L, Estivill X, Marti E. SeqBuster, a bioinformatic tool for the processing and analysis of small RNAs datasets, reveals ubiquitous miRNA modifications in human embryonic cells. *Nucleic Acids Res* 2010, 38:e34.
185. Garmire LX, Subramaniam S. Evaluation of normalization methods in mammalian microRNA-Seq data. *RNA* 2012, 18:1279–1288.
186. Dillies MA, Rau A, Aubert J, Hennequet-Antier C, Jeanmougin M, Servant N, Keime C et al. A comprehensive evaluation of normalization methods for Illumina high-throughput RNA sequencing data analysis. *Brief Bioinform* 2013, 14:671–683.
187. Enright AJ, John B, Gaul U, Tuschl T, Sander C, Marks DS. MicroRNA targets in Drosophila. *Genome Biol* 2003, 5:R1.
188. Betel D, Koppal A, Agius P, Sander C, Leslie C. Comprehensive modeling of microRNA targets predicts functional non-conserved and non-canonical sites. *Genome Biol* 2010, 11:R90.
189. Krek A, Grun D, Poy MN, Wolf R, Rosenberg L, Epstein EJ, MacMenamin P et al. Combinatorial microRNA target predictions. *Nat Genet* 2005, 37:495–500.
190. Kertesz M, Iovino N, Unnerstall U, Gaul U, Segal E. The role of site accessibility in microRNA target recognition. *Nat Genet* 2007, 39:1278–1284.
191. Miranda KC, Huynh T, Tay Y, Ang YS, Tam WL, Thomson AM, Lim B, Rigoutsos I. A pattern-based method for the identification of MicroRNA binding sites and their corresponding heteroduplexes. *Cell* 2006, 126:1203–1217.
192. Rehmsmeier M, Steffen P, Hochsmann M, Giegerich R. Fast and effective prediction of microRNA/target duplexes. *RNA* 2004, 10:1507–1517.

193. Lewis BP, Burge CB, Bartel DP. Conserved seed pairing, often flanked by adenosines, indicates that thousands of human genes are microRNA targets. *Cell* 2005, 120:15–20.
194. Reczko M, Maragkakis M, Alexiou P, Grosse I, Hatzigeorgiou AG. Functional microRNA targets in protein coding sequences. *Bioinformatics* 2012, 28:771–776.
195. Maragkakis M, Alexiou P, Papadopoulos GL, Reczko M, Dalamagas T, Giannopoulos G, Goumas G et al. Accurate microRNA target prediction correlates with protein repression levels. *BMC Bioinformatics* 2009, 10:295.
196. Ritchie W, Flamant S, Rasko JE. Predicting microRNA targets and functions: Traps for the unwary. *Nat Methods* 2009, 6:397–398.
197. Vlachos IS, Kostoulas N, Vergoulis T, Georgakilas G, Reczko M, Maragkakis M, Paraskevopoulou MD, Prionidis K, Dalamagas T, Hatzigeorgiou AG. DIANA miRPath v.2.0: Investigating the combinatorial effect of microRNAs in pathways. *Nucleic Acids Res* 2012, 40:W498–504.
198. Veltman JA, Brunner HG. De novo mutations in human genetic disease. *Nat Rev Genet* 2012, 13(8):565–575.
199. Meyerson M, Gabriel S, Getz G. Advances in understanding cancer genomes through second-generation sequencing. *Nat Rev Genet* 2010, 11(10):685–696.
200. McKenna A, Hanna M, Banks E, Sivachenko A, Cibulskis K, Kernytsky A, Garimella K et al. The Genome Analysis Toolkit: A MapReduce framework for analyzing next-generation DNA sequencing data. *Genome Res* 2010, 20(9):1297–1303.
201. Li H, Handsaker B, Wysoker A, Fennell T, Ruan J, Homer N, Marth G, Abecasis G, Durbin R, Genome Project Data Processing Subgroup. The Sequence Alignment/Map format and SAMtools. *Bioinformatics* 2009, 25(16):2078–2079.
202. Li R, Li Y, Fang X, Yang H, Wang J, Kristiansen K, Wang J. SNP detection for massively parallel whole-genome resequencing. *Genome Res* 2009, 19(6):1124–1132.
203. Challis D, Yu J, Evani US, Jackson AR, Paithankar S, Coarfa C, Milosavljevic A, Gibbs RA, Yu F. An integrative variant analysis suite for whole exome next-generation sequencing data. *BMC Bioinformatics* 2012, 13:8.
204. Koboldt DC, Zhang Q, Larson DE, Shen D, McLellan MD, Lin L, Miller CA, Mardis ER, Ding L, Wilson RK. VarScan 2: Somatic mutation and copy number alteration discovery in cancer by exome sequencing. *Genome Res* 2012, 22(3):568–576.
205. Cibulskis K, Lawrence MS, Carter SL, Sivachenko A, Jaffe D, Sougnez C, Gabriel S, Meyerson M, Lander ES, Getz G. Sensitive detection of somatic point mutations in impure and heterogeneous cancer samples. *Nat Biotechnol* 2013, 31(3):213–219.
206. Larson DE, Harris CC, Chen K, Koboldt DC, Abbott TE, Dooling DJ, Ley TJ, Mardis ER, Wilson RK, Ding L. SomaticSniper: Identification of somatic point mutations in whole genome sequencing data. *Bioinformatics* 2012, 28(3):311–317.
207. Saunders CT, Wong WS, Swamy S, Becq J, Murray LJ, Cheetham RK. Strelka: Accurate somatic small-variant calling from sequenced tumor-normal sample pairs. *Bioinformatics* 2012, 28(14):1811–1817.
208. Roth A, Ding J, Morin R, Crisan A, Ha G, Giuliany R, Bashashati A et al. JointSNVMix: A probabilistic model for accurate detection of somatic mutations in normal/tumour paired next-generation sequencing data. *Bioinformatics* 2012, 28(7):907–913.

209. Albers CA, Lunter G, MacArthur DG, McVean G, Ouwehand WH, Durbin R. Dindel: Accurate indel calls from short-read data. *Genome Res* 2011, 21(6):961–973.
210. Li S, Li R, Li H, Lu J, Li Y, Bolund L, Schierup MH, Wang J. SOAPindel: Efficient identification of indels from short paired reads. *Genome Res* 2013, 23(1):195–200.
211. Tang X, Baheti S, Shameer K, Thompson KJ, Wills Q, Niu N, Holcomb IN et al. The eSNV-detect: A computational system to identify expressed single nucleotide variants from transcriptome sequencing data. *Nucleic Acids Res* 2014, 42(22):e172.
212. Piskol R, Ramaswami G, Li JB. Reliable identification of genomic variants from RNA-seq data. *Am J Hum Genet* 2013, 93(4):641–651.
213. Goya R, Sun MG, Morin RD, Leung G, Ha G, Wiegand KC, Senz J et al. SNVMix: Predicting single nucleotide variants from next-generation sequencing of tumors. *Bioinformatics* 2010, 26(6):730–736.
214. Danecek P, Auton A, Abecasis G, Albers CA, Banks E, DePristo MA, Handsaker RE et al. The variant call format and VCFtools. *Bioinformatics* 2011, 27(15):2156–2158.
215. vcflib, https://github.com/ekg/vcflib.
216. Freudenberg-Hua Y, Freudenberg J, Kluck N, Cichon S, Propping P, Nothen MM. Single nucleotide variation analysis in 65 candidate genes for CNS disorders in a representative sample of the European population. *Genome Res* 2003, 13(10):2271–2276.
217. Chen K, Wallis JW, McLellan MD, Larson DE, Kalicki JM, Pohl CS, McGrath SD et al. BreakDancer: An algorithm for high-resolution mapping of genomic structural variation. *Nat Methods* 2009, 6(9):677–681.
218. Sindi S, Helman E, Bashir A, Raphael BJ. A geometric approach for classification and comparison of structural variants. *Bioinformatics* 2009, 25(12):i222–i230.
219. Quinlan AR, Clark RA, Sokolova S, Leibowitz ML, Zhang Y, Hurles ME, Mell JC, Hall IM. Genome-wide mapping and assembly of structural variant breakpoints in the mouse genome. *Genome Res* 2010, 20(5):623–635.
220. Korbel JO, Abyzov A, Mu XJ, Carriero N, Cayting P, Zhang Z, Snyder M, Gerstein MB. PEMer: A computational framework with simulation-based error models for inferring genomic structural variants from massive paired-end sequencing data. *Genome Biol* 2009, 10(2):R23.
221. Zeitouni B, Boeva V, Janoueix-Lerosey I, Loeillet S, Legoix-ne P, Nicolas A, Delattre O, Barillot E. SVDetect: A tool to identify genomic structural variations from paired-end and mate-pair sequencing data. *Bioinformatics* 2010, 26(15):1895–1896.
222. Wang J, Mullighan CG, Easton J, Roberts S, Heatley SL, Ma J, Rusch MC et al. CREST maps somatic structural variation in cancer genomes with base-pair resolution. *Nat Methods* 2011, 8(8):652–654.
223. Ye K, Schulz MH, Long Q, Apweiler R, Ning Z. Pindel: A pattern growth approach to detect break points of large deletions and medium sized insertions from paired-end short reads. *Bioinformatics* 2009, 25(21):2865–2871.
224. Emde AK, Schulz MH, Weese D, Sun R, Vingron M, Kalscheuer VM, Haas SA, Reinert K. Detecting genomic indel variants with exact breakpoints in single- and paired-end sequencing data using SplazerS. *Bioinformatics* 2012, 28(5):619–627.

225. Zhang ZD, Du J, Lam H, Abyzov A, Urban AE, Snyder M, Gerstein M. Identification of genomic indels and structural variations using split reads. *BMC Genomics* 2011, 12:375.
226. Iqbal Z, Caccamo M, Turner I, Flicek P, McVean G. De novo assembly and genotyping of variants using colored de Bruijn graphs. *Nat Genet* 2012, 44(2):226–232.
227. Ivakhno S, Royce T, Cox AJ, Evers DJ, Cheetham RK, Tavare S. CNAseg—A novel framework for identification of copy number changes in cancer from second-generation sequencing data. *Bioinformatics* 2010, 26(24):3051–3058.
228. Xie C, Tammi MT. CNV-seq, a new method to detect copy number variation using high-throughput sequencing. *BMC bioinformatics* 2009, 10:80.
229. Abyzov A, Urban AE, Snyder M, Gerstein M. CNVnator: An approach to discover, genotype, and characterize typical and atypical CNVs from family and population genome sequencing. *Genome Res* 2011, 21(6):974–984.
230. Yoon S, Xuan Z, Makarov V, Ye K, Sebat J. Sensitive and accurate detection of copy number variants using read depth of coverage. *Genome Res* 2009, 19(9):1586–1592.
231. Magi A, Benelli M, Yoon S, Roviello F, Torricelli F. Detecting common copy number variants in high-throughput sequencing data by using JointSLM algorithm. *Nucleic Acids Res* 2011, 39(10):e65.
232. Chiang DY, Getz G, Jaffe DB, O'Kelly MJ, Zhao X, Carter SL, Russ C, Nusbaum C, Meyerson M, Lander ES. High-resolution mapping of copy-number alterations with massively parallel sequencing. *Nat Methods* 2009, 6(1):99–103.
233. Wong K, Keane TM, Stalker J, Adams DJ. Enhanced structural variant and breakpoint detection using SVMerge by integration of multiple detection methods and local assembly. *Genome Biol* 2010, 11(12):R128.
234. Sindi SS, Onal S, Peng LC, Wu HT, Raphael BJ. An integrative probabilistic model for identification of structural variation in sequencing data. *Genome Biol* 2012, 13(3):R22.
235. Zhang J, Wu Y. SVseq: An approach for detecting exact breakpoints of deletions with low-coverage sequence data. *Bioinformatics* 2011, 27(23):3228–3234.
236. Medvedev P, Fiume M, Dzamba M, Smith T, Brudno M. Detecting copy number variation with mated short reads. *Genome Res* 2010, 20(11):1613–1622.
237. Wang K, Li M, Hakonarson H. ANNOVAR: Functional annotation of genetic variants from high-throughput sequencing data. *Nucleic Acids Res* 2010, 38(16):e164.
238. SeattleSeq, http://snp.gs.washington.edu/SeattleSeqAnnotation138/.
239. Cingolani P, Platts A, Wang le L, Coon M, Nguyen T, Wang L, Land SJ, Lu X, Ruden DM. A program for annotating and predicting the effects of single nucleotide polymorphisms, SnpEff: SNPs in the genome of Drosophila melanogaster strain w1118; iso-2; iso-3. *Fly* 2012, 6(2):80–92.
240. McLaren W, Pritchard B, Rios D, Chen Y, Flicek P, Cunningham F. Deriving the consequences of genomic variants with the Ensembl API and SNP Effect Predictor. *Bioinformatics* 2010, 26(16):2069–2070.
241. PSEQ, http://atgu.mgh.harvard.edu/plinkseq/pseq.shtml.
242. Morgenthaler S, Thilly WG. A strategy to discover genes that carry multi-allelic or mono-allelic risk for common diseases: A cohort allelic sums test (CAST). *Mutation Res* 2007, 615(1–2):28–56.

243. Li B, Leal SM. Methods for detecting associations with rare variants for common diseases: Application to analysis of sequence data. *Am J Hum Genet* 2008, 83(3):311–321.
244. Schatz MC, Delcher AL, Salzberg SL. Assembly of large genomes using second-generation sequencing. *Genome Res* 2010, 20:1165–1173.
245. Zerbino DR, Birney E. Velvet: Algorithms for de novo short read assembly using de Bruijn graphs. *Genome Res* 2008, 18:821–829.
246. Simpson JT, Wong K, Jackman SD, Schein JE, Jones SJ, Birol I. ABySS: A parallel assembler for short read sequence data. *Genome Res* 2009, 19:1117–1123.
247. van Heesch S, Kloosterman WP, Lansu N, Ruzius FP, Levandowsky E, Lee CC, Zhou S et al. Improving mammalian genome scaffolding using large insert mate-pair next-generation sequencing. *BMC Genomics* 2013, 14:257.
248. Li R, Fan W, Tian G, Zhu H, He L, Cai J, Huang Q et al. The sequence and de novo assembly of the giant panda genome. *Nature* 2010, 463:311–317.
249. Nagarajan N, Pop M. Sequence assembly demystified. *Nat Rev Genet* 2013, 14:157–167.
250. Desai A, Marwah VS, Yadav A, Jha V, Dhaygude K, Bangar U, Kulkarni V, Jere A. Identification of optimum sequencing depth especially for de novo genome assembly of small genomes using next generation sequencing data. *PLoS One* 2013, 8:e60204.
251. Magoc T, Salzberg SL. FLASH: Fast length adjustment of short reads to improve genome assemblies. *Bioinformatics* 2011, 27:2957–2963.
252. Masella AP, Bartram AK, Truszkowski JM, Brown DG, Neufeld JD. PANDAseq: Paired-end assembler for illumina sequences. *BMC Bioinformatics* 2012, 13:31.
253. Kelley DR, Schatz MC, Salzberg SL. Quake: Quality-aware detection and correction of sequencing errors. *Genome Biol* 2010, 11:R116.
254. Gnerre S, Maccallum I, Przybylski D, Ribeiro FJ, Burton JN, Walker BJ, Sharpe T et al. High-quality draft assemblies of mammalian genomes from massively parallel sequence data. *Proc Natl Acad Sci USA* 2011, 108:1513–1518.
255. Pevzner PA, Tang H, Waterman MS. An Eulerian path approach to DNA fragment assembly. *Proc Natl Acad Sci USA* 2001, 98:9748–9753.
256. Marcais G, Kingsford C. A fast, lock-free approach for efficient parallel counting of occurrences of k-mers. *Bioinformatics* 2011, 27:764–770.
257. Chikhi R, Medvedev P. Informed and automated k-mer size selection for genome assembly. *Bioinformatics* 2014, 30:31–37.
258. Simpson JT. Exploring genome characteristics and sequence quality without a reference. *Bioinformatics* 2014, 30:1228–1235.
259. VelvetOptimiser, https://github.com/Victorian-Bioinformatics-Consortium/VelvetOptimiser.
260. Lander ES, Waterman MS. Genomic mapping by fingerprinting random clones: A mathematical analysis. *Genomics* 1988, 2:231–239.
261. Warren RL, Sutton GG, Jones SJ, Holt RA. Assembling millions of short DNA sequences using SSAKE. *Bioinformatics* 2007, 23:500–501.
262. Dohm JC, Lottaz C, Borodina T, Himmelbauer H. SHARCGS, a fast and highly accurate short-read assembly algorithm for de novo genomic sequencing. *Genome Res* 2007, 17:1697–1706.
263. Jeck WR, Reinhardt JA, Baltrus DA, Hickenbotham MT, Magrini V, Mardis ER, Dangl JL, Jones CD. Extending assembly of short DNA sequences to handle error. *Bioinformatics* 2007, 23:2942–2944.

264. Miller JR, Delcher AL, Koren S, Venter E, Walenz BP, Brownley A, Johnson J, Li K, Mobarry C, Sutton G. Aggressive assembly of pyrosequencing reads with mates. *Bioinformatics* 2008, 24:2818–2824.
265. Hernandez D, Francois P, Farinelli L, Osteras M, Schrenzel J. De novo bacterial genome sequencing: Millions of very short reads assembled on a desktop computer. *Genome Res* 2008, 18:802–809.
266. Li H. Exploring single-sample SNP and INDEL calling with whole-genome de novo assembly. *Bioinformatics* 2012, 28:1838–1844.
267. Diguistini S, Liao NY, Platt D, Robertson G, Seidel M, Chan SK, Docking TR et al. De novo genome sequence assembly of a filamentous fungus using Sanger, 454 and Illumina sequence data. *Genome Biol* 2009, 10:R94.
268. Myers EW. Toward simplifying and accurately formulating fragment assembly. *J Comput Biol* 1995, 2:275–290.
269. Gonnella G, Kurtz S. Readjoiner: A fast and memory efficient string graph-based sequence assembler. *BMC Bioinformatics* 2012, 13:82.
270. Butler J, MacCallum I, Kleber M, Shlyakhter IA, Belmonte MK, Lander ES, Nusbaum C, Jaffe DB. ALLPATHS: De novo assembly of whole-genome shotgun microreads. *Genome Res* 2008, 18:810–820.
271. Maccallum I, Przybylski D, Gnerre S, Burton J, Shlyakhter I, Gnirke A, Malek J et al. ALLPATHS 2: Small genomes assembled accurately and with high continuity from short paired reads. *Genome Biol* 2009, 10:R103.
272. Peng Y, Leung HC, Yiu S-M, Chin FY. IDBA—A practical iterative de Bruijn graph de novo assembler. In *Research in Computational Molecular Biology*, Springer; 2010: 426–440.
273. Luo R, Liu B, Xie Y, Li Z, Huang W, Yuan J, He G et al. SOAPdenovo2: An empirically improved memory-efficient short-read de novo assembler. *Gigascience* 2012, 1:18.
274. Ye C, Ma ZS, Cannon CH, Pop M, Yu DW. Exploiting sparseness in de novo genome assembly. *BMC Bioinformatics* 2012, 13 Suppl 6:S1.
275. Zimin AV, Marcais G, Puiu D, Roberts M, Salzberg SL, Yorke JA. The MaSuRCA genome assembler. *Bioinformatics* 2013, 29:2669–2677.
276. Pop M, Kosack DS, Salzberg SL. Hierarchical scaffolding with Bambus. *Genome Res* 2004, 14:149–159.
277. Koren S, Treangen TJ, Pop M. Bambus 2: Scaffolding metagenomes. *Bioinformatics* 2011, 27:2964–2971.
278. Gao S, Sung WK, Nagarajan N. Opera: Reconstructing optimal genomic scaffolds with high-throughput paired-end sequences. *J Comput Biol* 2011, 18:1681–1691.
279. Dayarian A, Michael TP, Sengupta AM. SOPRA: Scaffolding algorithm for paired reads via statistical optimization. *BMC Bioinformatics* 2010, 11:345.
280. Boetzer M, Henkel CV, Jansen HJ, Butler D, Pirovano W. Scaffolding pre-assembled contigs using SSPACE. *Bioinformatics* 2011, 27:578–579.
281. Hunt M, Newbold C, Berriman M, Otto TD. A comprehensive evaluation of assembly scaffolding tools. *Genome Biol* 2014, 15:R42.
282. Gurevich A, Saveliev V, Vyahhi N, Tesler G. QUAST: Quality assessment tool for genome assemblies. *Bioinformatics* 2013, 29:1072–1075.
283. Tsai IJ, Otto TD, Berriman M. Improving draft assemblies by iterative mapping and assembly of short reads to eliminate gaps. *Genome Biol* 2010, 11:R41.

284. Boetzer M, Pirovano W. Toward almost closed genomes with GapFiller. *Genome Biol* 2012, 13:R56.
285. Bao E, Jiang T, Girke T. AlignGraph: Algorithm for secondary de novo genome assembly guided by closely related references. *Bioinformatics* 2014, 30:i319–i328.
286. Kim J, Larkin DM, Cai Q, Asan, Zhang Y, Ge RL, Auvil L et al. Reference-assisted chromosome assembly. *Proc Natl Acad Sci USA* 2013, 110:1785–1790.
287. Chen Y, Negre N, Li Q, Mieczkowska JO, Slattery M, Liu T, Zhang Y et al. Systematic evaluation of factors influencing ChIP-seq fidelity. *Nat Methods* 2012, 9:609–614.
288. Daley T, Smith AD. Predicting the molecular complexity of sequencing libraries. *Nat Methods* 2013, 10:325–327.
289. Diaz A, Nellore A, Song JS. CHANCE: Comprehensive software for quality control and validation of ChIP-seq data. *Genome Biol* 2012, 13:R98.
290. Zhao X, Sandelin A. GMD: Measuring the distance between histograms with applications on high-throughput sequencing reads. *Bioinformatics* 2012, 28:1164–1165.
291. Diaz A, Park K, Lim DA, Song JS. Normalization, bias correction, and peak calling for ChIP-seq. *Stat Appl Genet Mol Biol* 2012, 11:Article 9.
292. Rozowsky J, Euskirchen G, Auerbach RK, Zhang ZD, Gibson T, Bjornson R, Carriero N, Snyder M, Gerstein MB. PeakSeq enables systematic scoring of ChIP-seq experiments relative to controls. *Nat Biotechnol* 2009, 27:66–75.
293. Zhang Y, Liu T, Meyer CA, Eeckhoute J, Johnson DS, Bernstein BE, Nusbaum C et al. Model-based analysis of ChIP-Seq (MACS). *Genome Biol* 2008, 9:R137.
294. Ji H, Jiang H, Ma W, Johnson DS, Myers RM, Wong WH. An integrated software system for analyzing ChIP-chip and ChIP-seq data. *Nat Biotechnol* 2008, 26:1293–1300.
295. Shen L, Shao NY, Liu X, Maze I, Feng J, Nestler EJ. diffReps: Detecting differential chromatin modification sites from ChIP-seq data with biological replicates. *PLoS One* 2013, 8:e65598.
296. Manser P, Reimers M. A simple scaling normalization for comparing ChIP-Seq samples. *PeerJ PrePrints* 2014, 1.
297. Shao Z, Zhang Y, Yuan GC, Orkin SH, Waxman DJ. MAnorm: A robust model for quantitative comparison of ChIP-Seq data sets. *Genome Biol* 2012, 13:R16.
298. Nair NU, Sahu AD, Bucher P, Moret BM. ChIPnorm: A statistical method for normalizing and identifying differential regions in histone modification ChIP-seq libraries. *PLoS One* 2012, 7:e39573.
299. Taslim C, Wu J, Yan P, Singer G, Parvin J, Huang T, Lin S, Huang K. Comparative study on ChIP-seq data: Normalization and binding pattern characterization. *Bioinformatics* 2009, 25:2334–2340.
300. Kharchenko PV, Tolstorukov MY, Park PJ. Design and analysis of ChIP-seq experiments for DNA-binding proteins. *Nat Biotechnol* 2008, 26:1351–1359.
301. Landt SG, Marinov GK, Kundaje A, Kheradpour P, Pauli F, Batzoglou S, Bernstein BE et al. ChIP-seq guidelines and practices of the ENCODE and modENCODE consortia. *Genome Res* 2012, 22:1813–1831.
302. Heinz S, Benner C, Spann N, Bertolino E, Lin YC, Laslo P, Cheng JX, Murre C, Singh H, Glass CK. Simple combinations of lineage-determining transcription factors prime cis-regulatory elements required for macrophage and B cell identities. *Mol Cell* 2010, 38:576–589.

303. Xu H, Handoko L, Wei X, Ye C, Sheng J, Wei CL, Lin F, Sung WK. A signal-noise model for significance analysis of ChIP-seq with negative control. *Bioinformatics* 2010, 26:1199–1204.
304. Mortazavi A, Williams BA, McCue K, Schaeffer L, Wold B. Mapping and quantifying mammalian transcriptomes by RNA-Seq. *Nat Methods* 2008, 5:621–628.
305. Boyle AP, Guinney J, Crawford GE, Furey TS. F-Seq: A feature density estimator for high-throughput sequence tags. *Bioinformatics* 2008, 24:2537–2538.
306. Tuteja G, White P, Schug J, Kaestner KH. Extracting transcription factor targets from ChIP-Seq data. *Nucleic Acids Res* 2009, 37:e113.
307. Feng X, Grossman R, Stein L. PeakRanger: A cloud-enabled peak caller for ChIP-seq data. *BMC Bioinformatics* 2011, 12:139.
308. Valouev A, Johnson DS, Sundquist A, Medina C, Anton E, Batzoglou S, Myers RM, Sidow A. Genome-wide analysis of transcription factor binding sites based on ChIP-Seq data. *Nat Methods* 2008, 5:829–834.
309. Song Q, Smith AD. Identifying dispersed epigenomic domains from ChIP-Seq data. *Bioinformatics* 2011, 27:870–871.
310. Zang C, Schones DE, Zeng C, Cui K, Zhao K, Peng W. A clustering approach for identification of enriched domains from histone modification ChIP-Seq data. *Bioinformatics* 2009, 25:1952–1958.
311. Jothi R, Cuddapah S, Barski A, Cui K, Zhao K. Genome-wide identification of in vivo protein-DNA binding sites from ChIP-Seq data. *Nucleic Acids Res* 2008, 36:5221–5231.
312. Nix DA, Courdy SJ, Boucher KM. Empirical methods for controlling false positives and estimating confidence in ChIP-Seq peaks. *BMC Bioinformatics* 2008, 9:523.
313. Rashid NU, Giresi PG, Ibrahim JG, Sun W, Lieb JD. ZINBA integrates local covariates with DNA-seq data to identify broad and narrow regions of enrichment, even within amplified genomic regions. *Genome Biol* 2011, 12:R67.
314. Shin H, Liu T, Manrai AK, Liu XS. CEAS: cis-Regulatory element annotation system. *Bioinformatics* 2009, 25:2605–2606.
315. Zhu LJ, Gazin C, Lawson ND, Pages H, Lin SM, Lapointe DS, Green MR. ChIPpeakAnno: A Bioconductor package to annotate ChIP-seq and ChIP-chip data. *BMC Bioinformatics* 2010, 11:237.
316. Chen X, Xu H, Yuan P, Fang F, Huss M, Vega VB, Wong E et al. Integration of external signaling pathways with the core transcriptional network in embryonic stem cells. *Cell* 2008, 133:1106–1117.
317. Chen L, Wang C, Qin ZS, Wu H. A novel statistical method for quantitative comparison of multiple ChIP-seq datasets. *Bioinformatics* 2015, 31:1889–1896.
318. Xu H, Wei CL, Lin F, Sung WK. An HMM approach to genome-wide identification of differential histone modification sites from ChIP-seq data. *Bioinformatics* 2008, 24:2344–2349.
319. Hon G, Ren B, Wang W. ChromaSig: A probabilistic approach to finding common chromatin signatures in the human genome. *PLoS Comput Biol* 2008, 4:e1000201.
320. Liang K, Keles S. Detecting differential binding of transcription factors with ChIP-seq. *Bioinformatics* 2012, 28:121–122.
321. Stark R, Brown G. DiffBind: Differential binding analysis of ChIP-Seq peak data. In R package version 2011, 100.

322. Taslim C, Huang T, Lin S. DIME: R-package for identifying differential ChIP-seq based on an ensemble of mixture models. *Bioinformatics* 2011, 27:1569–1570.
323. Schweikert G, Cseke B, Clouaire T, Bird A, Sanguinetti G. MMDiff: Quantitative testing for shape changes in ChIP-Seq data sets. *BMC Genomics* 2013, 14:826.
324. Welch RP, Lee C, Imbriano PM, Patil S, Weymouth TE, Smith RA, Scott LJ, Sartor MA. ChIP-Enrich: Gene set enrichment testing for ChIP-seq data. *Nucleic Acids Res* 2014. doi: 10.1093/nar/gku463.
325. Liu T, Ortiz JA, Taing L, Meyer CA, Lee B, Zhang Y, Shin H et al. *Cistrome: An integrative platform for transcriptional regulation studies. Genome Biol* 2011, 12:R83.
326. Machanick P, Bailey TL. MEME-ChIP: Motif analysis of large DNA datasets. *Bioinformatics* 2011, 27:1696–1697.
327. Thomas-Chollier M, Herrmann C, Defrance M, Sand O, Thieffry D, van Helden J. *RSAT peak-motifs*: Motif analysis in full-size ChIP-seq datasets. *Nucleic Acids Res* 2012, 40:e31.
328. Kulakovskiy IV, Boeva VA, Favorov AV, Makeev VJ. Deep and wide digging for binding motifs in ChIP-Seq data. *Bioinformatics* 2010, 26:2622–2623.
329. Mahony S, Benos PV. STAMP: A web tool for exploring DNA-binding motif similarities. *Nucleic Acids Res* 2007, 35:W253–258.
330. Gupta S, Stamatoyannopoulos JA, Bailey TL, Noble WS. Quantifying similarity between motifs. *Genome Biol* 2007, 8:R24.
331. Bailey TL, Machanick P. Inferring direct DNA binding from ChIP-seq. *Nucleic Acids Res* 2012, 40:e128.
332. Grant CE, Bailey TL, Noble WS. FIMO: Scanning for occurrences of a given motif. *Bioinformatics* 2011, 27:1017–1018.
333. Ernst J, Kellis M. Discovery and characterization of chromatin states for systematic annotation of the human genome. *Nat Biotechnol* 2010, 28:817–825.
334. Klein HU, Schafer M, Porse BT, Hasemann MS, Ickstadt K, Dugas M. Integrative analysis of histone ChIP-seq and transcription data using Bayesian mixture models. *Bioinformatics* 2014 (Epub ahead of print).
335. Standards and Guidelines for Whole Genome Shotgun Bisulfite Sequencing, http://www.roadmapepigenomics.org/protocols.
336. Ziller MJ, Hansen KD, Meissner A, Aryee MJ. Coverage recommendations for methylation analysis by whole-genome bisulfite sequencing. *Nat Methods* 2015, 12(3):230–232.
337. Meissner A, Gnirke A, Bell GW, Ramsahoye B, Lander ES, Jaenisch R. Reduced representation bisulfite sequencing for comparative high-resolution DNA methylation analysis. *Nucleic Acids Res* 2005, 33:5868–5877.
338. Nautiyal S, Carlton VE, Lu Y, Ireland JS, Flaucher D, Moorhead M, Gray JW et al. High-throughput method for analyzing methylation of CpGs in targeted genomic regions. *Proc Natl Acad Sci USA* 2010, 107:12587–12592.
339. Varley KE, Mitra RD. Bisulfite Patch PCR enables multiplexed sequencing of promoter methylation across cancer samples. *Genome Res* 2010, 20:1279–1287.
340. Deng J, Shoemaker R, Xie B, Gore A, LeProust EM, Antosiewicz-Bourget J, Egli D et al. Targeted bisulfite sequencing reveals changes in DNA methylation associated with nuclear reprogramming. *Nat Biotechnol* 2009, 27:353–360.
341. Ivanov M, Kals M, Kacevska M, Metspalu A, Ingelman-Sundberg M, Milani L. In-solution hybrid capture of bisulfite-converted DNA for targeted bisulfite sequencing of 174 ADME genes. *Nucleic Acids Res* 2013, 41:e72.

342. Harris RA, Wang T, Coarfa C, Nagarajan RP, Hong C, Downey SL, Johnson BE et al. Comparison of sequencing-based methods to profile DNA methylation and identification of monoallelic epigenetic modifications. *Nat Biotechnol* 2010, 28:1097–1105.
343. Nair SS, Coolen MW, Stirzaker C, Song JZ, Statham AL, Strbenac D, Robinson MD, Clark SJ. Comparison of methyl-DNA immunoprecipitation (MeDIP) and methyl-CpG binding domain (MBD) protein capture for genome-wide DNA methylation analysis reveal CpG sequence coverage bias. *Epigenetics* 2011, 6:34–44.
344. Booth MJ, Branco MR, Ficz G, Oxley D, Krueger F, Reik W, Balasubramanian S. Quantitative sequencing of 5-methylcytosine and 5-hydroxymethylcytosine at single-base resolution. *Science* 2012, 336:934–937.
345. Flusberg BA, Webster DR, Lee JH, Travers KJ, Olivares EC, Clark TA, Korlach J, Turner SW. Direct detection of DNA methylation during single-molecule, real-time sequencing. *Nat Methods* 2010, 7:461–465.
346. Laszlo AH, Derrington IM, Brinkerhoff H, Langford KW, Nova IC, Samson JM, Bartlett JJ, Pavlenok M, Gundlach JH. Detection and mapping of 5-methylcytosine and 5-hydroxymethylcytosine with nanopore MspA. *Proc Natl Acad Sci USA* 2013, 110:18904–18909.
347. Schreiber J, Wescoe ZL, Abu-Shumays R, Vivian JT, Baatar B, Karplus K, Akeson M. Error rates for nanopore discrimination among cytosine, methylcytosine, and hydroxymethylcytosine along individual DNA strands. *Proc Natl Acad Sci USA* 2013, 110:18910–18915.
348. Trim Galore!, http://www.bioinformatics.babraham.ac.uk/projects/trim_galore/.
349. Hansen KD, Langmead B, Irizarry RA. BSmooth: From whole genome bisulfite sequencing reads to differentially methylated regions. *Genome Biol* 2012, 13:R83.
350. Liang F, Tang B, Wang Y, Wang J, Yu C, Chen X, Zhu J, Yan J, Zhao W, Li R. WBSA: Web service for bisulfite sequencing data analysis. *PLoS One* 2014, 9:e86707.
351. Xi Y, Li W. BSMAP: Whole genome bisulfite sequence MAPping program. *BMC Bioinformatics* 2009, 10:232.
352. Coarfa C, Yu F, Miller CA, Chen Z, Harris RA, Milosavljevic A. Pash 3.0: A versatile software package for read mapping and integrative analysis of genomic and epigenomic variation using massively parallel DNA sequencing. *BMC Bioinformatics* 2010, 11:572.
353. Xi Y, Bock C, Muller F, Sun D, Meissner A, Li W. RRBSMAP: A fast, accurate and user-friendly alignment tool for reduced representation bisulfite sequencing. *Bioinformatics* 2012, 28:430–432.
354. Lim JQ, Tennakoon C, Li G, Wong E, Ruan Y, Wei CL, Sung WK. BatMeth: Improved mapper for bisulfite sequencing reads on DNA methylation. *Genome Biol* 2012, 13:R82.
355. Krueger F, Andrews SR. Bismark: A flexible aligner and methylation caller for Bisulfite-Seq applications. *Bioinformatics* 2011, 27:1571–1572.
356. Harris EY, Ponts N, Le Roch KG, Lonardi S. BRAT-BW: Efficient and accurate mapping of bisulfite-treated reads. *Bioinformatics* 2012, 28:1795–1796.
357. Chen PY, Cokus SJ, Pellegrini M. BS Seeker: Precise mapping for bisulfite sequencing. *BMC Bioinformatics* 2010, 11:203.

358. Guo W, Fiziev P, Yan W, Cokus S, Sun X, Zhang MQ, Chen PY, Pellegrini M. BS-Seeker2: A versatile aligning pipeline for bisulfite sequencing data. *BMC Genomics* 2013, 14:774.
359. Pedersen B, Hsieh TF, Ibarra C, Fischer RL. MethylCoder: Software pipeline for bisulfite-treated sequences. *Bioinformatics* 2011, 27:2435–2436.
360. Kunde-Ramamoorthy G, Coarfa C, Laritsky E, Kessler NJ, Harris RA, Xu M, Chen R, Shen L, Milosavljevic A, Waterland RA. Comparison and quantitative verification of mapping algorithms for whole-genome bisulfite sequencing. *Nucleic Acids Res* 2014, 42:e43.
361. Lin X, Sun D, Rodriguez B, Zhao Q, Sun H, Zhang Y, Li W. BSeQC: Quality control of bisulfite sequencing experiments. *Bioinformatics* 2013, 29:3227–3229.
362. Benoukraf T, Wongphayak S, Hadi LH, Wu M, Soong R. GBSA: A comprehensive software for analysing whole genome bisulfite sequencing data. *Nucleic Acids Res* 2013, 41:e55.
363. Akalin A, Kormaksson M, Li S, Garrett-Bakelman FE, Figueroa ME, Melnick A, Mason CE. methylKit: A comprehensive R package for the analysis of genome-wide DNA methylation profiles. *Genome Biol* 2012, 13:R87.
364. Washington University EpiGenome Browser, http://epigenomegateway.wustl.edu/browser/.
365. Kent WJ, Zweig AS, Barber G, Hinrichs AS, Karolchik D. BigWig and BigBed: Enabling browsing of large distributed datasets. *Bioinformatics* 2010, 26:2204–2207.
366. Dorff KC, Chambwe N, Zeno Z, Simi M, Shaknovich R, Campagne F. GobyWeb: Simplified management and analysis of gene expression and DNA methylation sequencing data. *PLoS One* 2013, 8:e69666.
367. Jiang P, Sun K, Lun FM, Guo AM, Wang H, Chan KC, Chiu RW, Lo YM, Sun H. Methy-Pipe: An integrated bioinformatics pipeline for whole genome bisulfite sequencing data analysis. *PLoS One* 2014, 9:e100360.
368. Sun D, Xi Y, Rodriguez B, Park HJ, Tong P, Meong M, Goodell MA, Li W. MOABS: Model based analysis of bisulfite sequencing data. *Genome Biol* 2014, 15:R38.
369. Zhang Y, Liu H, Lv J, Xiao X, Zhu J, Liu X, Su J et al. QDMR: A quantitative method for identification of differentially methylated regions by entropy. *Nucleic Acids Res* 2011, 39:e58.
370. Statham AL, Strbenac D, Coolen MW, Stirzaker C, Clark SJ, Robinson MD. Repitools: An R package for the analysis of enrichment-based epigenomic data. *Bioinformatics* 2010, 26:1662–1663.
371. Halachev K, Bast H, Albrecht F, Lengauer T, Bock C. EpiExplorer: Live exploration and global analysis of large epigenomic datasets. *Genome Biol* 2012, 13:R96.
372. McLean CY, Bristor D, Hiller M, Clarke SL, Schaar BT, Lowe CB, Wenger AM, Bejerano G. GREAT improves functional interpretation of cis-regulatory regions. *Nat Biotechnol* 2010, 28:495–501.
373. Schloss PD, Handelsman J. Metagenomics for studying unculturable microorganisms: Cutting the Gordian knot. *Genome Biol* 2005, 6:229.
374. Yarza P, Ludwig W, Euzeby J, Amann R, Schleifer KH, Glockner FO, Rossello-Mora R. Update of the All-Species Living Tree Project based on 16S and 23S rRNA sequence analyses. *Syst Appl Microbiol* 2010, 33:291–299.
375. Delmont TO, Robe P, Clark I, Simonet P, Vogel TM. Metagenomic comparison of direct and indirect soil DNA extraction approaches. *J Microbiol Methods* 2011, 86:397–400.

376. BMTagger, http://biowulf.nih.gov/apps/bmtagger.html.
377. Schmieder R, Edwards R. Fast identification and removal of sequence contamination from genomic and metagenomic datasets. *PLoS One* 2011, 6:e17288.
378. Zhou J, Sun D, Childers A, McDermott TR, Wang Y, Liles MR. Three novel virophage genomes discovered from yellowstone lake metagenomes. *J Virol* 2015, 89:1278–1285.
379. Beja O, Aravind L, Koonin EV, Suzuki MT, Hadd A, Nguyen LP, Jovanovich SB et al. Bacterial rhodopsin: Evidence for a new type of phototrophy in the sea. *Science* 2000, 289:1902–1906.
380. Rho M, Wu YW, Tang H, Doak TG, Ye Y. Diverse CRISPRs evolving in human microbiomes. *PLoS Genet* 2012, 8:e1002441.
381. Lai B, Ding R, Li Y, Duan L, Zhu H. A de novo metagenomic assembly program for shotgun DNA reads. *Bioinformatics* 2012, 28:1455–1462.
382. Laserson J, Jojic V, Koller D. Genovo: De novo assembly for metagenomes. *J Comput Biol* 2011, 18:429–443.
383. Afiahayati, Sato K, Sakakibara Y. An extended genovo metagenomic assembler by incorporating paired-end information. *PeerJ* 2013, 1:e196.
384. Namiki T, Hachiya T, Tanaka H, Sakakibara Y. MetaVelvet: An extension of Velvet assembler to de novo metagenome assembly from short sequence reads. *Nucleic Acids Res* 2012, 40:e155.
385. Afiahayati, Sato K, Sakakibara Y. MetaVelvet-SL: An extension of the Velvet assembler to a de novo metagenomic assembler utilizing supervised learning. *DNA Res* 2014. doi: 10.1093/dnares/dsu041.
386. Peng Y, Leung HC, Yiu SM, Chin FY. Meta-IDBA: A de Novo assembler for metagenomic data. *Bioinformatics* 2011, 27:i94–101.
387. Peng Y, Leung HC, Yiu SM, Chin FY. IDBA-UD: A de novo assembler for single-cell and metagenomic sequencing data with highly uneven depth. *Bioinformatics* 2012, 28:1420–1428.
388. Wu YW, Rho M, Doak TG, Ye Y. Stitching gene fragments with a network matching algorithm improves gene assembly for metagenomics. *Bioinformatics* 2012, 28:i363–i369.
389. Boisvert S, Raymond F, Godzaridis E, Laviolette F, Corbeil J. Ray Meta: Scalable de novo metagenome assembly and profiling. *Genome Biol* 2012, 13:R122.
390. Haider B, Ahn TH, Bushnell B, Chai J, Copeland A, Pan C. Omega: An overlap-graph de novo assembler for metagenomics. *Bioinformatics* 2014, 30:2717–2722.
391. McHardy AC, Martin HG, Tsirigos A, Hugenholtz P, Rigoutsos I. Accurate phylogenetic classification of variable-length DNA fragments. *Nat Methods* 2007, 4:63–72.
392. Patil KR, Roune L, McHardy AC. The PhyloPythiaS web server for taxonomic assignment of metagenome sequences. *PLoS One* 2012, 7:e38581.
393. Teeling H, Waldmann J, Lombardot T, Bauer M, Glockner FO. TETRA: A web-service and a stand-alone program for the analysis and comparison of tetranucleotide usage patterns in DNA sequences. *BMC Bioinformatics* 2004, 5:163.
394. Diaz NN, Krause L, Goesmann A, Niehaus K, Nattkemper TW. TACOA: Taxonomic classification of environmental genomic fragments using a kernelized nearest neighbor approach. *BMC Bioinformatics* 2009, 10:56.
395. Brady A, Salzberg SL. Phymm and PhymmBL: Metagenomic phylogenetic classification with interpolated Markov models. *Nat Methods* 2009, 6:673–676.

396. Chan CK, Hsu AL, Halgamuge SK, Tang SL. Binning sequences using very sparse labels within a metagenome. *BMC Bioinformatics* 2008, 9:215.
397. Zheng H, Wu H. Short prokaryotic DNA fragment binning using a hierarchical classifier based on linear discriminant analysis and principal component analysis. *J Bioinform Comput Biol* 2010, 8:995–1011.
398. Huson DH, Mitra S, Ruscheweyh HJ, Weber N, Schuster SC. Integrative analysis of environmental sequences using MEGAN4. *Genome Res* 2011, 21:1552–1560.
399. Huson DH, Auch AF, Qi J, Schuster SC. MEGAN analysis of metagenomic data. *Genome Res* 2007, 17:377–386.
400. Gerlach W, Junemann S, Tille F, Goesmann A, Stoye J. WebCARMA: A web application for the functional and taxonomic classification of unassembled metagenomic reads. *BMC Bioinformatics* 2009, 10:430.
401. Gerlach W, Stoye J. Taxonomic classification of metagenomic shotgun sequences with CARMA3. *Nucleic Acids Res* 2011, 39:e91.
402. Monzoorul Haque M, Ghosh TS, Komanduri D, Mande SS. SOrt-ITEMS: Sequence orthology based approach for improved taxonomic estimation of metagenomic sequences. *Bioinformatics* 2009, 25:1722–1730.
403. Liu B, Gibbons T, Ghodsi M, Treangen T, Pop M. Accurate and fast estimation of taxonomic profiles from metagenomic shotgun sequences. *BMC Genomics* 2011, 12 Suppl 2:S4.
404. Leung HC, Yiu SM, Yang B, Peng Y, Wang Y, Liu Z, Chen J, Qin J, Li R, Chin FY. A robust and accurate binning algorithm for metagenomic sequences with arbitrary species abundance ratio. *Bioinformatics* 2011, 27:1489–1495.
405. Mohammed MH, Ghosh TS, Singh NK, Mande SS. SPHINX—An algorithm for taxonomic binning of metagenomic sequences. *Bioinformatics* 2011, 27:22–30.
406. Rusch DB, Halpern AL, Sutton G, Heidelberg KB, Williamson S, Yooseph S, Wu D et al. The Sorcerer II Global Ocean Sampling expedition: Northwest Atlantic through eastern tropical Pacific. *PLoS Biol* 2007, 5:e77.
407. Davenport CF, Neugebauer J, Beckmann N, Friedrich B, Kameri B, Kokott S, Paetow M et al. Genometa—A fast and accurate classifier for short metagenomic shotgun reads. *PLoS One* 2012, 7:e41224.
408. Niu B, Zhu Z, Fu L, Wu S, Li W. FR-HIT, a very fast program to recruit metagenomic reads to homologous reference genomes. *Bioinformatics* 2011, 27:1704–1705.
409. Rho M, Tang H, Ye Y. FragGeneScan: Predicting genes in short and error-prone reads. *Nucleic Acids Res* 2010, 38:e191.
410. Zhu W, Lomsadze A, Borodovsky M. Ab initio gene identification in metagenomic sequences. *Nucleic Acids Res* 2010, 38:e132.
411. Noguchi H, Taniguchi T, Itoh T. MetaGeneAnnotator: Detecting species-specific patterns of ribosomal binding site for precise gene prediction in anonymous prokaryotic and phage genomes. *DNA Res* 2008, 15:387–396.
412. Hoff KJ, Lingner T, Meinicke P, Tech M. Orphelia: Predicting genes in metagenomic sequencing reads. *Nucleic Acids Res* 2009, 37:W101–105.
413. Lowe TM, Eddy SR. tRNAscan-SE: A program for improved detection of transfer RNA genes in genomic sequence. *Nucleic Acids Res* 1997, 25:955–964.
414. Grissa I, Vergnaud G, Pourcel C. CRISPRFinder: A web tool to identify clustered regularly interspaced short palindromic repeats. *Nucleic Acids Res* 2007, 35:W52–57.
415. Segata N, Waldron L, Ballarini A, Narasimhan V, Jousson O, Huttenhower C. Metagenomic microbial community profiling using unique clade-specific marker genes. *Nat Methods* 2012, 9:811–814.

416. Wu M, Eisen JA. A simple, fast, and accurate method of phylogenomic inference. *Genome Biol* 2008, 9:R151.
417. Kerepesi C, Banky D, Grolmusz V. AmphoraNet: The webserver implementation of the AMPHORA2 metagenomic workflow suite. *Gene* 2014, 533:538–540.
418. Wu M, Scott AJ. Phylogenomic analysis of bacterial and archaeal sequences with AMPHORA2. *Bioinformatics* 2012, 28:1033–1034.
419. Sharpton TJ, Riesenfeld SJ, Kembel SW, Ladau J, O'Dwyer JP, Green JL, Eisen JA, Pollard KS. PhylOTU: A high-throughput procedure quantifies microbial community diversity and resolves novel taxa from metagenomic data. *PLoS Comput Biol* 2011, 7:e1001061.
420. Darling AE, Jospin G, Lowe E, Matsen FA, Bik HM, Eisen JA. PhyloSift: Phylogenetic analysis of genomes and metagenomes. *PeerJ* 2014, 2:e243.
421. Li W. Analysis and comparison of very large metagenomes with fast clustering and functional annotation. *BMC Bioinformatics* 2009, 10:359.
422. Arumugam M, Harrington ED, Foerstner KU, Raes J, Bork P. SmashCommunity: A metagenomic annotation and analysis tool. *Bioinformatics* 2010, 26:2977–2978.
423. Treangen TJ, Koren S, Sommer DD, Liu B, Astrovskaya I, Ondov B, Darling AE, Phillippy AM, Pop M. MetAMOS: A modular and open source metagenomic assembly and analysis pipeline. *Genome Biol* 2013, 14:R2.
424. Overbeek R, Begley T, Butler RM, Choudhuri JV, Chuang HY, Cohoon M, de Crecy-Lagard V et al. The subsystems approach to genome annotation and its use in the project to annotate 1000 genomes. *Nucleic Acids Res* 2005, 33:5691–5702.
425. Franzosa EA, Morgan XC, Segata N, Waldron L, Reyes J, Earl AM, Giannoukos G et al. Relating the metatranscriptome and metagenome of the human gut. *Proc Natl Acad Sci USA* 2014, 111:E2329–2338.
426. Abubucker S, Segata N, Goll J, Schubert AM, Izard J, Cantarel BL, Rodriguez-Mueller B et al. Metabolic reconstruction for metagenomic data and its application to the human microbiome. *PLoS Comput Biol* 2012, 8:e1002358.
427. Ye Y, Doak TG. A parsimony approach to biological pathway reconstruction/inference for genomes and metagenomes. *PLoS Comput Biol* 2009, 5:e1000465.
428. Liu B, Pop M. MetaPath: Identifying differentially abundant metabolic pathways in metagenomic datasets. *BMC Proc* 2011, 5 Suppl 2:S9.
429. Paulson JN, Stine OC, Bravo HC, Pop M. Differential abundance analysis for microbial marker-gene surveys. *Nat Methods* 2013, 10:1200–1202.
430. Segata N, Izard J, Waldron L, Gevers D, Miropolsky L, Garrett WS, Huttenhower C. Metagenomic biomarker discovery and explanation. *Genome Biol* 2011, 12:R60.
431. White JR, Nagarajan N, Pop M. Statistical methods for detecting differentially abundant features in clinical metagenomic samples. *PLoS Comput Biol* 2009, 5:e1000352.
432. Parks DH, Tyson GW, Hugenholtz P, Beiko RG. STAMP: Statistical analysis of taxonomic and functional profiles. *Bioinformatics* 2014, 30:3123–3124.
433. Rodriguez-Brito B, Rohwer F, Edwards RA. An application of statistics to comparative metagenomics. *BMC Bioinformatics* 2006, 7:162.
434. Jain M, Fiddes IT, Miga KH, Olsen HE, Paten B, Akeson M. Improved data analysis for the MinION nanopore sequencer. *Nat Methods* 2015, 12:351–356.
435. Ohshiro T, Matsubara K, Tsutsui M, Furuhashi M, Taniguchi M, Kawai T. Single-molecule electrical random resequencing of DNA and RNA. *Sci Rep* 2012, 2:501.

436. Chin CS, Alexander DH, Marks P, Klammer AA, Drake J, Heiner C, Clum A et al. Nonhybrid, finished microbial genome assemblies from long-read SMRT sequencing data. *Nat Methods* 2013, 10:563–569.
437. FALCON, https://github.com/PacificBiosciences/falcon.
438. DePristo MA, Banks E, Poplin R, Garimella KV, Maguire JR, Hartl C, Philippakis AA et al. A framework for variation discovery and genotyping using next-generation DNA sequencing data. *Nat Genet* 2011, 43:491–498.
439. Reid JG, Carroll A, Veeraraghavan N, Dahdouli M, Sundquist A, English A, Bainbridge M et al. Launching genomics into the cloud: Deployment of Mercury, a next generation sequence analysis pipeline. *BMC Bioinformatics* 2014, 15:30.
440. Zhao S, Prenger K, Smith L, Messina T, Fan H, Jaeger E, Stephens S. Rainbow: A tool for large-scale whole-genome sequencing data analysis using cloud computing. *BMC Genomics* 2013, 14:425.
441. Schadt EE, Linderman MD, Sorenson J, Lee L, Nolan GP. Computational solutions to large-scale data management and analysis. *Nat Rev Genet* 2010, 11:647–657.

附录A 新一代测序数据分析常用文件格式

BAM：用于读段比对数据存储的文件格式。它是SAM格式的二进制版本（详情参见SAM）。与SAM文件相比，BAM文件更小，加载速度更快。但与SAM文件不同的是，BAM格式人类肉眼不可读。BAM文件的扩展名为.bam。一些软件要求BAM文件可进行索引。除了.bam文件，还有一个索引的BAM文件与原文件名称相同，但文件扩展名（.bai）不同。

BCF：二进制VCF（详情参见VCF）。虽然BCF与VCF类似，但压缩后的BCF文件比VCF小很多，因此可以实现高效率的文件传输和解析。

BCL：Illumina专有的碱基识别过程中生成的二进制碱基识别文件。

BED：用于描述在基因组浏览器中基因或基因组特征的可扩展显示格式。它是一个制表符分隔的文本格式，它定义基因组或基因组特征如何在基因组浏览器（如UCSC基因组浏览器）中显示为注释轨迹。每个输入行包含3个必填字段（chrom、chromStart和chromEnd，指定特定染色体的每个基因组特征及开始和结束位置）和9个可选字段。二进制PED文件（详情参见PED）也称为BED文件，但这是一种完全不同的文件格式。

bedGraph：与BED格式类似，bedGraph也是用于描述在基因组浏览器中基因组特征的显示格式。不同的是，bedGraph格式允许在基因组中显示连续值，如概率值或覆盖深度。

bigBed：与BED格式类似，但bigBed文件是经压缩和索引的二进制格式文件。经过压缩和索引，使得基因组浏览器仅传输与当前视图有关的部分文件而不是整个文件，明显加快了bigBed文件显示速度。

bigWig：用于基因组浏览器中密集且连续数据（如GC含量）的可视化格式。bigWig格式比WIG更新（详情参见WIG），是一种压缩和索引的二进制文件格式，加载速度也明显更快。

FASTA：用于存储序列信息的文本格式。以FASTA格式存储的序列仅包含两个部分：由一个描述行（或称定义行）和序列文本组成。定义行以“>”号开始，随后是序列标识符，然后是简短描述。序列文本通常分为多行，每行长度小于80个字符。这种格式起源于20世纪80年代后期开发的FASTA程序包，FASTA文件可存储多条序列，文件扩展名有.fa、.fasta或.fsa。

FASTQ：是目前用于存储各种NGS系统产生的测序数据的“事实”标准格式。它是一种紧凑的碱基文本格式，包含核苷酸碱基序列及其质量值。FASTQ文件中的每个读段序列包括 4 行信息。第一行以符号“@”开始，随后是序列 ID 和描述符。第 2 行是读段序列。第 3 行以“+”号开始，后面可以是序列 ID 和描述（可选项）。第 4 行列出了读段序列中每个碱基的质量值。这种格式最初是由 Sanger 研究院开发的。FASTQ 文件的扩展名为 .fq 或 .fastq。压缩的 FASTQ 文件还具有压缩程序的后缀 .gz 或 .gzip。

GFF：通用（或一般）特征格式。GFF 是一个制表符分隔的文本格式，描述基因组或其他基因组特征如何在基因组浏览器中显示。这种格式有不同的版本，而 GFF2 和 GFF3 是目前使用的两个主要版本。GFF 格式可以转换为 BED 格式（详情参见 BED）。

GTF：基因转换格式。经过改进的 GFF 格式。与 GFF2 相同。

PED：PLINK（用于全基因组关联分析的软件包）使用的文件格式，包含系谱和表型数据。

SAM：sequence alignment/map 的简称，SAM 是标准的 NGS 读段比对 / 定位文件格式，描述读段如何比对到参考基因组。它是一个制表符分隔的人类可读文本格式。SAM 文件可以转换为压缩二进制版本（BAM），文件更小，解析更快。SAM 文件的文件扩展名为 .sam。索引的 SAM 文件还有附带的文件扩展名为 .sai 的索引文件。

SFF（标准流程格式）：由 454 测序仪生成的一种二进制序列文件。可以使用 sff2fastq 等程序转换为 FASTQ 格式。

VCF：代表突变识别格式。常用的存储突变识别的文件格式。它是一个制表符分隔的人类可读文本格式，包含描述每个突变的元信息行、标题行和数据行。

WIG：摆动轨迹格式（wiggle track format）。它用于显示在如 UCSC 基因组浏览器中基因组查看器的连续数据轨迹，如 GC 含量。WIG 格式与 bedGraph 格式类似（参见 bedGraph），但两者之间的主要区别在于从 WIG 轨道输出的数据并不像 BedGraph 轨道那样可以完好保存。WIG 格式可以转换为 bigWig（参见 bigWig）以提高性能。

（韩　瑶　译）

附录B 词 汇 表

5-methylcytosine（5-mC）—— 5- 甲基胞嘧啶（5-mC）：表观遗传 DNA 修饰中最常见的形式，通过向胞嘧啶的第五位碳原子上加上一个甲基产生。胞嘧啶甲基化减少基因的转录并调节染色质重构。

algorithm——算法：一系列用于解决重复出现问题的指令，是一个定义明确的过程。

alignment——比对：以相似性为基础的序列比较与匹配。在新一代测序数据分析中，通常将序列读段与参考基因组进行比对，以定位其基因组起源。

allele——等位基因：具有许多替代序列变异的基因的一种特定的变异形式。

annotation——注释：向 DNA 或 RNA 序列提供生物学相关信息的过程。也指与序列相关联的生物信息本身。

ASCII——代表美国信息交换标准代码，ASCII 提供编码字符的标准。由于计算机只处理数字，因此每个人类可读的字符必须在计算机中用唯一的编号进行编码。ASCII 码是计算机中字符的数字表示形式。例如，在 ASCII 表中，字符"A"由数字 65 表示。

assembly——组装：从短序列组装成为较长序列的计算过程。

barcode——标记：在测序样本中连接到 DNA 分子模板上的独特的短人工序列。标记序列的使用可以使测序系统在进行多个样本的混合测序时（即多重测序）区分不同的样本。另见 multiplex sequencing（多重测序）和 demultiplexing（多重分解）。

base-call quality score——碱基识别质量值：为序列读段中每个碱基给定的分值，以量化碱基识别的可信度。在新一代测序中，它的定义与最初为 Sanger 测序开发的 Phred 质量值相同。另请参阅 Phred quality score（Phred 质量值）。

bisulfite conversion——亚硫酸氢盐转换：区分甲基化胞嘧啶与未甲基化胞嘧啶的化学过程。亚硫酸氢盐处理将 DNA 中的未甲基化胞嘧啶转换为尿嘧啶，而甲基化胞嘧啶不受此过程的影响。亚硫酸氢盐转换与新一代测序结合是研究全基因组 DNA 甲基化的主要手段。另见 whole-genome bisulfite sequencing（全基因组亚硫酸氢盐测序）。

Burrows-Wheeler transform（BWT）—— Burrows-Wheeler 转换：将一个字符

串的字符转换成另一个字符串的方法。在新一代测序数据分析中，BWT 通过提供有效的压缩和索引来实现快速的参考基因组搜索。

cDNA——互补 DNA：mRNA 逆转录后形成的双链 DNA，与 mRNA 互补。

CDS——编码 DNA 序列：翻译成蛋白质的 DNA 区域。

ChIP-Seq——染色质免疫沉淀测序：NGS 的主要应用之一，用于研究 DNA 互作蛋白质，如转录因子与基因组的结合。

codon——密码子：编码特定氨基酸的 DNA 或 RNA 的三核苷酸序列或蛋白质合成终止信号。共有 64 个密码子，61 个编码氨基酸，3 个作为终止信号。

contig——重叠群：由一组重叠序列读段组装而成的连续的 RNA 或 DNA 序列。

copy number variation（CNV）——拷贝数变异：DNA 片段拷贝数变化引起的一种基因组变异，通常是由于缺失或复制而引起的。CNV 是结构变异的亚类，通常涉及大于 1kb 的 DNA 片段。另见 structural variation（结构变异）。

coverage——覆盖度：不同基因组位置的核苷酸出现在测序数据集中的平均次数。也称为测序深度，或者简称为深度。

demultiplexing——多重分解：在多重测序运行之后，根据其携带的独特标签序列，对不同样本生成的测序读段进行识别和分离。详情参阅 barcode（标记）和 multiplex sequencing（多重测序）。

depth——深度：见 coverage（覆盖度）。

DNA polymerase—— DNA 聚合酶：使用现有 DNA 链作为模板，将游离核苷酸催化合成新 DNA 链的一类酶。许多分子生物学技术，包括聚合酶链反应和合成测序都是基于 DNA 聚合酶进行的。

DNase—— DNA 酶：催化 DNA 水解成为寡核苷酸或单核苷酸的酶。

epigenome——表观基因组：指对 DNA 和组蛋白的化学修饰，为基因组活性提供额外的调控。

exome——外显子组：生物体基因组中所有外显子的集合。

exon——外显子：作为提供蛋白质合成编码信息的基因中的一部分核苷酸序列。通常，外显子被转录并被保留在 mRNA 中。

false discovery rate（FDR）——假阳性率：多次测试校正后的统计学显著性度量。它估计了最终结果列表中的假阳性比例。在各种测试校正的方法中，FDR 提供了统计严格性和Ⅱ型错误率之间的平衡，因此被广泛用于高通量基因组学的数据分析中。另见 multiple testing correction（多次测试校正）。

GC content—— GC 含量：DNA/RNA 序列或基因组中鸟嘌呤与胞嘧啶所占的百分比。

gene expression——基因表达：将基因核苷酸序列中编码的信息用于指导功能性基因产物的合成过程。细胞或细胞群体中的基因表达水平由其产物的丰度表示。大量基因产物的组成及其在细胞或细胞群体中的表达水平构成了宿主细胞的基因表达谱。

gene ontology（GO）——基因本体：使用标准化词汇提供基因产物的一致描述。每个基因产物由涵盖其相关生物过程、细胞组分和分子功能的 3 个结构本体描述。

genome——基因组：细胞或生物体中完整的 DNA 序列。包含形成和维持细胞或生物体所需的所有遗传信息。包括蛋白质编码序列和非编码序列。

genotype posterior probability——基因型后验概率：给出观察数据集的基因型概率，来自新一代测序读段，经常使用最新的基因型信息来计算。

Hidden Markov model（HMM）——隐马尔可夫模型：以俄罗斯数学家安德烈•马尔可夫（Andrei Markov，1856—1922）的名字命名，HMM 是一种常用的机器学习和数据挖掘方法，用于信号处理和模式识别。马尔可夫模型是处理观察到的序列和状态转换的统计模型。在生物信息学中，HMM 通常用于碱基识别、序列比对和基因预测。

high-performance computing（HPC）——高性能计算：一种具有并行处理方式，每秒执行超过 1 万亿次（10^{12}）浮点运算能力的计算机系统。

indel——插入 / 缺失：描述 DNA 序列中核苷酸的插入 / 缺失的通用术语。这种插入 / 缺失事件导致 DNA 突变和序列长度变化。

indexing——索引：创建快速搜索数据结构的过程。用于序列比对的索引技术包括散列（存储关于特定亚序列在参考基因组中可以找到的位置或大量读段集合的信息），后缀阵列（由字典式排序的基因组 DNA 序列后缀组成）和 Burrows-Wheeler 变换（基于后缀数组的基因组排列）。

irreproducible discovery rate（IDR）——不可重复发现率：实验可重复性的量度。为了评估 ChIP-Seq 重复实验的可重复性，计算出不可重复发现的发生率，即在一个重复中被发现，但在另一个重复中没有被发现的峰值。

k-mer：在基因组组装或序列比对中，*k*-mer 是指读段序列中长度为 *k* 的所有可能的子序列。

library——文库：用于靶 DNA 筛选或高通量分析（包括新一代测序）的许多不同 DNA（或 RNA）片段的集合。具体来说，测序文库是具有连接到其末端的通用接头的 DNA（或 RNA）片段。为了构建测序文库，从细胞群中提取的 DNA（或 RNA）分子经过随机打断，然后在片段的两端加入通用接头。接头的序列使得片段的后续富集和高通量测序成为可能。

long noncoding RNA（lncRNA）——长非编码 RNA：长度超过 200 个核苷酸的非蛋白质编码 RNA。是一个与小 RNA 相对的概念。

machine learning——机器学习：是计算机科学的一个分支，专注于开发提供计算机学习能力和新数据预测的软件算法。机器学习是建立在现有输入数据的计算模型构建的基础上，然后应用到新的数据来产生预测或决策。

mapping——定位：一个在参考基因组序列上搜索测序读段序列，在基因组中定位其起源的过程。另见 alignment（比对）。

mapping quality——定位质量：对读段在参考基因组定位的出错概率的估计。与 Phred-scale 质量得分类似。详情参见 Phred quality score（Phred 质量值）。

mate-pair read——配对读段：读段从长 DNA 片段的两端生成。为了实现双端测序，长 DNA 片段首先被环化，然后打断。包含两端相连片段的配对末端测序产生配对读段。

MeDIP：用 5- 甲基胞嘧啶抗体进行 DNA 甲基化免疫沉淀。

metagenome——宏基因组：由许多生物个体组成的微生物群落中的所有基因组的集合。

metagenomics——宏基因组学：对整个微生物群落中存在的所有基因组的研究，不需要捕获或扩增个体基因组。也称为环境或群体基因组学。

microarray——微阵列：一种高通量基因组学技术，基于预先设计好的、以高密度阵列形式排列的检测探针，这些探针被打印或人工合成在一个固定表面上（玻璃或硅片）。

minor allele frequency（MAF）——微小等位基因频率：群体中最不丰富的等位基因变异频率。

miRNA：MicroRNA。详情参见 small RNA（小 RNA）。

mRNA：来自 DNA 的蛋白质编码信息，用于蛋白质翻译的信使 RNA。它作为 DNA 和蛋白质之间的中间体，是转录组的重要组成部分。

multiple testing correction——多次测试校正：根据执行的测试次数调整置信度。没有这种调整的多重测试导致高的假阳性。例如，在 P 值为 0.05 的情况下，如果不校正，仅通过偶然执行 100 次比较同时产生 5 个正结果。通常应用多个测试校正方法，包括 Bonferroni 调整（保守）和假阳性率估计。详情参见 false discovery rate（假阳性率）。

multiplex sequencing——多重测序：对多个样本同时进行测序。使用标签序列进行样本识别。详情参见 barcode（标记）和 demultiplexing（多重分解）。

multiread——多重读段：定位到基因组上多个位置的读段。

N50：基因组组装的加权平均重叠群大小：为了计算 N50，所有重叠群根据其长度排序并相加，当总长度等于或大于组装大小的 50% 时的重叠群长度，即为 N50。是常用的基因组从头组装的质量度量。

NAS——网络连接存储。专业的计算机数据存储服务器通过网络提供对各种客户端的数据访问。

noncoding RNA——非编码 RNA：进行蛋白质编码以外的有功能的 RNA。包括小 RNA 和 lncRNA。详情参见 small RNA（小 RNA）和 long noncoding RNA（长

非编码 RNA）。

normalization——均一化：纠正非预期因子和/或技术偏差（如转录组测序中样本之间测序深度差异）影响的数学运算过程。这个过程着重于分析生物学差异，使不同条件下的样本可进行比较。

normalized strand correlation（NSC）——均一化链相关：ChIP-Seq 中信噪比的测量。它是由最大链互相关（在片段长度峰值）和背景互相关之间的均一化比率计算得到的。详情参见 relative strand correlation（RSC）（相对链相关）。

open reading frame（ORF）——可读框：以起始密码子（ATG）开始，并以终止密码子（TAA、TAG 或 TGA）结尾的含有核苷酸三重密码子的 DNA 连续片段。

operational taxonomic unit（OTU）——操作分类单位：一个宏基因组学中常见的微生物多样性单位，可以代表一个物种或一群物种。OTU 仅根据 DNA 序列信息聚类在一起。

paired-end read——双端读段：从 DNA 片段的两端测序所获得的读段。由于 DNA 片段的长度（读段之间的距离）是已知的，因此双端测序可以在读段的定位或组装中提供额外的位置信息。

pathway——路径：一系列连续的引发细胞反应或合成产物的分子事件。每个事件通常由基因产物执行。许多生物学途径参与代谢、信号转导和基因表达调控。

PCR bottleneck coefficient（PBC）—— PCR 瓶颈系数：测序文库复杂度的指标。在读段定位步骤之后计算出仅唯一序列读段定位的基因组位置数与一个或多个唯一读段定位到的基因组位置的总数之间的比率。PBC 测量每个位置读段计数的分配。

Phred quality score（*Q* score）—— Phred 质量值（*Q* 值）：用于表示测序结果中碱基错误发生概率的整数数字。其计算公式为 $Q = -10 \times \log_{10}P_{Err}$。例如，*Q* 值为 20 时（*Q*20）表示测序结果中有 1/100 的碱基出错概率。*Q*30 表示测序结果中有 1/1000 的碱基出错概率，是高可信度的质量值。为简洁起见，*Q* 值通常用 ASCII 字符表示。

Picard——用 Java 编写的一套用于处理新一代测序数据和文件格式的工具。

Pileup——堆叠：使用 SAMtools 创建的一种文件格式，显示每个基因组坐标被全部定位读段的匹配参考序列或不匹配参考序列碱基覆盖情况。

piRNA——与 Piwi 互作的 RNA。详情参见 small RNA（小 RNA）。

polymerase chain reaction（PCR）——聚合酶链反应：使用在目标片段两端的特异性寡核苷酸引物扩增 DNA 或 RNA 片段的分子生物学技术。

promoter——启动子：基因可读框（ORF）上游的 DNA 序列。在转录启动过程中，RNA 聚合酶识别启动子区。含有高度保守的序列基序（motif）。

proteome——蛋白质组：指一个细胞、组织或器官在某个时间点上的所有蛋白质的完整组合。蛋白质组学通过识别单个成分蛋白质及其丰度来分析蛋白组。

quality score——质量值：见 base call quality score（碱基识别质量值）。

read——读段：对 DNA（或 RNA）片段进行测序所得的序列。

reduced representation of bisulfite sequencing（RRBS）——简化的亚硫酸氢盐测序：基于新一代测序的实验方法，检测简化基因组中的 DNA 甲基化模式（通常为了节省成本）。一般通过使用限制酶来实现基因组的简化。

relative strand correlation（RSC）——相对链相关：ChIP-Seq 中信噪比的度量。RSC 是片段长度峰值和读段长度峰值之间的背景调整互相关系数之间的比率。详情参见 normalized strand correlation（NSC）（均一化链相关）。

RNA-Seq——RNA 测序：指针对 RNA 进行的测序，也称为全转录组鸟枪法测序。转录组测序是转录组学研究的主要方法，也是新一代测序的一项主要应用。

RNAi——RNA 干扰：即抑制基因表达。RNAi 通常由小 RNA 介导，导致特定的 mRNA 目标的降解。

RNase——RNA 酶：催化 RNA 分子降解的酶。

rRNA——核糖体 RNA：即作为核糖体必需成分的 RNA 物质。它们在蛋白质合成中起关键作用，是细胞中最丰富的 RNA。

SAN——存储区域网络：一种用于处理大数据传输的局域网（LAN）。

Sanger sequencing——桑格测序：第一个被广泛采用的 DNA 测序技术。由 Fred Sanger 博士设计，它通过合成测序的原理，使用不可逆地终止新 DNA 链合成的双脱氧核苷酸。随着新一代测序技术的出现，该测序方法已成为第一代测序的同义词。

scaffold——骨架：从头组装重叠群（contig）的有序排列。重叠群之间的相对位置关系基于配对或双端测序读段获得。在骨架中，虽然重叠群的顺序是已知的，但在重叠群之间仍然存在序列缺口。

sequencing depth——测序深度：参见 coverage（覆盖度）。

sequencing library——测序文库：见 library（文库）。

single-end read——单端读段：从 DNA 片段的一端生成的测序读段。与从 DNA 片段的两端产生的配对读段进行比较。详情参见 paired-end reads（双端读段）。

single nucleotide polymorphism（SNP）——单核苷酸多态性：由于单核苷酸位点变异引起的 DNA 序列多态性。与单核苷酸变异（SNV）不同，SNP 仅指在频率达到一定阈值（通常为 1%）的群体中相对常见的 SNV。参见 single nucleotide variation（单核苷酸变异）。

single nucleotide variation（SNV）——单核苷酸变异：涉及单个核苷酸位置变化的 DNA 序列变异，如从 ATTGCA 到 ATCGCA 的序列变化。

siRNA——小干扰 RNA：参见 small RNA（小 RNA）。

small RNA——小 RNA：也称为小的非编码 RNA。小 RNA 的主要类别是 miRNA、siRNA 和 piRNA。与 mRNA 分子相比，这些 RNA 小得多。小 RNA 通过介导 RNAi 在细胞中发挥着重要的调控作用。参见 RNAi（RNA 干扰）。

splicing——剪接：从初级 RNA 转录物中除去内含子并连接外显子形成成熟 mRNA 的过程。可以以多种方式对许多基因进行剪接，而且这种选择性剪接可以通过保留外显子的不同组合（有时甚至包括内含子），导致相同基因产生不同 mRNA 种类。

SRA——由美国国家生物技术信息中心（NCBI）维护的测序读段档案库（也称为短读段档案库）。SRA 是世界范围内保存新一代测序数据的主要档案库之一。其他公开的新一代测序数据档案库包括由欧洲生物信息学研究所（EBI）维护的欧洲核苷酸档案库（ENA）。

strand cross-correlation——链互相关：在 ChIP-Seq 中，从正向和反向链 DNA 产生的读段之间存在基本位置的偏移。链互相关是这种偏移的度量，当两条线上的读段在不同的位置位移并彼此偏离或远离时，在每个基本位置处的正向和反向读段计数之间的 Pearson 相关系数。参见 normalized strand correlation（均一化链相关）和 relative strand correlation（相对链相关）。

structural variation（SV）——结构变异：大规模基因组变化，包括大的插入/缺失、倒置、易位或拷贝数变异。与 SNP 或小的 indel 不同，SV 通常涉及大于 1kb 的 DNA 片段。参见 copy number variation（CNV）（拷贝数变异）。

transcript——转录本：从 DNA 片段转录的 RNA 分子。

transcription start site（TSS）——转录起始位点：启动 RNA 转录的 DNA 中的核苷酸位点。

transcriptome——转录组：特定时间点的细胞、组织或器官中 RNA 转录物的完整集合。

transcriptomics——转录组学：转录组组成的研究。涵盖了转录组中大量 RNA 的鉴定和其丰度水平的确定。主要的转录组学技术包括微阵列和 RNA 测序（转录组测序）。

translation——翻译：从 mRNA 到蛋白质的合成过程。在核糖体中进行。

tRNA——转运 RNA：tRNA 的功能是根据三联体遗传密码将氨基酸转移到核糖体上进行蛋白质合成。

UTR—— mRNA 分子上的非翻译区。位于 mRNA 分子的 5′ 端或 3′ 端。

variant calling——变异识别：与参考基因组相比，鉴定个体基因组（或转录组）特定位置的序列差异。每个变异位点通常都具有相应的 Phred 质量值。

whole-genome bisulfite sequencing（WGBS）——全基因组亚硫酸氢盐测序：新一代测序的应用，使用亚硫酸氢盐转换测定整个基因组的 DNA 甲基化模式。参见 bisulfite conversion（亚硫酸氢盐转换）。

（韩 瑶 译）